秀州宋史录

晁芊桦 主编

嘉兴市地方志编纂室 编

上海古籍出版社

《秀州宋史录》编辑委员会

主　　任：郭保东
副 主 任：胡建凤　李　伟

历史顾问：顾吉辰　祖　慧
主　　编：晁芊桦
副 主 编：苗建红　杜情义

整 理 说 明

宋代秀州，地处太湖流域，是连接江南与中原的重要通道，其下辖嘉兴、海盐、华亭、崇德四县，地理位置优越，经济繁荣，文化昌盛。在宋代，秀州不仅是著名的粮食生产基地，尤其以水稻种植闻名，同时也是丝绸的重要产地，其生产的绫在北宋时期已被列为贡品。两宋时期，秀州方志有《祥符秀州图经》《宣和嘉禾郡志》《淳熙嘉禾志》《嘉定嘉禾志》等，但均已失传。现存的嘉兴方志最早的是元代《至元嘉禾志》。因此，通过整理两宋相关文献，汇编出一套宋代秀州地方文献对于系统地认识嘉兴历史文化具有重要作用。

在点校过程中，我们遵循真实性、完整性和准确性的原则，对宋代秀州的地方志、碑刻、墓志铭、诗文集等文献进行了全面整理。本编收录的文献地理范围以宋代秀州境域为准，包括嘉兴县、华亭县、海盐县、崇德县。北宋盐官县（今海宁市）属杭州（南宋建炎三年升为临安府），因现海宁市属嘉兴市，故将宋代盐官县相关资料收入附录。根据文献的类别与分布，我们将本书分为建置、城社、学校、坊陌桥梁、公廨场务、仓库、形胜、山脉、河流湖泊、水利、古迹寺观、院记、杂记、籴买、物产、田地、官租、盐铁坑冶、常平、官税、灾害、历任职官、进士、释老。附录盐官县文献则依照上述类别依次汇编。

在文本校对方面，我们对比了不同版本的文献，纠正了文字错误，统一了异体字和俗字，对缺失或模糊不清的文字进行了合理推断和补全。例如，在《宋史·地理志》中，对秀州的地理位置描述有所差异，我们通过对比多个版本，确定了最准确的表述。在内容注释方面，我们对生僻字、难懂词汇进行了注音和解释，对专有名词、历史事件进行了简要说明，对文献中的引用、典故等提供了出处或解释。这些工作旨在降低阅读难度，使读者能够更好地理解文献内容。

在信息补充方面，我们使用括号"（ ）"补充了关键信息，如年代、地点等，使文献内容更加完整。对于记载相矛盾的内容，我们注明了不同版本的信息来源，以便读者自行判断。

编　者

二〇二四年八月

目　　录

整理说明 / 1

建置 / 1

城社 / 12

学校 / 13

坊陌桥梁 / 21

公廨场务 / 26

仓库 / 29

形胜 / 31

山脉 / 33

河流湖泊 / 37

水利 / 45

古迹寺观 / 61

院记 / 76

杂记 / 81

籴买 / 85

户口 / 88

物产 / 89

田地 / 91

官租 / 96

盐铁坑冶 / 98

常平 / 108

官税 / 109

灾害 / 111

历任职官 / 117

进士 / 147

释老 / 154

附录：盐官县 / 165

参考文献 / 201

后记 / 206

建 置

州建置

《吴地记》一卷,陈氏[1]曰:唐陆广微撰。郡人也。多记古吴国事。唐未有秀州,天禧中始割嘉兴县置,故此记合二郡为一。

——《文献通考》卷二〇四《经籍考三十一》

嘉禾,《郡志》:"吴黄龙五年,嘉禾生于由拳,改今名。"樵李。《汉志》曰:"由拳,应劭曰即古之嘉禾。"

——《方舆胜览》卷三《嘉兴府》

晋时以嘉兴、海盐、华亭三县置秀州。

——《文献通考》卷三一八《舆地考四》

《禹贡》:扬州之域。吴地,斗分野。《汉书·地理志》:"《春秋》书'於越败吴于樵李',即此也。"秦为由拳县。始皇时见山下出王气,使诸囚凿之。囚倦,后人讹为"由拳"。汉因之。吴改为嘉禾县,又改为嘉兴县。隋属苏州,又属杭州。五代石晋时,吴文穆王元瓘始经邑为州,置秀州。国朝赐名嘉禾。以孝宗诞圣之地,升嘉兴府。领县四,治嘉兴。

——《方舆胜览》卷三《嘉兴府》

秀州,本苏州嘉兴县地,晋天福四年于此置秀州,从两浙钱元瓘[2]之所请也,仍割嘉兴、海盐、华亭三县,并置崇德县以属焉。

——《太平寰宇记》卷九五《江南东道七》

五代石晋时,吴越文穆王元瓘病支郡多阙,而右藩强大,始经邑为州,《嘉兴志》。奏割杭之嘉兴县置秀州为属而治之,此据《嘉禾志》及《五代史·职方考》而无年月。《寰宇记》置秀州,在天福四年。仍割苏州之海盐、华亭二县并置崇德县以属焉。此据《寰宇记》。又《嘉禾志》云:"以杭州之西境义和聚为崇德县。"皇朝钱氏纳土,地归版图。《国朝会要》:在太平兴国三年。初属两浙路,后属两浙西路,《临安志》云:"熙宁七年,分浙东西为两浙路,杭、苏、湖、常、秀、睦、润七州为浙西路。"赐名嘉禾郡。《国朝会要》:在政和七年。中兴以来为孝宗诞圣之地,《中兴小历》:"建炎元年初,艺祖六世孙秀安僖王娶张氏,梦绛衣神人自言为崔府君,拥一羊谓之曰：以此为识。已而有娠。戊寅,秀王次子生于嘉兴县,是夜赤光满室,如日正中。秀王以岁在协洽,其属为羊,故字之曰羊。"升为嘉兴府。《嘉禾志》：在庆元元年。今领县四,治嘉兴。

——《舆地纪胜》卷三《嘉兴府》

嘉兴监,本秀州嘉兴县煎盐之所,至今升为监。

——《太平寰宇记》卷九五《江南东道七》

海滨广斥,盐田相望。《吴郡记》。泽国之佳致。张元成《嘉禾志序》。今之嘉禾,密拱凤城,若汉右扶风。同上。京兆之壮观。同上。吴东有海盐章山之铜,三江五湖之利,江东一都会也。《前汉地理志》。尤慕文儒,颇勤农务。《古图经》。秀泽国也,水滨之人,起居饮食与水波接。《月波楼记》。玉出昆岗。见昆山下。嘉兴常为东吴显邑。《题名记》。吴越文穆王始经邑为州,隔海控湖,并扦吾都,戎节守章,惟宗贤尸之。《题名记》。秀州,槜李之奥壤。陈令举《海惠院经藏记》。介二大府,旁接三江,擅湖海鱼盐之利,号泽国。秔稻之乡,土膏沃饶,风俗淳秀,文贤人物之盛,前后相望,百工众技,与苏杭等。《题名记》。槜李,泽国也。《南湖草堂记》。吴王煮海为盐于此。《海盐县序》。勾践之地,北至御儿。《国语》。正吴越分境之所。《通典》曰："今嘉兴县西有地名御儿,正吴越分境之所。"稻蟹之利,转徙数州。沈存中[3]《崇德县学记》。负海控江,土为上腴,鱼盐之饶,版图之盛,视他邑不若也。庆历中,章岘[4]作《开会浦河记》。吴越分疆之地。在崇德县东北四十九里。《旧经》云：二乡接境有官窑,父老传正吴越分疆之地。又有走马冈、洗马池,在二乡。皇舆在临安,视四方郡符,最近朝廷,诏令首获,承宣布德音,而率臣职为天下先。题名。其水出震泽,道为松江,东北入于海。地富稻秫,民素诱于渔盐之利。太守题名。

——《舆地纪胜》卷三《嘉兴府》

秀,泽国也。见月波楼记。若汉右扶风。张元成《嘉禾志序》："密拱凤城,云云。"负海控江。章岘《会浦河记》："负海控江,土为上腴。"地为通津。王铚《壁记》："地为通津,故井邑繁雄,讼鲐坌壅,舟车走集,使宾交驰,急索疾呼,殆无虚日。"

——《方舆胜览》卷三《嘉兴府》

地里。东京一千九百九十里。东至海二百里。西至本州界一百二十五里,自界首至湖州七十五里。南至本州界七十五里,自界首至杭州一百一十五里。北至本州界三十里,自界首至苏州一百二十五里。东南至海九十二里。西南至本州界四十五里,自界首至杭州一百里。东北至本州界六十里,自界首至苏州八十里。西北至本州界四十五里,自界首至苏州九十五里。

户。主一十三万九千一百三十七,客无。

土贡。绫一十匹。

县四。

望,嘉兴。二十七乡。有胥山。

紧,华亭。州东北一百二十里。一十三乡。青龙一镇。一盐监。浦东、袁部、青墩三盐场。有金山、松陵江、华亭海。

上,海盐。州东南八十里。一十一乡。澉浦、广陈二镇。一盐监。海盐、沙要、芦沥三盐场。有陆里山、当湖。

中,崇德。州西南一百里。一十二乡。青墩一镇。有运河。

——《元丰九域志》卷五《两浙路》

秀州

槜李城,《史记》:"吴伐越,越王勾践迎击之槜李。"贾逵[5]曰:"越地。"杜预[6]曰:"今吴郡嘉兴县南有槜李城,即其地也。"马塘堰,《图经》云:"秦始皇三十七年东游至此,改长水为由拳县,遏水为堰,既立,斩白马祭之,因名。"昆山,《吴地记》云:"华亭谷水东二里有昆山,陆氏之祖葬于此,因机、云皆负辞学名,时人以玉出昆冈,因而名之。"秦始皇驰道,《地志》云:"秦始皇至会稽、句章,渡海经此。"陆士衡宅,在华亭县西北三十五里华亭谷,有八角井。当湖,《吴地记》云:"王莽改海盐县为展武县,后陷为当湖。"吴皇象墓,《舆地志》云:"象字休明,广陵江都人,善隶书。"

——《元丰九域志》附录《新定九域志》卷五《秀州》

秀州,理嘉兴县。本苏州嘉兴县地,晋天福四年于此置秀州,从两浙钱元瓘之所请也,仍割嘉兴、海盐、华亭三县,并置崇德县以属焉。

领县四:嘉兴,海盐,华亭,崇德。

州境:东西三百一十八里。南北九十一里。

四至八到:《图经》上未有至东西京里数。东至大海二百一十里。南至杭州硖石镇为界六十里。西至杭州二百一十九里。北至苏州一百四十二里。

户:旧户载苏州籍。皇朝户主客二万三千五十二。

嘉兴县,旧五十乡,今三十二乡。本秦由拳县地。《吴录·地理志》:"吴王时本名长水,秦改曰由拳。"《汉书·地理志》属会稽。《续汉书·郡国志》属吴郡。吴大帝黄龙三年,嘉禾生于由拳县,改曰禾兴。后以太子名禾,改曰嘉兴。隋废。唐武德七年复置,九年省入吴县。贞观八年复置,属苏州。今乃割属秀州。

御儿。按吴、越分境,越国西北置御儿,与吴分为界。《通典》注云:"在嘉兴县南,有地名御儿也。"《国语》曰:"吾用御儿临之。"今俗作"语"字。

苏小小[7]墓,在县前。晋朝歌姬钱塘苏小小。

死亭湾。县北七里有死亭湾，即朱买臣为内史[8]，衣锦还乡，其妻羞死于此，故号死亭湾。

朱买臣冢，在县东三里。《九州要记》云："此是招魂葬处，极高大，其真冢在洛阳北市东南大街中，有碑，云是朱买臣冢。"

秦望山。《九州要记》："始皇登此山望海，因以名。始皇碑，在嘉兴县。吴主立于长水县，土人谣曰：'水市出天子。'始皇东游从此过，见人乘舟水中交易，应其谣，遂改由拳县。"

故由拳县，在今县南五里。秦始皇见其山上出王气，使诸囚合死者来凿此山，其囚倦并逃走，因号为囚倦山，因置囚倦县，后人语讹，便名为由拳山。其处出好纸。县废后，唯有一岩基一作机。在东。

会骸山。《九州要记》："古有金牛入此山，皋伯通兄弟凿山取牛，山崩，二人同死此穴中，因曰会骸山。"

海盐县，南九十里。元十乡。本吴县武原乡，秦置海盐县。汉因之，属会稽。又按《吴郡记》云："海滨广斥，盐田相望。即海盐与盐官之地同也。"隋初置。唐武德七年废，景云二年又置，先天元年废，开元五年又置。治在吴御城。

华亭县，东一百二十里。旧十乡，今十七乡。本嘉兴县地，唐天宝十载置，因华亭谷以为名。

华亭谷。《舆地志》云："吴大帝以汉建安中封陆逊为华亭侯，即以其所居为封。谷出佳鱼莼菜，又多白鹤清唳，故陆机叹曰：'华亭鹤唳，不可复闻。'"

二陆宅。《吴地志》云："宅在长谷，谷在吴县东北二百里。谷周回二百余里，谷名华亭，陆机叹鹤唳处。谷水下通松江。昔陆逊、陆凯居此谷。"《吴志》云："汉庐江太守陆康与袁术有隙，使侄逊与其子绩率宗族避难于是谷。谷东二十里有昆山，父祖墓焉。"故陆机思乡诗云："仿佛谷水阳，婉娈昆山阴。"昆山有吴相江陵昭侯陆逊墓。

崇德县，西南一百八十里。元九乡。置州之时，析嘉兴县之崇德等九乡，于义和市置县，以乡为县名。

——《太平寰宇记》卷九五《江南东道七》

建炎元年戊寅生帝于秀州青杉闸之官舍，红光满室，如日正中。

——《宋史》卷三三《孝宗纪》

孝宗绍统同道冠德昭功哲文神武明圣成孝皇帝，讳昚，字元永，高宗第二子。建炎元年十月二十二日，生于嘉兴府。

——《建炎以来朝野杂记》甲集卷一《孝宗诞圣》

庆元元年冬十月乙丑,升秀州为嘉兴府。

——《宋史》卷三七《宁宗纪》

嘉定元年十二月戊辰,升嘉兴府为嘉兴军。

——《宋史》卷三九《宁宗纪》

【注释】

　　[1] 陈氏:即陈振孙。南宋湖州安吉(今属浙江)人,初名瑗,避理宗讳改。字伯玉,号直斋。宁宗时历任溧水、绍兴、鄞县教授。宝庆间通判兴化军(今福建莆田),过录夹漈郑氏、方氏、林氏、吴氏藏书五万一千余卷。淳祐四年(1244)任国子司业。官至宝章阁待制。仿晁公武《郡斋读书志》,著《直斋书录解题》,为宋代著名私家提要目录。

　　[2] 钱元瓘:吴越国王。杭州临安(今杭州市临安区)人。钱镠第七子。初名传瓘,嗣位后更今名。字明宝。尝历广州刺史、清海军节度使、两浙节度使、检校太师,兼中书令,守太尉等职。钱镠卒,袭封吴越国王。善抚将士,好儒学,长能诗,著有《锦楼集》。尝置择能院,选吴中人士录用之。然性奢侈,好治宫室。在位十年,卒谥文穆。

　　[3] 沈存中:即沈括。杭州钱塘(今浙江杭州)人。皇祐三年(1051)荫袭为沭阳(今江苏沭阳)主簿,疏沭水得田七千顷;任宁国(今安徽宁国)县令,修万春圩。嘉祐(1056—1063)进士,任昭文阁校勘。神宗时,曾提举司天监,改制浑仪、景表、五壶浮漏等仪器,编《奉元历》。熙宁(1068—1077)年间,参与王安石变法,曾察访淮南、两浙,推行青苗、农田水利等法。晚年著有《梦溪笔谈》三十卷。

　　[4] 章岷:字伯瞻,浦城(今属福建)人。天圣八年进士,官太常博士。嘉祐五年,以职方员外郎知江阴。历知太平州、婺州。治平中,累迁太常少卿,提点广南西路刑狱,就迁转运使。官终金紫光禄大夫。

　　[5] 贾逵:东汉学者、文学家。字景伯。扶风平陵(今陕西西安北)人。贾谊九世孙。父徽,从刘歆受《左氏春秋》,兼习《国语》《周官》,又受《古文尚书》于涂恽,学《毛诗》于谢曼卿,作《左氏条例》二十一篇。逵悉受父业,弱冠能诵《左氏传》及《五经》本文,以大夏侯《尚书》教授,兼通《穀梁》说。尤精《左传》《国语》,为解诂五十一篇。

　　[6] 杜预:魏、晋间政治家、史学家、辞赋家。字元凯。京兆杜陵(今陕西西安)人。少好学,博学有智谋。其父恕为幽州刺史,得罪徙边,卒。高贵乡公世(255或稍后),娶司马昭妹。入仕为尚书郎。甘露二年(257),袭祖爵丰乐亭侯。在职四年,转大将军府参军。钟会伐蜀,以预为镇西长史。魏末,与贾充等定律令。晋武帝泰始初(266前后),守河南尹。六年,出为秦州刺史,与石鉴不协,槛车征返。次年,拜度支尚书。后成为晋灭吴之战的统帅之一。撰《春秋左氏经传集解》。

　　[7] 苏小小:南朝齐时钱塘名妓。《乐府诗集·杂歌谣辞三·〈苏小小歌〉》序:"《乐府广题》曰:'苏小小,钱塘名倡也。盖南齐时人。'"

　　[8] 内史:官名。西汉初,诸侯王国置内史,掌民政。

县建置

嘉兴县

嘉兴县。望。

倚郭。《西汉志》云："由拳县,本槜李之地。"《左传·定公十四年》："吴伐越,越子陈于槜李。"沈约[1]《宋志》及《元和郡县志》并云："春秋时长水县,秦改为由拳县。"又《吴录·地里志》云："吴王时,本名长水县,秦改曰由拳县。"《东汉志》注引干宝[2]《搜神记》曰："秦始皇东游,望气者云:'五百年后,江东有天子气。'始皇乃令役徒十万人掘污其地,表以恶名曰囚拳,后改曰由拳县。"两汉因之。故两《汉志》吴郡下并有由拳县。沈约《宋志》及《元和郡县志》并云："吴孙权黄龙四年,有嘉禾生,改为嘉禾县。后以孙皓父名和,改为嘉兴县。"晋、宋、齐、梁、陈因之。故《晋志》《宋志》《南齐志》并有嘉兴县。《寰宇记》云："隋废。"故《隋书》吴郡下无嘉兴县。《唐志》云："武德七年,置嘉兴县,属苏州。八年,省入吴县。贞观八年复置。"五代属杭州。晋天福四年,吴越王钱元瓘于县置秀州,国朝因之。中兴,升嘉兴府,仍县属焉。

——《舆地纪胜》卷三《嘉兴府》

华亭县

华亭县。紧。

在府北一百二十里。《元和郡县志》云："本嘉兴县地。"《云间志》云："建安二十四年,吴封陆逊为华亭侯。"象之[3]谨按:《通鉴·建安二十四年》:吴陆逊以平荆州功拜宜都太守,封娄侯。非封华亭也。《唐志》云："天宝十载,析嘉兴置。"《元和郡县志》云："天宝十载,吴郡太守赵居贞[4]奏割昆山、嘉兴、海盐三县地置。"《寰宇记》及《通典》并云："因华亭谷以为名。天福四年,置秀州,割苏州之华亭县来属。"

——《舆地纪胜》卷三《嘉兴府》

华亭,在《禹贡》为扬州之域。在周,为吴地。吴灭,入越。越灭,入楚。秦并天下,分三十六郡,始属会稽郡。汉世因之。顺帝永建四年,分浙江以东为会稽郡,西为吴郡。华亭虽吴郡地,犹未见之史传。孙氏霸吴,尽有其地,建安二十四年,封陆逊为华亭侯,始见之《吴志》矣。晋、宋、齐、梁,未之改易。隋平陈,始置苏州。迨唐天宝十年,以华亭为县,属苏州治。按《新史》《寰宇记》，以为本嘉兴县地。《舆地广志》以为本昆山县地。昆山，即汉娄县，梁大同初，易今名。《元和郡国图志》云："吴郡太守赵居贞奏割昆山、嘉兴、海盐三县为之。"今邑之四境，与三县接，《郡国图志》为不诬矣。僖宗入蜀时，群盗盘结，王腾据华亭。唐《周宝传》："王敖据昆山，王腾据华亭。宝练卒自守，发杭州兵戍县镇。"按：僖宗幸蜀，则中和元年也，其后吴越王钱镠遣顾全武拔之。自此，地入吴越。按《九国志》："顾全武平嘉兴，取昆山。"虽无拔华亭事。《通鉴》乾宁四年，钱镠遣顾全武[5]取苏州，乙未拔松江，戊戌拔无锡，辛丑拔常熟、华亭。晋天福五年，以嘉兴县为秀州，而割华亭隶焉。按：置秀州，《五代史》云晋天福中；《寰宇记》以为四年；《吴越备史》五年三月，敕升嘉兴为州，而以华亭及新置崇德隶焉。则备史年月差详云。至于县之得名，《通典》《寰宇记》云，地有华亭谷，因以为名。按《陆逊传》："逊初封华亭侯，进封娄侯，次江陵侯。"汉法，十里一亭，十亭一乡，万户以上或不满万户为县。凡封侯，视功大小，初亭侯，次乡、县、郡侯。以逊所封次第考之，则华亭，汉故亭，留宿会之所也。汉亭二万九千六百六十五。吴所封亭侯，如西亭、烈亭、东迁亭、新城亭之类。今县有华亭镇印，或者遂谓自镇为县。不知所谓镇者，唐因隋制，置镇将、副，以掌捍防守御之事，县之冗职耳。《通典》："隋置镇将、副，其职甚卑。唐因之，有上、中、下。"《新史》以防守多寡分之。唐季五代，或用土豪小校为之。举吴郡属县昆山、常熟、华亭、海盐、吴江，皆有镇将，以沿海防御之处。《九域志》杨行密[6]、吴越王相攻，取昆山、常熟镇是也。国初镇将虽存，而县令及尉实掌其权。《续通鉴》据国史《本志会要》赵韩王行状："五代以来，镇将用节度亲随为之，凡事专达于州，县吏失职。建隆三年，诏盗贼斗讼，县令及尉领之，各置弓手，而镇将止统在县。太平兴国中，用本州牙吏耳。时华亭在吴越，虽未归土，而废罢镇将，盖始于此。"《祥符图经》载镇在西南二百步，而《元丰九域志》则废矣。按《祥符图经》昆山镇在县东一里，常熟镇在县南二百步，吴江镇在县下。《九域志》皆废。元祐间，太史范公祖禹奏议曰："祖宗分天下为十八路，置转运使、提点刑狱，收乡长、镇将之权，归于县。"如自镇而为县，则《新史》《舆地志》诸书，不应略而不言也。若夫云间之名，则自陆士龙对张茂先[7]所谓"云间陆士龙"一语云。

——《绍熙云间志》卷上《封域》

邑之四垂，祥符旧经书之详矣，至于去州远近，考之《元和郡国图志》《元丰九域志》，不能无少异者。盖《元和》云百七十里，举苏州而言也。《元丰》云百二十里，举秀州而言也。若夫四至八到，大抵皆水程也。

县境东西长一百六十里，南北阔一百七十三里。

东至海，八十里。

西至平江府长洲县界，八十里。

南至海,九十里,以小官浦为界。

北至平江府昆山县界,八十里。

东南到明州界,九十里。

西南到海盐县界,六十里。两县相去一百二十里。

东北到平江府昆山县界,一百十里。两县相去一百三十三里。

西北到平江府昆山县界,一百五十里。两县相去二百里。

——《绍熙云间志》卷上《道里》

海盐县

海盐县。上。

在府东南八十里。《宋志》引《吴记》云:"本武原乡,秦以为海盐县。"《元和郡县志》云:"本会稽郡吴县之武原乡,秦置海盐县,汉因之。"后属吴郡。《西汉志》吴郡下云:"故武原乡。有盐官。莽曰展武。"《东汉志》吴郡海盐县下注云:"顺帝时陷而为湖,今当湖是也。大旱湖竭,城郭之处可见。"《皇朝郡县志》云:"移于故邑山,因为故邑县。晋复为海盐县,故《晋志》吴郡下复有海盐县。宋、齐、梁因之。"而《宋志》《齐志》吴郡所纪亦同。《元和郡县志》于海盐县下注云:"隋开皇元年废县,北属杭州。"而《武原志》谓陈废,入盐官县。一邑之废,而有陈、隋之不同。象之谨按:隋文开皇元年,即陈宣帝之太建十三年也。是时隋文尚未平江南,不应遥废陈国江南之郡县,则是《元和志》指陈国太建之废置,而遥隶于隋文开皇之纪年,当书曰隋开皇元年,陈废海盐县,属杭州,庶得其真耳。《寰宇记》云:"隋初置,属苏州。武德七年省。"《唐志》云贞观元年省。不同,当考。又云:"景云二年复置,先天二年废。"《元和郡县志》云:"开元五年,刺史张廷珪奏又置。"《皇朝郡县志》云:"治御儿城。"《五代史》云:"吴越置秀州,割苏州之海盐县来属。"

——《舆地纪胜》卷三《嘉兴府》

海盐县,南九十里。元十乡。本吴县武原乡,秦置海盐县。

——《太平寰宇记》卷九五《江南东道七》

崇德县

崇德县。中。

在府西南一百里,本嘉兴县之义和市也。《嘉禾志》云:"晋天福三年,析崇德等七乡置县。四年置秀州,以县隶焉。"《寰宇记》云:"置州之时,析嘉兴县之崇德九乡,于义和市置县,以乡为县名。"则当在四年,年月不同。《舆地广记》云:"有语女水,本曰御儿,越之北境。"《越语》云:"勾践之地,北至于御儿。"盖地名也。

——《舆地纪胜》卷三《嘉兴府》

乡 镇 建 置

由拳　秦初曰囚倦,后曰由拳县。《前志》曰由拳,古之檇李也。

嘉禾　吴时有嘉禾生,改为禾兴县。孙皓[8]以父名和,改曰嘉兴。

御儿　《寰宇记》:"按吴越分境,越国西北置御儿,与吴为分界。"《通典》曰:"在嘉兴县南,地名御儿也,今俗作语儿。"《寰宇记》云:"亭在嘉兴县西南三百里。"《舆地志》曰:"越之北界,昔勾越伐吴至此。"《国语》曰:"吴用御儿临之。"又《汉书·闽粤传》云:"东粤使徇北将军守武林,败楼船军数校尉。楼船军卒钱唐袁终古斩徇北将军,封为语儿侯。"孟康注曰:"越中地也。今吴郡南亭是。"颜注:"语字或作御,其音同。"

由拳县　在嘉兴南五里。秦始皇见其山上出王气,使诸囚合死者来凿此山。其囚倦并逃走,因号为囚倦山,因置囚权县。后人语讹,便名为由拳山,其处产佳纸。

长水县　初,土人谣曰:"水市出天子。"始皇东游过此,见人乘舟水中交易,应其谣,遂改由拳县。后吴主乃立于长水县。

永新乡　在崇德县东北四十九里。《旧经》云:"二乡接境有官窑,父老传正吴越分疆之地。"

青堆镇　在崇德西北六十里。

白牛村　在华亭。陈令举弃官居之,号白牛居士。

齐景乡　在齐景公庙。昔齐景公曰:"吾欲观于转附、朝儛。"遵海而南。以景公尝游于此,故有庙及齐景乡。

——《舆地纪胜》卷三《嘉兴府》

按《祥符图经》《元丰九域志华》,亭管十三乡。《寰宇记》云:"旧十乡,今十七乡。"考县之诸乡,与旧经、《九域志》同。然唐顾府君墓志:"葬北平乡";丘府君墓志:"葬昌唐乡"。以道里考之,北平,今北亭也;昌唐,今仙山也。又旧传修竹,本谷阳乡。三者废易年月未详。

集贤乡　在县西北二十里。三保、五村,管里四:集贤、万安、美贤、清德。

华亭乡　在县东北四十里。三保、七村,管里二:华亭、旗亭。

修竹乡　在县西九十里。三保、十二村,管里三:濮阳、仪凤、驱塘。
胥浦乡　在县西南五十里。三保、九村,管里五:胥浦、坛浦、平江、朱泾、治宅。
凤泾乡　在县西南六十里。三保,八村,管里三:凤泾、涂缪、养民。
新江乡　在县北七十里。四保,十二村,管里二:新江、崧宅。
北亭乡　在县东北八十里。四保,十六村,管里三:崧子、北亭、封林。
海隅乡　在县西北九十里。四保,十一村,管里二:蕴土、汉成。
高昌乡　在县东北一百二十里。九保,十五村,管里四:高昌、盘龙、横塘、三林。
长人乡　在县东九十里。六保,十二村,管里三:长人、将军、高阳。
白砂乡　在县东南一百二十里。三保,十村,管里三:白砂、九棱、横林。
仙山乡　在县东南三十里。三保,六村,管里六:仙山、顾亭、新泾、柘湖、少平、临湖。
云间乡　在县东南一百里。四保,十村,管里四:招贤、白苎、云间、小平。

——《绍熙云间志》卷上《乡里》

澉浦旧属会稽。《元和郡志》云:"《禹贡》:'扬州之地。'周时,吴泰伯置城,为越所并。汉顺帝永建四年,阳羡令周喜上书,遂分浙江,东为会稽郡,西为吴郡。"《舆地广记》云:"秦置海盐县,属会稽郡。"吴越时分境于槜李。槜李,今属嘉兴县界。以此考之,澉浦乃古越地。石晋时,吴越钱氏奏置秀州,始随分隶。又《水经》云东南有秦望山,旁有谷水流出为澉浦。秦望山在会稽。及鲍郎场十灶九在秀而一在越,是知澉浦古隶绍兴而今隶嘉兴。

——《澉水志》卷一《沿革》

唐开元五年,张廷珪奏置。按《水经》云:"秦望山,谷水流出为澉浦。"因名。

——《澉水志》卷一《镇名》

东西一十二里,南北五里。《武原志》云:"周回二里半。"绍兴间,人民稀少。今烟火阜繁,生齿日众,故不至此。

——《澉水志》卷一《镇境》

东至海岸边海界,西至六里堰近潮村界,南至篠山边海界,北至官草荡新浦桥界。
东南到葛母山界,西南到盐官灵泉乡界,东北到秦驻山界,西北到鲍郎浦界。

——《澉水志》卷一《四至八到》

水路西去海盐县四十里,北去嘉兴县九十里。陆路东去海盐县三十六里,南去盐官县八十里。

——《澉水志》卷一《水陆路》

【注释】

[1] 沈约:吴兴武康(今浙江湖州南)人。南朝梁开国功臣,政治家、文学家。自幼家贫,但刻苦学习,南齐建立后,担任国子监祭酒等职,南梁建立后,担任尚书仆射,册封建昌县侯,官至太子少傅,去世后被追谥为隐,他是南朝文坛领袖,创"永明体",为"竟陵八友"之一,同时也是一位史学家,其著作《宋书》为二十四史之一。

[2] 干宝:晋史学家、小说家。字令升。新蔡(今属河南)人。少勤学,博览群籍。怀帝永嘉五年(311)渡江后,以华谭之荐召为佐著作郎。愍帝建兴三年(315),以平杜弢有功,赐爵关内侯。晋元帝建武元年(317),王导上疏言宜备史官,乃命宝兼领国史。与郭璞善,璞嗜酒好色,宝常劝诫,以为非适性之道。明帝太宁元年(323),王导为司徒,辟宝为右长史,撰《司徒仪》。后迁散骑常侍,领著作,撰《晋纪》。

[3] 象之:王之象,南宋婺州金华(今属浙江)人,字仪父,一作肖父。庆元进士。历长宁军文学、知分宁县。博学多识,尤精史地之学,约于宝庆间,著成宋地理学名著《舆地纪胜》。

[4] 赵居贞:定州鼓城(今河北晋县)人。父赵不器,兄夏日、冬曦,皆有名于时。居贞进士及第后,又于先天二年登"手笔俊拔、超越流辈"科。天宝间,任比部郎中。十载,任吴郡太守兼江南道采访处置使。翌年,迁北海郡太守。

[5] 顾全武:唐朝五代时期将领。唐昭宗时为镇海节度使钱镠属下大将,曾随钱氏讨叛逆董昌,有大功。

[6] 杨行密:唐末大将,五代十国时期吴国政权奠基人。字化源,庐州合淝(今安徽合肥)人。少孤,逃入盗中,为刺史郑棨所捕留用,以功补队长,后杀八营将,自立为都知兵马使。郑棨走,高骈表为庐州刺史。唐昭宗时诏为检校司徒,授宣州宁国军节度使。乾宁二年(895),诏拜淮南节度副大使、检校太傅、同中书门下平章事,封弘农郡王,割据淮南。

[7] 张茂先:即张华。西晋武帝时大臣。字茂先,范阳方城(今河北固安西南)人。任中书令、散骑常侍,为武帝策划灭吴之计。统一后为贾充、荀勖所忌,出为都督幽州诸军事。惠帝时历任侍中、中书监、司空。后被赵王司马伦杀害。博学能文,著有《博物志》。

[8] 孙浩:三国吴皇帝。264—280年在位。字符宗,吴郡富春(今浙江富阳)人。专横残暴,奢侈荒淫。280年晋武帝六路伐吴,孙皓向王濬投降。封归命侯。后死于洛阳。

城　社

　　槜李城　《史记》：" 吴伐越，越王勾践迎击之槜李。" 杜预曰：" 吴郡嘉兴县，今槜李城即其地也。" 张尧同《嘉禾百咏》曰：" 螳螂方捕楚，黄雀遽乘吴。交怨终亡国，君王到死愚。"

　　金山城　在华亭县南。《旧经》云：" 昔周康王东游，镇大海，遂筑此以为名。"

　　白苎城　《类要》："在华亭。"

　　青龙镇　去华亭县五十里。居松江之阴，海商辐凑之所。朱伯原《续吴郡图经》云："昔孙权造青龙战船置之此地，故名。"

　　马嗥城　在海盐东南三百步。《越记》云："吴兵至此，道逢大风，阵败马惊，因以为名。"

　　前京城　在华亭县东南。《旧经》云："以近京浦，因以为名。其城，梁天监七年筑。"

　　阖闾城　在华亭县。《寰宇记》云："阖闾所筑，以备越处也。"

　　　　　　　　　　　　　　　　　　　——《舆地纪胜》卷三《嘉兴府》

　　县之有城，盖不多见。华亭邑于海壖，或者因戍守备御而有之。绍兴乙亥岁，酒务凿土，得唐燕冑妻朱氏墓碑，以咸通八年窆于华亭县城西一里，乡名修竹。是唐之置县，固有城矣。废兴之由，莫得而详，疆域尚仿佛可识云。

　　县城周回一百六十丈，高一丈二尺，厚九尺五寸。

　　古城在县西南六十里。按《祥符图经》载，古城今未详所在。

　　社坛在县西北二里。

　　　　　　　　　　　　　　　　　　　——《绍熙云间志》卷上《城社》

学 校

学,旧有记五,尝考其本末。天禧间,有夫子庙而已,湫隘庳陋,旁不可为斋馆。后六十有五年,陈侯谧始欲兴学。邑人卫公佐、公望献县之东南地,且自度殿材,为买国子监[1]书,以资诸生。如是数年,至令刘鹏,始克就绪。学之成,其难也如此。绍兴以来,杨寿亨、周极、侍其铨相继修之。今学舍整好,什百俱备,学粮租钱,视他处为厚,国家所以养士者,可谓无负矣。

在县东南二百步,堂曰明伦。斋五,曰居仁、由义、隆礼、育才、养性。堂旧名进德,令杨潜改今名。

——《绍熙云间志》卷上《学校》

城东桥以宣公名,相传公生之地。学故有祠,郡守吕正己复新之。

——《黄氏日抄》卷四〇《东莱先生文集秀州陆宣公祠堂记》

夫惠有术也,养有道也。一梁之渡人,惠之微者也,而君子取之,得其术也。一井之济物,养之薄者也,而圣人取之,得其道也。子产乘舆,其为力固勤矣,而君子不取,非其术也。冉子与粟,其为心固周矣,而圣人不取,非其道也。所谓术者,不在乎丰,在乎不费云尔。所谓道者,不在乎大,在乎不穷云尔。夫丰而多费,知爱于彼而不知爱于此也。大而易穷,知爱于今而不知爱于后也。惟其不费,则虽微可尚也。惟其不穷,则虽薄可贵也。吴兴学著于天下,当其盛时,学者不可胜录,然常患惠而养之者不至也。彼千里而来,有及门而不能留者,有留而不能久者,将返则有戚然不足之叹。自学初得赐田五顷,而濒湖多潦,岁入无几。由今枢密胡公为郡,始为办学资,渐以及诸生之寒俊者。继胡公者或增焉,然亦莫之充也。嘉祐中,临尝承乏教授,计其资十常不能及二三。既数年,乃会太守鲍侯轲恤其不给,慨然思有以广其资。方谋诸士僚,适闻秀州杉杨泾有民讼田,频年不决,官将两夺之。鲍侯喜曰:"吾谋得矣。"乃用书恳请于转运使,愿得贷钱购所争之田以赡学者。会转运使贤,乐闻其请,遂用贷钱六十万,得田七顷。其田当沃壤,旧无暵潦之患。以二年之入偿贷钱,然后率为学粮,岁可以食百员。夫栋宇之固,易隳也;泉布之富,易耗也;惟田之息,可以沾及无涯。语其始,可谓惠而不费者也;要其终,可谓养而不穷者也。世有掠民脂血,妄为塔庙之奉,在名教之地,则貌而不顾。噫!不明乎善,徒多费而易穷。较今日之为,重可取也。鲍侯去之二年,遇今徐侯来,喜其得惠养之道术,而有资于名教,然虑岁月之久,有攘没其美者,乃强不敏著于记云。

——《宋文鉴》卷八三《湖学田记》

秀州海盐既修县学,掌学官四员,职事十员,斋生三十员,合辞遣介走二千里以来索文,具言本末,而知县事李侯之功有不可不记。谔思己酉夏备数朝籍,客有从彼至者,已言侯留意于兹,况今岁又三易。盖侯初来为丞,叹学之敝而县有不暇,丞欲自任其劳。未几诸司以才推择,得旨竟绾铜章,于是经营不愆于素。况侯之祖绍兴甲子寓居此邑,力赞邑宰奉议徐公光实修之于前,且为之记与斋铭矣,侯竟述初志。夫州县有学,非他也,为治以教化,任守令,学所以与多士为求仁之地也。有生之初,仁固性所有也,失其固者有因也。众人不知有以求之,为政之人不知有以因其求而导之,仁则晦也。于是聪明睿智之君倡于上而下自应,州县之学所由以建。或者怠乎是,非怠乎学也,怠乎仁也。今斯邑也,辟雍首善,近在咫尺,教化当易以举,乃有李侯为之鼎新乎求仁之地,俾阛阓冠方屦得以藏修乎其中,即是以求尧、舜、禹、汤、文、武为仁之传,稷、契、伊尹、周、召为仁之佐,孔、孟为仁之言,六经为仁之书,五典五教为仁之方,自家而国、而天下,为仁之序,俾居乎学者日之所见,升降揖逊无非仁焉,弦歌管钥无非仁焉,簠簋尊罍无非仁焉,殿堂门庑无非仁焉。如充栋宇,如汗马牛,如参于前,如倚于衡,朝夕寒暑仁必在是,颠沛造次仁必在是。上之以仁而可以致君,下之以仁而可以泽民,穷而以仁可以善其身,达而以仁可以兼善乎率土之滨,仁之妙用可以塞乎天地之间而不可名。《经》曰"为仁由己",又曰"我欲仁,斯仁至矣",智者论之,求之于学,其获则易。故学之为效,明礼乐,移风俗,召和气而致太平,有不难者。若乃雕镂于文字,瘤癖乎诵习,竞争乎末节,缘饰乎虚名,是又学之浅者,君子之所略焉耳。侯资仁而心仁,心仁而术仁,仁于堂而风如,仁于野而春如,因乃祖之权舆即是而本之,仁其祖矣,所以谓学为求仁之地而孜孜焉,竟底其成。凡学之文物无一不备,以为未也,复建小学发其仁之端。侯意若曰,屋有限,员有数,必整整焉,所以领袖百里之内,耳目习惯,父教其子,兄语其弟,长老训其后生,循循然唯仁之归,侯之意岂不广哉!若乃侯自捐俸金,民不告劳,廉而有法,政之善也,不可不并书。侯名直养,世家维扬,官从事郎,乃祖则左朝散大夫、充徽猷阁待制、平原县开国伯、讳正民。今学经始于绍熙元年冬,明年三月即工,六月告成。

三年四月壬寅朔,焕章阁直学士[2]、朝奉大夫[3]、提举江州太平兴国宫、清江县开国子、食邑六百户、赐紫金鱼袋[4]谢谔记并书。

——《嘉禾金石志》卷二三《海盐新修学记》

士自一命而上,皆天子所与分任司牧之寄,若性绥猷以克相上帝者。况锦地百里而君之，岂徒民社吾有哉？先王教化寥寥弗嗣，而学校仅存，是固师帅之权舆，承流宣化，根柢之地也。今之为县者，旦夜焦然如坐汤鼎，窘于才者既不足以有立，挟才以逞者又方虎视吾民，鞭膏捶血若恐后。问之，则曰上迫下匮，弗我贷也，其然矣乎？朔望具文，春秋故事或且坏漏不可支，吾则丹腹圬镘，藻绚其外，以自涂其耳目，如斯而已。大闱制度，壮观今昔，为根柢是谋，彼何人也？海盐自建学到今，几造几圮矣。赵侯之来，首务劝笃，职之冗者汰之，乡之秀者款门而招之，规模久敝，逼陋弗称，欲一出手，未裕也。三岁政成，乃大克举，经始于暮春之癸酉，越八月丁未竣事。由直舍彻外梱屋之为间者逾八十，独礼殿颇葺其旧，宸奎有阁，明伦有堂，从祀有像，先贤有祠，位次齐序，下至庖湢，整整咸备。四周以垣，三面以池，左则出亭池上曰移风，以还旧观。前则辟衢池外曰尚贤，以表新坊。渚花弯环，舆梁而入，宏敞伟丽，群目为张。侯所以赉兹邑者厚矣，期向之者宏矣。经曰："大学之道，在明明德。"又曰："明出地上，晋君子以自昭明德。"明非外至也，孩提知爱者此明也，长而知敬者此明也，乍见孺子将入井而怵惕恻隐者此明也。汩于物欲，乱于血气，交战于利害，而转徙乎是非，而昭昭者昏昏矣。是故德本明也，明之而已。明之如何？自昭而已。苟自昭矣，他人无所致其力也。薅彼莠骄，立我嘉谷，霾雾破散，月皎天空，此为仁由己之功，克念作圣之妙，学之为学于是乎在，非苟具文存故事云也。或曰世方科举取士，吾暇乎其他！是不然，士习于科举，而三纲可沦，五常可灭，九法可坏，凡起居饮食生人日用之经皆可废，则大学之道容未暇也。如其不然，是未可斯须忘矣。大学之道固不在生人日用之外也。时介吴楚万山中，于侯无一日雅，乃辱走书千里，繄记是嘱，而时亦不敢辞者，无他，知其心也。安有侯心之所期向，而邑之人士有不知者？幼之学，壮之行，弦歌之风，雍雍海峤，他日栋梁斯道，羽仪天朝，经纶变化，阖辟宇宙，与古圣贤相应和。噫，侯之心也，勉乎哉！侯名希弥，居姚江。董是役者，学职事吴拱辰、邱改之、常贤孙、郭骙。

——《蜀阜存稿》卷三《海盐县重建儒学记》

元祐三年夏四月辛丑，左宣德郎、秀州华亭县事刘侯初视事。越三日癸卯，谒先圣庙，顾新学有左庑，而阙右庑，食无庖爨，居无什佰之器，垣墉不立，犬彘得游处而无虞。刘侯恻然，环视彷徨。归则发政以惠民，徐以善言，风谕邑内。邑内欣喜，莫不奔走以承命，于是学始缮完。又风谕，得卫氏子买国子监书以资诸生。乃属其佐刘发为之记。且曰："新学之建，吾无与也。必为记，不忘前人之功名尔。"已而发解官，刘侯又以书见速。且曰："学始谋于陈侯，卒建于陶侯，无以吾厕于二人之间。"刘侯之意，固忠厚矣，而事在众人之耳目，非可诬也。辄广记而备言之。华亭，大县也，旁小县皆有学，独华亭无之。盖浙西善事佛，而华亭尤甚。民有羡余，率尽以施浮屠，故其它有所建置，莫易以成就。先圣庙故在县治侧，湫隘庳陋，旁不可以为斋馆。自吴侯为宰，已尝有意迁易焉，而劝导率不就。后三十年,而陈侯谧复议建学。是时,邑人卫公佐率先愿献县之东南地,且求独建先圣殿。归即筑土治木,预为户牖,加漆饰,以须期会。期会未定,陈侯以事去,议又罢。久之,浮屠氏从公佐乞所治材为佛宇。公佐曰:"此材可使之朽腐,必欲移用,则不可。"相继陶侯镕为政,而公佐死,浮屠氏又从其子弟求其材为公佐所福。其子弟则今买书者也,固执如公佐之意。于是邑子朱赓、朱伯夔、周扬、许洙,以之干陶侯。陶侯使之白州郡监司,曰:"州郡监司见从,吾无不从者。"四人乃率众士人,诣郡太守,又诣转运使,皆得请。遂择日鸠工,而四人实董其役。邑人素愿尽力者,固已各实其言矣。而它无助成其事者,故积久卒成于刘侯,盖若有待焉。夫致治不可不先学校,虽庸人孺子皆知之。学士大夫方困布衣,必以是说应有司之求。及其入官则皆之,果何以哉?盖上之所程督者,常在狱讼簿书,而考绩不急于教化故也。以文盛之时,建学校于多士之地,或有其意而不能遂其议,或遂其议而不能致其事,或致其事而不能成其功。故发详记其实,以为上下之劝。使后之劝者,知成功如此其难,无至于废而不治云。

——《绍熙云间志》卷下《华亭县学记》

古者,王畿方地千里,六乡之内无非教者,其法自家有塾始。二十五家之间[5],必有塾,塾必有道德而尝仕者,为之师。由家而党,由党而术,无一人之不学,无一所之不师。所以比屋可封,而人有士君子之行者,良有以也。施君退翁,家山阴而仕华亭。其在扶冯犹六乡也,则上而达道德一志虑;下而考其德行道艺之可任者,非夫人之责而谁与?国朝建都吴会,逾百年矣。而华亭之为县,公卿将相由此而出,大家巨室于此处焉,不减王畿之盛,而求其人物,挺然自立,得先民之格言,若尹吉甫之咏歌于《诗》,刘康公之谈道于《春秋》,鲜有闻者,由夫小学之教,不行于童授之时;大学之道,不立于成人之后故也。夫是以士之所习者,无非声病缀缉之文;否则记诵口耳之学。上之所以诱之者,为利禄科举之事,否则溺于异端曲学之非,而学之所以教者末矣。圣天子发明孔、颜、曾、孟之旨,本原周、程、张、朱之传,自首善之官,而达乎三辅,本末备具。而况于施君之得于山阴,有朱氏之教,则其举而措之华亭者,岂直一陆敬舆之不负所学而已哉?县故有学,卑隘不称。端平间,杨金部瑾因其地而辟之,魏鹤山为之记。无非天典民彝之旧,然犹以地迫而陋,不及增广,以待后人。径术未端,非行天下之大道;斋庐相背,非立天下之正位。规抚创改,栋宇未周,是天下之广居,不得而居之也。施君治化修明,民安其政,既庶而教,不能不以郑校、鲁宫为疑。君曰:"吾之职也。"因米廪余积,而裁度补助之。周墉五十丈,左右前后,四面而立;芟薙其蓁芜,增益其沮洳;昔行其右,今左为涂;其上重建状元坊,内立讲堂,后为之轩,两庑对峙,四斋并立;后建小学三楹。工役材植。悉依市直,七月告成,毫发无侵于民。朋来友习,相观而善,教养之道,于是乎备。士跃然而请,愿记本末,以诏方来。君移书谓遂曰:

"子之宰山阴而摄教事也,尝得周旋其间。请必有获。"遂退居金坛,地之相距者三舍,亦闻政成事举,辞不获命。则曰:"华亭,非衣冠之都会乎?新其学而大之也,固宜。"今敞其轩楹,辟其庐舍,使小学有养,大学有教,其于王政无先焉。抑闻之,古之小学必常视无诳,必请肄简谅,有洒扫、应对、进退之仪,五礼、六乐、五射、六御、六书、九章之文,无以尊敖幼,无以少陵长,淫词废典,无惑民听。其于幼仪内则得矣,非孝于事亲之道乎?及其进乎大学,则必谨独于不睹不闻,必止善于致知、诚意,有父子、兄弟、夫妇、君臣、朋友之教,修身、齐家、治国、平天下之序,无以贵轧贱,无以众暴寡,尊君亲上,无有二心,其于《中庸》之率性,《大学》之明德,得矣,非忠于事君之义乎?夫学莫先于忠孝,而忠孝者,百行之冠冕,万善之喉衿也。果能此道矣,敬足以直内,诚足以赞化育而参天地,岂特大小学之利而已哉?将见推而达之四方,非独华亭一邑而已。施君以县最闻于朝,吾党与有荣矣。盍书之坚珉,以为教者、学者之规,是以为记。淳祐六年端午日,华文阁直学士[6]、中大夫[7]、提举江州太平兴国宫、食邑九百户、赐紫金鱼袋、王遂记并书。端明殿学士[8]、宣奉大夫[9]、提举临安府洞霄宫、临邛郡开国侯、食邑一千八百户、食实封八百户、高定子篆盖。通直郎、特差知嘉兴府华亭县、主管劝农公事、兼兵马都监[10]、兼监盐场、主管堰事、搜捉铜钱下海出界、专一点检围田事、兼弓手寨兵军正、借绯施逊翁立石。

——《绍熙云间志》续卷《增修华亭县学记》

华亭县故有宣圣庙,自庆历后郡县皆有学,于是县立学官以附于庙。绍兴、绍熙虽加缮治,又数十年矣。今令会稽杨君堇始至,戢奸惠柔,剔纷起废。一年而掊节浮蠹,储米三千石,为平籴仓。又一年鸠材僝庸,修大成殿,前门后阁,左右二翼,而馆乡贤于夹。又东甃泮水,建讲堂一,斋庐八,令佐之款谒有次,诸生之公养有廪,通为垣以宫之,翼翼沈沈,邃严靖深。俾来以图,请记成事。予惟论学校者未有不伤教法之坏,议科举者未有不叹辞章之靡,经生学士尚论比闾之法、庠塾之教,则悼王制之不可复。呜呼!侯封井牧去籍二千年矣,是未可以骤复也。虽然,治古终不可复与?曰:不然也。天命流行,发生万物,虽五行异质,四时异气,而仁义礼知之性、恻隐羞恶辞逊是非之情,则古今同此民也;父慈子孝,兄友弟恭,夫义妇顺,则古今同此心也。古之为教,非强其所无也,亦惟即射乡之会而正齿位,所以养其尊贤敬老之良知;即岁月之吉而读教法,所以发其尊君亲上之深省。逮已事而竣也,则反诸闾塾。所谓家有塾者,合二十五家之子弟于闾门之左右,而父师者为之左右师以教之。民生其间,无习而非正人,无行而非正道,无闻而非正言,志壹心臧,不见异物而迁,故曰斯民也,三代之所以直道而行也。自乡治废而民散,朝夕无闾塾之教,岁时无庠序之属,死徙不相知,出入不相友,缓急不相赒,而为民父母者沈于簿书期会之冲,矻矻晨夜,救过不赡。于是奸胥乱民缘绝为欺,吏以官为市,民以吏为仇,违其常心,以陷于辟。是虽曰世降俗敝已非一日,独不思古今一宇宙也,而今之民顾不古若,岂诚不古若哉!而况吴中族姓人物之盛,自东汉以来有闻于时。逮魏晋而后,彬彬辈出,左太冲所谓高门鼎贵,魁岸豪杰。虞、魏之昆,顾、陆之裔,虽通言吴都,而居华亭者为尤著。盖其地负海枕江,平畴沃野,生民之资用饶衍,得以毕力于所当事。故士奋于学,民兴于仁,代生人才,以给时须。自陆士衡、士龙以至唐宰相元方、象先、希声,犹曰随世以就功名。至敬舆,则岿然三代人物也。涵养作成,此岂一旦之功?先正朱文公谓三代而下,惟董仲舒、诸葛孔明、陆敬舆俱有王佐气象。自今观之,其论谏数百,如推诚、散利等疏,无非圣贤之明训;其所辟邪说如"宁我负人""反经合道",凡后世丧邦之说,一绳以正。呜呼,斯不亦间世之大儒乎!乃自近岁,遽以华亭为不易治,令不具官,胥横民肆,簿书漫漶,狱讼繁滋,铨曹注拟,往往有望望然去之者。吁,何至是哉!《记》曰"凡释奠者必有合也",或谓合他国之先贤而祀之。然则是邦有如宣公,自可为人物之标准。地灵人杰,千古不磨,作而兴之,则非守令事邪!唐人诗称宣公为县人而志不书,其何以为行善化俗之助?杨君建学之初,揭堂曰"明善",合子思、孟子相传之要指,在诸生发明为己之学,冠佩林立,听者皆竦。呜呼,千万人之心一也,上以诚感则下以诚应矣。予既嘉杨君之为,又叹宣公钟美是邦而人未之或知,为表而出之。其自今父诏师传,斯游斯息,玩圣贤之所学何事,以无忘贤令尹之德,安知如敬舆者不数数遇也!

——《重校鹤山先生大全文集》卷四六《华亭县重修学记》

　　韩退之为《处州孔子庙碑》,曰:"自天子而下得通祀而遍天下者,惟社稷与孔子。然其祀事皆无如孔子之盛。所谓生民以来未有如孔子者,此其效欤!"予常以谓退之失言。祀事之盛衰,其得失在后世,孔子何与焉?使孔子无一豚肩之享于墟墦之间,何损其为圣人?以舜禹之巍巍,不待有天下,至孔子乃待祀事然后尊欤?其智足以知圣人,孟子独称宰我、子贡、有若。如子路亲事孔子而师之,然犹有所不说。知孔子为难,则其誉孔子固宜难也。治天下国家,其上至于无以加,下至于匹夫贩妇得有其四体发肤者,舍孔子之道不可。此天下所共知者,圣人之迹也。至其卓然有所立,虽颜子欲从之而有不能者。故先王择天民宿艾舒大之才,以为公卿乡老,使率其属以兴四方之俊异。礼乐法度,秋阳江汉以暴濯之,犹惧其不能进。苟为不至于此,而仅循其末流,则道或几乎息矣。吴越多山,而湖泽渐其下,其枝者涯渚之间不辨牛马。崇德居山泽之介,孔道四出。战国之时,阖庐、勾践尝大战于槜李、御儿之间,裂其地而守之。至今墟垄网络,稻蟹之利,转徙数州。元丰八年,括苍吴君伯举为是邑也,始为之筑宫庙以祠孔子,聚学者,择经师而教之以义理行能,不苟使之为文章诵习,务中有司之程而已。培高为堂,宴有贰室,缭以环庐,丰约称事。四方闻令贤,皆来学,唯恐在后。崇德为远邑,县令为小官,兴材赋工,动触吏禁,非笃诚自信强有才者不能任也。此其成就之难,未若持之之难也。债犀象、决鸿鹄之器,非深山大谷则无以养其材。执规矩而求之者,不视其材视所养,则沈沈之室,执规矩者所视也。养之以先王之所待以兴者,而不徒循其末迹,则其为役也不为苟美矣。

——《长兴集》卷二四《秀州崇德县建学记》

绍兴二十五年八月丁酉,左承议郎秀州州学教授陈岩肖为诸王宫大小学教授。岩肖在秀州,为秦桧立祠堂于学舍。熺归,稍荐用之,俄兼权考功郎官。

——《建炎以来系年要录》卷一六九

镇学　昔时未有。嘉定十一年,镇官徐之纪绘夫子像,就禅悦教院行释菜礼。自后岁节冬至,于此序拜乡饮。

——《澉水志》卷五《学校门》

【注释】

[1] 国子监：宋初,聚生徒讲学,国子监与国子学合二为一,并掌刻印、出卖经书等公事。仁宗庆历三年、四年,大兴学校,四门学、武学、太学单独立学,州县办学,附于国子监之国子学已非唯一官学,国子监掌管教授经术、荐送诸生、刻印书籍公事等职能日益突出。元丰新制后,国子监职掌国子、太学、律学、武学、算学五学之政令与训导事,以及刻印书籍等。

[2] 焕章阁直学士：淳熙十五年(1188)十一月九日始置。从三品,序位在敷文阁直学士之下。

[3] 朝奉大夫：寄禄官名。北宋神宗元丰三年九月,由后行郎中阶改。为文臣京朝官寄禄官阶三十阶之第十九阶。从六品。

[4] 赐紫金鱼袋：阶官未及三品(元丰元年后四品)以上,特许改服色,换紫、佩金鱼袋,称赐紫金鱼袋。官衔中须带"赐紫金鱼袋"。

[5] 闾：里巷。《周礼·地官·闾胥》:"闾胥各掌其闾之政令。"古代的一种居民组织单位,二十五家为闾。《尚书大传》卷四:"八家为邻,三邻为闾。"

[6] 华文阁直学士：庆元二年(1196)五月十五日始设。从三品。序位在焕章阁直学士之下。

[7] 中大夫：文散官名。秦官名。北周为散官。唐贞观后列入文散官。宋因之,北宋前期为文散官二十九阶之第八阶。从四品上。

[8] 端明殿学士：后唐天成元年(926)五月二十日始置。北宋于太平兴国五年正月十五日,改端明殿学士为文明殿学士。明道二年(1033)复置端明殿学士,始除人。政和四年八月三日,改端明殿学士为延康殿学士。南宋建炎二年二月十三日,复改延康殿学士为端明殿学士。初,为翰林学士承旨及学士久任者加职。元丰后,多为执政得罪离任带职。南宋时,为签书枢密院事、同签书枢密院事带职。

[9] 宣奉大夫：寄禄官名。北宋徽宗大观二年六月二十七日所增置之新阶名,换左光禄大夫阶。为文臣京朝官寄禄官三十阶之第六阶。正三品。

［10］兵马都监：不带"行营"的兵马都监，始于五代后晋，有州兵马都监、军都监等。北宋初沿置。作为宋代地方兵官的兵马都监有路分、有州府军监、有县镇、有城寨关堡，广为设置。路分都监，掌本路不系将禁旅屯戍、边防、训练之政令，长吏得与共议军事，以肃清所部。州府以下兵马都监，掌其本城屯驻、兵甲、训练、差使之事。北宋徽宗朝开始，多以处贵游子弟，统兵、教阅、弹压之任，例存故事。

坊陌桥梁

孔宅　海盐县北，其地有孔子宅。

望春桥　在子城东。

嘉禾驿　《晏公类要》云："在子城之西南。"

四车桥　在海盐县西南。

五柳桥　在府城。昔许尚有诗。

百步桥　在杉青堰之北。知州曾纡有诗云"百步桥边荡桨时"，即此也。

百咏诗　张尧同及许尚皆有《嘉禾百咏诗》。

万安桥　在嘉兴县西。

秀水桥　在子城南。

阜林市　在崇德县北四十里。

燕脂桥　在子城西。

仁政桥　在子城北。

德风桥　在子城北。

秦皇驰道　在嘉兴县西北。《舆地志》云："始皇至会稽度江经此。知县唐询猷《华亭十咏》曰：'相传大堤在，曾是翠华游。玉趾如将是，金椎岂复留。'"荆公诗云："车轮与马迹，此地亦尝留。想当治道时，劳者尸如邱。"

古战场　《寰宇记》云："在嘉兴县南。"定公十四年，吴越战于槜李，阖闾伤指而卒，即此地也。

鲍郎市　在海盐西南二十五里。《南史》："孙恩作乱，令鲍陋遣子嗣之以吴兵千人为前驱，贼退，嗣之追奔陷没。"

茆家市　在嘉兴县。

吴王猎场　在华亭谷东。吴陆逊生于此。荆公诗云："吴王好射虎，但射不操戈。匹马掠广场，万兵助遮罗。时平事非昔，此地桑麻多。猛兽亦已尽，牛羊在田坡。"

集贤里　父老云：昔陈、陆诸贤居此，因以为名。许尚诗云："冠盖游从日，欣然萃一乡。田原总如昨，谁复嗣余芳。"

半逻市　在海盐县西北三十五里。昔云半路亭，今讹为半逻。

五桂坊　在崇德县。莫琼有子五人，俱登儒科。邑宰为立五桂坊，周必正书，谢谔为《记》。

——《舆地纪胜》卷三《嘉兴府》

  槜李,即今嘉兴县界槜李城是也。治于故吴城,分置嘉兴县;八年废嘉兴县入吴县;九年罢都督。贞观八年复置嘉兴县。

——《太平寰宇记》卷九一《江南东道三》

  按《吴地记》云:"越国西北界至御儿。"在今吴郡嘉兴县南是也,即与吴分界于此。
——《太平寰宇记》卷九三《江南东道五》

  坊巷之名,皆因俗之旧,非有遗迹故事也。今生齿繁阜,里闾日辟,所志者,特存其旧耳。显善、劝义二坊,则令杨潜因邑人之孝义者,特表之以,感化里俗云。

石狮巷　在县东一百二十步。

石条巷　在县东六十步。

仓桥巷　在县东一百步。

郭门巷　在县东一百七十步。

盐仓巷　在县西二十步。

广明桥巷　在县西四十步。

前巷　在县西六十步。

后巷　在县西八十步。

亭桥巷　在县西一百三十步。

东私路巷　在县西二百五十步。

西私路巷　在县西二百六十步。

福顺庙巷　在县西三百步。

莫家巷　在县西三百五十步。

竹木巷　在县南二十步。

城隍庙巷　在县南五十步。

厢巷　在县南六十步。

金山忠烈庙巷　在县南七十步。

石碑巷　在县南八十步。

纪家巷　在县东南一百三十步。

球场巷　在县东南一百五十步。

石幢巷　在县西南一百五十步。

童家巷　在县西南一百八十步。

陆家巷　在县西南二百三十步。

邱家湾　在县东北一百八十步。

田家湾　在县西南三百五十步。

显善坊　在县东南二百五十步。

劝义坊　在县西南五百四十步。

——《绍熙云间志》卷上《坊巷》

跨川为梁,泽国居多,故吴中三百九十桥,见于乐天篇咏,所从来旧矣。华亭环邑皆水,须桥以济。且以顾会一浦观之,绍兴乙丑岁浚治此浦,于河之东建石梁四十有六,他可知已。今县治之内,矼石甃甃,若架木而成者,数逾七十,不可殚纪。姑举通衢之高大者,揭名如左:

县桥　在县南一十步。

市桥　在县西三十步。

旧米仓桥　在县东二百二十五步。

震桥　在县东二百三十五步,其上飞宇翼然,俗呼为东亭桥,又名虹桥。政和间,邑宰姚舜明谓主位颇虚,作亭以镇之。

郭门桥　在县东二百三十步。

广明桥　在县西二十步。

望云桥　在县西七十步。

大吴桥　在县西北二百五十步。

妙明桥　在县西北二百五十八步。

西亭桥　在县西市二百八十步,飞阁于上,今名丽泽桥。

普照寺桥　在县西二百八十步。

悦安桥　在县西四百八十步,桥侧镌一"佛"字稍大,俗呼佛字桥。

坊桥　在县西五百九十步。

平政桥　在县西六百二十步。

长寿桥　在县西七百五十步。

太平桥　在县西南五百四十步。

合掌桥　在县西南四百一十步。

德风桥　在县西南四百七十步。

瑁湖桥　在县西南五百步,在陆瑁养鱼池西南,即今之西湖。

沙家桥　在县西南四百步。

丁行桥　在县西南二百七十步。

三桥　在县西南二百五十步。

凤皇桥　在县西南二百九十步。

新桥　在县南二百八十步。

迎仙桥　在县东南四百步。

望仙桥　在县东南四百步。

米市桥　在县东南三百三十八步。

庄老桥　在县东南二百五十步。

居士桥　在县西北三百五十步。

东荣桥　在县东七百二十五步。

张塔桥　在县东八百十步。

明星桥　在县东一千一百十步。

永安桥　在县西北三百七十步。

净土桥　在县东南四百十步。

通利桥　俗名俞塘桥，在县东北五里。

以下四桥，在县之外：

安就桥　跨古浦塘在县西三里，俗呼跨塘桥。

通济桥　在县西南四十八里，跨古泖，俗谓泖桥，长六百尺，广一丈。

凤皇桥　在县西北二十七里，跨顾会浦，西接凤皇山之尾，因山得名。

古鸣鹤桥　在县东北冈身，吴越武肃王钱氏造华严院于此，今呼为北板桥。

——《绍熙云间志》卷上《桥梁》

阜民坊　在镇前街西。

张家衖　在镇市北。

张搭衖　在镇市南。

义井巷　在镇市南。

塘门衖　在镇市南。

广福坊　在镇前街东。

马官人衖　在镇市南。

海盐衖　在镇市北。

——《澉水志》卷四《坊巷门》

跨浦桥　在镇东浦上。

新桥　在镇东五里。

闸桥　在镇市中。

丁家桥　在镇廨前。

通江桥　在鲍郎场前。

鸿桥　在镇市北浦上。

西石桥　在镇市西，犒赏子库侧。过桥南行，入永安湖路。

盐仓桥　在镇西。桥下水通磺头盐仓舍。

安德桥　在巡检廨侧。

栅桥　在镇西三里。本镇纂节、发引、收税之处。

望湖桥　在镇西南五里。地至澉墅，西通永安湖，东至海岸，中分水脉至钱家港入镇市。

戴家桥　与望湖桥为八字桥。水南至东王村通海岸，北通孙家堰。

新浦桥　在镇北二里。入县路上。

张公桥　在六里堰下。本镇运河水脉至此始分为二：由桥侧上西南王家庄到茶园通港，由桥下入西北火烧泾到通玄通港。然皆浅狭易涸，欠浚凿。

金家桥　在镇西北六里。客旅巨舟重贩者多于此泊，入镇贸易，复归解缆。

孙老桥　在六里堰下。或遇浅涸，客货多以步担运于此发舟。

——《澉水志》卷四《桥梁门》

县当漕渠，派通七乡，民屋于两濒，三桥实往来者。岁既久，土虀木朽，民将病涉。卫君子渊自临安簿，有材能，上官荐为令。又用捕盗功得便官，进补是县，崔君圣猷佐之。聪明慧和，法奸仁民，人神晏安，百谷阜昌。民虽有赋役，若孝子弟奉父母，朝夕望颜色，惟恐命令不下，无敢背者。一日感三桥之坏，徘徊有改作意。民知之，邻传里报，相从来堂下，愿输金匠石一新之。县官为指画高广，皆褒大旧作。于中桥作亭，以游居者、休行者。未尝劳一叱呵指呼，逾月而三桥成。学《春秋》者请书曰："秋七月某日，民新三桥。"何以书？善之也。何善尔？利往完久之道也。何言乎新作？有旧也。县官教民作之，不言县成，民志也。三桥之石，非一日而具，何以日言？民之乐，工之来，若不日成者也。噫，天下之政，方束手于三尺律，又岁未久而易，岂遑兴风俗，扶颓革朽，一一如古人？二君政未久，下民比比有歌咏，又能彻故兴利，垂数十世，材亦罕矣。朝廷自三公至百执事，县为最下，二君去是，其扬能历级，岂一二而已？又将发见事业，如邑、如民桥，予不识后之来者宜如何书。

——《都官集》卷八《秀州崇德县新三桥记》

公廨场务

建炎四年十月,近准户部符:仰从长相度,将秀州华亭县市舶务移就通惠镇,具经久可行事状保明申请施行。今相度欲且存华亭县市舶务,却乞令通惠镇税务监官招邀舶船到岸。即依市舶法就本州抽解,每月于市舶务轮差专秤一名前去主管。候将来见得通惠镇商贾免般剥之劳,往来通快,物货兴盛,即将华亭市舶务移就本镇置立。

——《宋会要辑稿》职官四四之一三

利之在官者,轻为之名色,则其后卒不可去为,他日无穷之弊。邑之版账,其初已难办。绍兴间,为邑者额外酿酒,以求办其数。州家以为擅其利也,尽拘为月桩,于是酒额几倍前日。岁未免,敷之于民。乾道中,始议蠲减,而以南四乡苗税折钱补之。若夫减民生日用之税,则自高宗绍兴以来而然。版账本州坐下,一岁钱二十一万九千五百二十六贯五百文。而诸色泛抛,主管司、县官俸给、支遣、不与焉。

酒务[1]、清煮,两界祖额六万六千二百五十贯一百四十八文,递年趁办,实一十一万五百八十九贯一百六十文。

税务祖额六万一千七百一十三贯七百四十四文,自绍兴以来,捐柴薪、麦面等税外,岁合趁办四万八千四百六十三贯七百七十四文。

住卖茶,递年九十万一千七百一十九斤。

住卖盐,递年六十九万九千九百斤。

住卖香,递年三十二斤一十一两一钱。

住卖矾,递年一千八百五十斤。

盐监,统县祖额五十四万七千三百四十九硕九斗九胜五合。

酒务　在县西五百九十步。

平准　务在县西,今废。

税务　在县西七百步。

东税务　在县东八百步。

市舶务　在县西六百步。

造船场　在县西南五百四十步。

金山税场　在县东南九十里。

浦东盐场　监官廨舍,在县南七十里。

浦东场　在县南七十里。

金山场　在县东九十里。

遮山场　在县东七十里。

柘湖场　在县南七十里。

横浦场　在县南七十里。

袁部盐场监官廨舍　在县东南一百里。

袁部场　在县东一百里。

六鹤场　在县东九十里。

横林场　在县东一百里。

蔡庙场　在县东南一百里。

戚漖场　在县东南一百里。

青村盐场监官廨舍　在县东九十里。

青村南盐场　在县东九十里。

青村北盐场　在县东九十里。

下砂盐场监官廨舍　在县东南九十里。

下砂南场　在县东南九十里。

下砂北场　在县东南九十里。

大门场　在县东南一百里。

杜浦场　在县东南八十里。

南跄盐场　在县东北一百二十里,去县既远;江湾场受纳人户,产税则属本县。

——《绍熙云间志》卷上《场务》

　　县自宰贰而下,邑僚凡十五员,四盐场、四巡检之居邑外者,不与焉。公宇之视他邑,亦盛矣。旧有提举市舶,廨舍在县之西,乾道二年,并舶司归漕台,今废。县治在市东北五十步,因大门为之楼。其手诏亭、颁春亭皆在门外之东偏。正厅之前,因中门为敕书楼。架阁有东西。楼在两庑间,东庑分列诸吏舍,西庑则诸库分隶焉。

县丞廨舍　在县西一十步。

主簿廨舍　在县西七十步。

县尉廨舍　在县东二百三十步。

监盐廨舍　在县西南三百步。

监酒廨舍　在县西三百步。

造船场官廨舍　在县西南五百四十步。

市舶务监官廨舍　在县西南二百九十步。

监税廨舍　在县西七百一十步。

支盐官廨舍　在县南二百一十步。

——《绍熙云间志》卷上《廨舍》

水军寨　在镇东海岸。淳祐间，拨许浦水军百人于长墙山下，岁易一戍。开禧丙寅，统制王复古置寨，隶殿司。

巡检营　在镇市浦东。

——《澉水志》卷四《军寨门》

镇治旧是兼职，元在安定桥西。嘉定十二年内，朝绅有请增置，靡有定寓，或假民庐，或泊僧舍，因循岁月，已数政矣。四明罗文林叔韶司镇于此，绍定壬辰始置民产于丁家桥东。旁有小港，开而通之。逼于垂满，仅建正厅、穿堂而已。癸巳孟夏，思齐实为之代，亦傤氓廛以居。慨念亲民之官，司旅之职，听讼征说，观瞻系焉。曾未两月，亟广前规，鸠工度财，分毫不扰于民。由是宣诏有亭，戒石有铭，榜示有房，俱列于外，廊庑吏舍，翼乎左右。厅之挟屋，分为二塾，扁以"肃宾""倒屣"。阑厅侧以为帑，外严公厨，恪奉锡宴。添买邻地，以为东厅，四时花卉杂植于前，中辟一户以通东庑。循披廊而趋，则有看街之所；由角门而入，则有玩月之亭。堂宇峻耸，房室得宜。东西小阁，寒暖随处，以至庖湢之类，纤悉备具。申明前政郡守，喜而给榜，蠲其牙皂之资，除其元输之赋。自落成以来，雨旸时若，户口日繁，民与军而相安，商与贾而共悦，俱曰澉川当由此而益盛矣。若夫序沿革之详细，述建造之始末，纪到满之月日，自有大手笔在，何幸拭目以观之。端平三年上巳日，儒林郎、监嘉兴府海盐澉浦镇税、烟火公事张思齐记。

——《澉水志》卷七《澉浦镇新创廨舍记》

镇廨　昔盐场兼职。嘉定十四年，察院罗君相请分专员。绍定六年，罗叔韶始买丁桥东民地以创廨。

鲍郎盐场廨　在通江桥侧。

巡检廨　在安德桥侧。

——《澉水志》卷四《廨舍门》

【注释】

[1] 酒务：谓有关榷酒酤酒的事务。唐陆龟蒙《和醉中偶作见寄韵》："初呈酒务求专判，合祷山祠请自差。"宋叶梦得《石林诗话》卷下："刘季孙初以左班殿直监饶州酒，王荆公为江东提刑，巡历至饶，按酒务。"《宋史·食货志下》："酒务官二员者分两务，三员者复增其一，员虽多毋得过四务。"

仓 库

　　环吴会为邑者百数,以华亭为大;诣铨曹注令者千数,以华亭为难。琴堂常虚席莫敢就,有就者世辄目以奇材。余行四方,闻某县蠲某赋,某县革某弊,昔难而今易者往往有之,而华亭之难自若。盖竭一县财粟尽输之州,通天下之县皆然也,至于学也,仓也,与社稷并而不敢废,虽甚凋陋犹存其名,惟华亭并常平义仓之名而废之。噫,其难至是欤!余姚杨君瑾奉玺书,绾铜墨,境内称治,上下信伏。君喟然曰:"吾儒者也,受子男之封,任刍牧之寄,讵可以善事上官、不得罪巨室为职业乎?去岁夏五民苦贵籴,邑无粒粟,敛于诸豪,吾心愧焉。"会常平使者曹公豳修旧法,太守赵公与籑奉新书,岁留米五千石于县,华亭于是乎有义仓。君曰:"二公所以惠我县者至矣,然敛散之权令不得专,吾将有以辅之。"取樽节余钱一万缗,籴三千石,规县东为屋五楹别储之,华亭于是乎有平籴仓。昔王介甫尝恨士大夫不能讲先王之意以合于当世之故,余每叹其言之善而又病其太高。夫常平创于汉,义仓昉于隋,士大夫不能讲汉、隋之法以合诸当世者有之矣,况远而及于先王之意欤!顾壮哉县生齿之繁,贵豪之众,水旱凶荒之备一日不可阙者,相承百年,莫过而问,必待下有贤令,上有贤监司、太守而后举行,然则民之望治不其愈难欤!君既在端平循吏之目,涤华亭难治之谤,荐墨交上,有旨升擢,期月之间,绩状如此,使尽其材而究于用,其可书者何止一仓,余又将秉笔以俟。

　　　　　　　　　　　　　——《后村先生大全集》卷八八《华亭县建平籴仓记》

　　安抚司所管一道酒库,如余杭县闲林酒库,石濑步东西二酒库,临安县青山、桃源二酒库。外有安吉州德清县市名为德清正酒库,五林苟累曰德清东西二酒库,安吉州归安县曰琏市东西二酒库,嘉兴府华亭县曰上海酒库。

　　　　　　　　　　　　　——《梦粱录》卷一一《安抚司酒库》

　　秀属邑四,而华亭租赋视他邑为最。岁尽归于郡仓,无复输于邑者。昔刘发记济民仓,谓民之输于州者,以为劳,我愿筑仓于县,以时其入。今也不然,岂时异而事不同耶?盐仓三,本属常平茶盐司,因附书焉。

　　济民仓　在县西湖之东北,嘉祐八年建。

　　常平仓　在县南一百五十步,元祐元年建,乾道八年废,并入济民仓,今为支盐官廨舍。

北盐仓　在县西北三十步。

西盐仓　在县西湖之东,乾道七年废,并入北盐仓。

支盐仓　在县西北三十五步,乾道六年闰五月,奉朝旨移置本县。

转般仓　在县东南三十六里,张泾堰之下,乾道八年置,专为浦东运盐设也。

诸色官钱库　在县治之西庑。

——《绍熙云间志》卷上《仓库》

形　胜

　　臣昨备员礼部，自三月初震骇忧愤，即以病告，连乞外任，又乞宫庙[1]，乃蒙除太常少卿[2]。臣以分义难安，皇恐卧家，三具状上省，乞寝除命，力伸前恳，遂蒙除知秀州。至四月十日被受敕差，不敢复辞，黾勉赴任。到官已来，竭尽疲驽，幸无旷败。近臣僚论臣优于学问而劣于权术，长于抚绥而短于控御，恐海道有不测之虞，臣不能当。闰八月十二日，奉圣旨，程某与闲慢州军两易。臣寻具状申尚书省，乞早赐施行。又准省札，备奉九月十二日圣旨，程某治郡，人颇安之，可依旧知秀州，更不对移。臣疏远小官，才力绵薄，诚如论者所言。圣朝仁厚，爱惜士类，不使坐疲软不胜任之诛，量能因任，许易闲郡，而又继蒙知察，复赐奖与，令复故常，非臣糜陨所能报塞。然臣窃有诚悃，非敢为身，实系社稷朝廷安危利害，不得不陈。窃以浙西临江五州军，自镇江至秀州五郡用人及戍兵，皆当如一，仍各向前捍御，方能不使虏寇渡江。如四郡备御甚坚，一郡稍弱，使彼谍知虚实，止从弱处渡江，则四郡之功一时皆废，二浙之祸何可胜言。今镇江、常州、平江[3]等郡皆择强能之守，又戍以宿将重兵，而秀州既无重兵捍御江海，而臣绵薄，军旅之事素未更尝，又况如论者所言，劣于权术而短于控御。万一敌人谍知紧慢，止循北岸，抹过镇江、常、苏等界直犯秀州沿江海岸，若土军弓手用命奋击，尚可支梧，但彼既至下流，即是置之死地，盖向下则惮于洋海，欲返则难溯逆流。以彼悍强，仍致死命，如臣孤弱，必误使令，不过率众婴城，万死无益。伏望圣慈察臣危恳，皆出悃诚，特赐指挥，检会闰八月十二日臣僚所论与所降圣旨，两易闲慢州军指挥施行。臣敢不量力所能，安辑民伍，仰报圣恩！仍乞亟命大臣精择秀州守臣，及分宿将重兵屯戍边岸，庶几五州协力，或保无它。利害不轻，非敢为臣私计。臣不胜激切俟罪之至。取进止。

——《北山小集》卷三七《十月五日车驾经由上殿札子》

　　臣窃以古人临事图功，必皆先有定计。今兹御捍江海，戡定寇戎，睿算庙谟，谅有长计。臣愚不揆，冒献蒭荛之忠，以为目今事势，当作两段商量。一则御之江岸，使之决不得度，当如何处置；二则不幸彼既于一处渡江，即当如何处置，何处设伏，何处把截，何处堰闸当决，何处道路当断，何处备御，令不能深入江南西浙，决能为行在后拒。此二段须先有定计。譬如善弈之人，先图取胜，不幸局势既败，则于既败之中料理收拾，不至狼狈。其后段亟当议定，愿先作蜡弹，付之左右仆射[4]及宣抚近臣，万一不幸彼于荆楚以至秀州忽于一处渡江，远郡未及知觉，即各用蜡弹行与诸将诸州，按以施行，尚能救急，不至失措。臣愿陛下试采愚言,付之庙论,或有可取,早赐施行,天下幸甚。取进止。

——《北山小集》卷三七《十月五日车驾经由上殿札子》

某今月十三日准尚书省札子,三省同奉圣旨,程某治郡,民颇安之,可依旧知秀州,更不对移。某疏远小官,才能无取,仰蒙钧造,曲赐知察,非某糜殒,所能报塞,固当夙夜虔职,死而后已,不知其他。然有悃诚,事关利害,不敢不陈。窃以秀州若只如今日车驾驻跸平江府,江北无事,则虽疏拙不才有如某者,竭尽驽蹇以赴事功,自度未至旷瘝[5],上贻朝廷之忧。若江北少有边尘之警,则秀州乃是沿边州郡,如前日臣僚之言,所谓海道不测之虞者,以某绵薄与本州事力,诚不能当,不过率众婴城,以死偿节而已,于国事未有补也。不然,朝廷临时方议易以强敏之臣,不唯州将于郡人无拊循之素,而仓猝之际,方易郡守,转使人心不安。又使新除者以迫于仓猝,无以集事为词,被代者有侥幸避事之谤。此某所谓事关利害者,非以小己之私而已。伏望钧慈特赐敷陈,将秀州便比临边控扼要处,于从容无事之时,择强敏勇略之人,付以郡事,庶几不至临时颠沛,以负委使。伏乞检详闰八月十二日圣旨指挥,早赐陶铸一闲慢州军,誓当竭力,以报恩造。

[小帖子][6]某近具札子陈恳,乞赐陶铸与衢、处州对换一处,所贵秀州临海控扼去处,早得强能守臣,备御不测。伏望矜察。

——《北山小集》卷三八《申宰执札子》

镇南、镇西诸山峻秀,东与北多低矮白山,不种林木。东枕大海,相望秦驻跸山,实为险要。

——《澉水志》卷一《形势》

【注释】

[1]宫庙:即祠禄官。祠禄官本身无官品,须视其所带寄禄官或职事官而定。祠禄官但有类差之别。如内祠优于外祠,堂除优于吏部差注,朝廷特差优于官员自陈,正差优于破格等,此为类差。

[2]太常少卿:文阶朝官名。北宋前期朝官本官阶。转光禄卿。元丰三年九月新订《元丰寄禄格》,以阶易官,其官易为朝议大夫阶。

[3]平江:今苏州。

[4]左右仆射:秦始置,汉以后因之。汉成帝建始四年,初置尚书五人,一人为仆射,位仅次尚书令,职权渐重。汉献帝建安四年,置左右仆射。唐宋左右仆射为宰相之职。宋以后废。

[5]旷瘝:指旷职之官吏。

[6]小帖子:古代官员于奏状或奏札之后另纸申述或请求的补充文字。

山　脉

胥山　在嘉兴县东南。《晏公类要》云："昔子胥经营于此。"《方舆胜览》卷三记：胥山在嘉兴县东三十里。《旧经》："伍子胥[1]经营于此。"《水经》云："子胥死于吴，而浮尸于江，吴人怜之，立祠于江上，名曰胥山。"

于山　在华亭县。《旧经》云："昔于氏居此，故名。"

殳山　在嘉禾县南七十五里。昔道士殳碁隐居学道，后尸解焉。《方舆胜览》卷三记为"殳山在嘉兴县西南六十里"。

鹤坡　在华亭县东七十里。此地出鹤，俗谓之鹤窠者是也。许尚有诗。又陆平原有华亭鹤唳之叹。刘禹锡《叹鹤诗序》亦曰："乐天罢吴郡，挈双鹤以归。"又唐钱起[2]《送陆赘擢第还苏州》曰："华亭养仙羽，计日再飞鸣。"

秦山　在华亭南六十里。

竹屿山　《晏公类要》云：在华亭县东南一百五十里海中。

细林山　在华亭西北十八里。本名神山，唐天宝六年改名。

陆宝山　华亭县北二十里。相传有金柱，或云金钟，常有光见。本陆氏山，故名陆宝。

六里山　在海盐县西南三十五里。一名金粟山。《吴地志》云："山有石，篆书三十八字，吴归命侯天册元年刻。"

金粟山　在海盐。见前六里山下。

金牛山　在海盐县西南五十里。《吴地志》云："昔有金牛粪金，村民皋伯与弟随之。牛穴此山而入，二人凿山以取之，入不止，山颓，兄弟皆死，遂以名之。"亦曰金牛洞。

秦望山　在海盐县南一十八里。《舆地志》云："秦始皇游登此山，因而名之。"又《九州要记》云："始皇登此以望海。始皇碑，在嘉兴县。"

望虞山　在海盐东南二十里。《旧经》云："隔海望会稽上虞县。"

长墙山　在海盐县南三十五里。《旧经》云："秦始皇来游，登山望海，其山孤耸，遥望势如堵墙，因名焉。"

泊櫓山　在海盐县西南三十五里。《舆地志》云："秦始皇东游，候潮渡，泊櫓此山，因名焉。"

故邑山　在海盐东北三十五里。《舆地记》云："山下有城。汉安帝二十年，海盐沦陷为湖，移于山傍。"

——《舆地纪胜》卷三《嘉兴府》

由拳山　在嘉兴县。其地产佳纸。

凤山　在华亭县。

秦住山　在海盐县十八里。《舆地志》："秦始皇尝登，因名之。"

陈山　在海盐县东北四十里。有龙潭及庙，祈雨必应。

三女冈　在华亭县东南八十里。相传吴王葬妃于此。王介甫诗："自古世上雄，慷慨擅功名。当时岂有力，能使死者生。三女共一丘，此憾亦难平。音容若可作，无乃倾人城。"

——《方舆胜览》卷三《嘉兴府》

舆地方志推表山川，盖祖《禹贡》、周《职方》之遗意也。水多于山，右浙皆尔，而崇岗峻岭，华亭又无也。特其映带湖海，或得名自昔者，不可遗轶，今叙而目之。

昆山　在县西北二十三里。高一百五十丈，周回八里。陆机[3]《赠从兄士光车骑诗》云："仿佛谷水阳，婉娈昆山阴。"注引陆道瞻《吴地记》曰："海盐县东北二百里有昆山，陆氏父祖葬焉。"《舆地广记》云："昆山，陆氏之先葬此。后机、云兄弟有辞学，时人以玉出昆岗，因名之。"按征北将军陆祎[4]墓今在山巅。《方舆胜览》卷三记："昆山在华亭县西北三十里。"王介甫《和唐询十咏》："玉人生此山，山宿传此名。崖风与穴水，清越有余音。悲哉世所与，一出受歆倾。不如鹤与猿，栖息尚全生。"

机山　在县西北三十里。因陆机得名。山下有村，曰"平原"，亦因陆平原名之。平原内史即机也，《干山圆智寺记》云："所谓机山者，往往排峦别岭，概为陆氏之家山，总而名焉。"

横云山　在县西北二十三里。高七十丈，周回五里。本名横山，唐天宝六年易今名，与机山相望仅五里许，或云因陆云名之。有白龙洞在山顶之西南隅，其深不可计，山下有祭龙坛。

淀山　在县北六十里，在薛淀湖中。周回三百五十步，高三十丈。山形四出如鳖，上建浮图，下有龙洞，屹立湖中，亦落星浮玉之类。傍有小山，初年仅两席许，久之浸长，寺僧筑亭其上，榜曰"明极"。《方舆胜览》记载："淀山在华亭县东南三十里小湖中。"

金山　在县东南九十里。周回十里，高十七丈。《吴地记》云："有平坡可容二十人坐，山北有寒穴，其泉香甘。"《方舆胜览》卷三记："金山在华亭县南九十里，上有寒穴。"《旧经》："昔周康王[5]游镇大海，遂筑城以接此山。"

佘山　在县西北二十四里。高八十丈，周回十八里。旧传有姓佘者居此，因名焉。按《姓苑》佘姓出南昌。

干山　在县西北二十九里。高七十丈，周回五里。旧《图经》云："昔有干氏居此。"

《圆智寺记》云："兹山后皆干氏所有,故以为名。"

薛山　在县西北二十四里。高九十丈,周回七里。《吴地记》云："薛约道居此因以为名。"

城山　在县北二十里。高八十丈,周回五里。《旧经》云："山状周环如城,因此为名。"

细林山　在县西北十八里。高五十丈,周回七里。本名神山,唐天宝六年易今名。

土山　在县西北二十五里。高二十丈,周回一里九十步。

秦山　在县南六十里。高二十八丈,周回一里九十步。

达岸山　在县东南百六十里海水中。周回八里,高二十五丈。

竹屿山　在县东南百八十里海水中。周回六里,高五十丈。

许山　在县东南二百五十里海水中。周回五里,高五十丈。

竿山　在县北三十里。周回三里,高五十丈。

遮山　在县东南七十里。周回二里,高五十丈。

浮山　在县东南一百里海水中。周回一里一百步,高一丈。

苏山　在县东南一百六十里海水中。周回一百五十步,高二十丈。

严山　在县西北二十七里。周回四里二十二步,高四十丈。

凤皇山　在县西北十八里。

陆宝山　在县西北二十五里。亦本陆氏家山。

——《绍熙云间志》卷中《山》

澉浦之阳,有山曰黄道。山之腰,腰之麓,旷而平,绕而曲,潮汐所不及。维天降泽,掘地以积一勺之多,可饮可汲。负山而居,航海而来,咸所仰给。淳祐十一年,夏秋不雨,坳堂之上,涔蹄之微,潢潦无根,沟浍其涸。居者行者,罔不病渴。总军路钤邢子政来视,曰："是殆所积之未大也。"先是,军中有二池,规模浅陋,路钤浚之,一军赖以生活。虽旱甚不竭。于是山僧善机合民旅之词以请曰："军民一体也。愿推苾军之惠,以大此山之池,可乎?"舶征潜放,首赞其决。路钤乃约同时之仕于此者:监镇赵汝泂、舶门朱南杰、盐场俞埙、酒官李得基、木官戴安节、司警张思湛。登山度地,鸠工饬材,委统领袁发主之。凿土筑池,阔四丈,深二丈有奇,垒挈提之道以迲,迲三十丈。架屋四楹,以司启闭,以处守护者。凡役,皆营垒生聚暨奔走先后者,而剸犀搏蛟之徒,则不使之与焉。凡费,皆取办于路钤,而官府司存,市肆贸易,亦有助楮者。经画于秋之半,落成于秋之杪。其容广,其蓄深,其惠博。路钤用汲之功,盖将与此山相为无穷矣。

——《澉水志》卷七《黄道山水池记》

【注释】

[1] 伍子胥：春秋时政治家。楚大夫伍奢次子。名员，字子胥。楚平王七年(前522)伍奢被杀，他辗转入吴，助阖闾夺得王位。与孙武率军破楚，鞭平王尸报父仇。吴王夫差破越，劝王灭越，杀勾践，并阻王伐齐，王均不纳，终被赐死。

[2] 钱起：字仲文，行大，湖州(今属浙江)人。天宝九载登进士第，授秘书省校书郎。乾元二年任蓝田尉，与王维过往唱酬。广德二年后入朝任职。大历中历祠部员外郎、司勋员外郎。与卢纶等人文咏唱和，游于驸马郭暧之门。建中初任考功郎中。约卒建中、贞元之间。

[3] 陆机：(261—303)晋诗人、辞赋家、散文家。字士衡。吴郡吴(今江苏苏州)人。三国吴陆抗子。晋武帝泰始十年(吴凤凰三年，274)，陆抗卒，五子晏、景、玄、机、云分领父兵。机与晏、景同驻中夏(今湖北江陵东)。太康元年(280)，晋将王濬率水军自蜀东下，晏、景战死。次年，机扶柩归里，与云闭门读书，仿贾谊《过秦论》作《辩亡论》，又作《文赋》。

[4] 陆祎：三国时吴官吏。吴郡吴(今江苏苏州)人，陆凯之子。初为黄门侍郎，出领部曲，拜偏将军。凯卒，入为太子中庶子。

[5] 周康王：西周国王。姬姓，名钊。周成王之子。在位时曾出兵攻打鬼方及东南各地，颇有俘获(传世的小盂鼎铭文有盂攻鬼方得胜俘获一万三千余人的记载)。在位二十六年，统治比较稳定。史书称"成、康之际，天下安宁，刑措四十年不用"。

河流湖泊

今浙西之地,受上流诸郡之水以入江海,其大源有三:一自宁国[1]、建康等处,积上流众水入溧阳为金渊,即子胥沉金之所,至镇江之金坛、延陵为长塘湖,至常州、宜兴、武进[2]、晋陵[3]为隔湖,又自宜兴环无锡、平江之吴县、吴江、湖州之乌程为太湖,又东为松江,自昆山、秀州、嘉兴、华亭入海;其二自宁国、徽、严界聚上流之水,下入杭州界,合临安之於潜、新城、昌化等县之水,东入江涨桥运河,北自湖州市入太湖;其三自广德军[4]界积聚山北及上源之水,下入宜兴、安吉,合长兴等县水入太湖,由松江以入海。此《尚书疏义》《禹贡》之三江也。

但说得不分晓,故后人指江东之水为广德诸山限隔,焉得南下?今云广德军山北上源之水,始涣然矣。或云:"此三水皆由太湖、松江入海,只可云一江;合以浙江受二浙之水为一江,扬子江为一江。"理亦通。盖此三江皆独入海。松江下又自有三江,郦善长[5]云:松江东南行七十里入小湖,自湖东南出,谓之谷水;谷水出小湖,径由拳县故城下,即秦之长水县,又东南径嘉兴县城西、盐官县故城南,过武原,出为散浦,以通巨海。谷水既湮废,故吴中多水。松江东流聚为小湖,西北接白蚬、马腾、谷、瑇瑁四湖。谷湖即谷水,又南接三江。今松江北径七十里,江水分流,谓之三江口,即《吴越春秋》"范蠡去越,乘舟出三江口入五湖"是也。庾仲初《扬都赋》注云:"太湖东注为松江,下七十里有水口分流,东北入海为娄江,东南入海为东江,与松江而三。"太湖发源既远,汇为巨壑,水不入海,则民不奠居,故云:"三江既入,震泽底定。"或云自岷山导江,所包地理阔远,今三江萃于东南。殊不知"三江既入",系于扬州,岂可舍扬而它求哉?

——《云麓漫钞》卷一

韭溪　《晏公类要》云:"在州南八里。"虞仲翔《川渎记》云:"太湖东通嘉兴韭溪水。"

古泾　在海盐县。凡三百所,唐长庆中,县令李谔所开。

松陵江　《晏公类要》云:"在华亭。"源出太湖,一名沪渎。

三江口　《吴越春秋》云:"范蠡去越,乘舟出三江口,入五湖之中。"谓此也。

华亭河　《晏公类要》云:"在县西三十里,即陆逊旧居。"

御儿溪　张元固诗云:"用此临吴战,何人为越谋。夫差终不寤,亡国始知羞。"

瀚海　在华亭。西抵海盐,东抵松江,长一百五十里。

当湖　在海盐县北六十里,周四十里。《吴地志》云:"王莽改海盐县为展武县。后陷为湖水,浅视之,仿佛尚见。"

柘湖　在华亭南,有山生柘,故名柘湖。记秦女为湖神,今有庙。荆公《华亭十咏》云:"柘林著湖右,菱叶蔓湖滨。秦女亦何事,能为此湖神。"

瑁湖　吴尚书陆瑁养鱼池,在华亭。

㵵浦　在海盐县南四十里。

汉塘　在春波门外十五里。

寒穴　寒穴在华亭。荆公《华亭十咏》有《寒穴诗》云:"神泉冽冰霜,高穴与云平。空山渟千秋,不出鸣咽声。"

天星湖　在嘉兴县东。旧传亦系秦始皇掘地为冰之所,水草不生,亦一异也。又名天心湖。

冬瓜湖　在府东北二里。

白塔沙　在海盐东南二十里。唐至德初,徐正字嶷于白塔沙渚上得桃核一片,可贮一升。建炎四年,贼将徐大刀舣舟山下,见林木茂盛,有两道人弈棋。登岸就之不见,遂不扰而去。

蟠龙塘　在华亭县东北。

凤凰山　在华亭县。许尚有诗。华亭县又有凤凰桥。

鸳鸯湖　乃郡之南湖也。湖多鸳鸯,故以名之。

鸬鹚湖　在海盐县西四十里。

马腾湖　在华亭西北六十里。

莺泾塘　在华亭县东南。

顾亭湖　在华亭县南三十五里。《旧经》云:"黄门侍郎顾野王居此。"唐询诗云:"平林标大道,曾是野王居。旧里风烟变,荒原草树疏。"

蓝田浦　在海盐县南。咸平六年,鲁宗道重开。

鲁公浦　《东都事略》云:"鲁宗道为海盐令,疏治东南旧港口,导海水至邑下,人以为利,号鲁公浦。"

——《舆地纪胜》卷三《嘉兴府》

华亭谷　《舆地志》:"吴大帝以汉建安中封陆机为华亭侯,即以所居为封。出嘉鱼、莼菜,又多白鹤清唳,故陆机叹曰:'千里莼羹,未下盐豉。'及临刑,叹曰:'华亭清唳,不可复闻。'"

华亭水　水自华亭谷行三百里入松江。王介甫诗:"巨川非一源,源亦在众流。此谷乃清浅,松江能覆舟。虫鱼何所知,上下相沉浮。徒嗟大盈此,浩浩无春秋。"

瀚海 在华亭县。西抵海盐,东抵松江。

柘湖 在华亭县南七十里。湖中小山生柘,因名。《吴越春秋》:"海盐县沦没为柘湖。"《吴地记》:"秦时有女人入湖为神。"今其祠存。王介甫诗:"柘林著湖山,菱叶蔓湖滨。秦女亦何事,能为此湖神。年年赛鸡豚,渔子自知津。幽妖屈险阻,祸福易欺人。"

南湖 在嘉兴,又名鸳鸯湖。按《南湖草堂记》:"檇李,泽国也,东南皆陂湖,而南湖尤大,其故履百有二十顷。"

寒穴 在华亭县。王介甫诗:"神泉洌冰霜,高穴与云平。空山渟千秋,不出鸣咽声。山风吹更寒,山月相与清。北客不到此,如何洗烦醒。"

——《方舆胜览》卷三《嘉兴府》

华亭号为泽国,其东南则巨浸,其西则长泖,其北则松江,萦绕二百余里。其浦溆,则顾会、盘龙、崧塘、大盈、赵屯,五者为大。昔桑钦、郦道元生长西北,故《水经》叙西北加详,而东南疏略。识者思欲补钦之遗矣。况一邑之水,其能尽言之耶?今考五浦之源委,而种别之。其他陂塘河渠,有可书者列次之焉。

三泖 按《广韵》:"泖,水名,华亭水也。"陆龟蒙诗云:"三泖凉波鱼蔽动。"注曰:"吾远祖士衡对晋武帝:三泖冬温夏凉,盖谓此也。"《祥符图经》:"谷泖,县西三十五里,周回一顷三十九亩半。古泖,县西四十里,周回四顷三十九亩。今泖西北抵山泾,南自泖桥出东南,至广陈,又东至当湖,又东至瀚海塘而止。"朱伯原《续吴郡图经》曰:"泖在华亭境;泖有上、中、下之名;泖之狭者,犹且八十丈。"又按海盐之芦沥浦,海盐,即武原也,行二百余里,南至于浙江,疑此即谷水故道。《水经》以为入海,而此浦入江,盖支派之异也。今俗传近山泾为下泖,近泖桥为上泖,或者其与陆士衡、朱伯原之言合。按县图,又以近山泾,泖益圆,曰团泖;近泖桥,泖益阔,曰大泖;自泖而上,萦绕百余里,曰长泖,此三泖之异也。或以须顾泖、谢家泖为三泖,此二者,在县之东南,一陂泽尔,与古所谓三泖者,相望五七十里。殊不知泖自有上、中、下之名也。

谷水 陆士衡诗:"仿佛谷水阳,婉娈昆山阴。"陆道瞻《吴地记》云:"海盐县东北二百里,有长谷,昔陆逊、陆凯居此。谷水东二里,有昆山,父祖葬焉。水北曰阳,山北曰阴,则此水在昆山之北也。"《寰宇记》:"谷名华亭,谷水下通松江。"《祥符图经》:"华亭谷水东,有昆山。"《元和郡国图志》:"在县西三十五里。"朱伯原《续吴郡图经》本之郦善长云:"松江东南行七十里,入小湖,自湖东南出,谓之谷水,南接三泖。"陆士衡诗所云,即此水也。或曰:"县之西湖,即谷水也。湖东滩碛,即唳鹤滩也。鹤饮此水,其声则清。"按《图经》:"县之西湖,即瑁湖也。"如陆士衡诗、《吴地记》《寰宇志》、朱伯原《续图经》言谷水如此,而世传如彼,何也?独《祥符图经》曰:"谷水在县南,长百五十步。"世之所传,其出于斯乎?

（《方舆胜览》卷三：谷水：在华亭县南，长百五十里。《旧记》曰："谷水出吴小湖，径由拳县故城下。"神异传曰："由拳县，秦长水县也。始皇时，县有童谣曰：'城门当有血，城陷没为湖。'有老妪闻之，旦旦往窥城门。门侍欲缚之，妪言其故。妪去后，门侍杀犬，以血涂门。妪又往，见血走去，不敢顾。忽有大水，乃沦陷为谷矣。因目长水城水曰谷水。"）

松江　松江在县之北境七十里。其源始于太湖口，而东注于海。《书》曰："三江既入，震泽底定。"韦昭[6]以为三江者，松江、浙江、浦阳江也。今浙江、浦阳江举震泽不相入，韦说非也。《续吴郡图经》据郦善长云："松江自湖东北径七十里，江水分流，谓之三江口。"《吴越春秋》云："范蠡去越，乘舟出三江之口，入五湖之中。"谓此也。庾仲初《扬都赋》注云："太湖东注为松江；下七十里有口分流，东北入海为娄江；东南入海为东江；与松江而三。"今松江自吴江县过甫里，径华亭入青龙镇。自湖至海，凡二百六十里。若夫有新江、旧江之别者：嘉祐间，吴中水灾时，李兵部复圭为转运使，韩殿省正彦宰昆山，开松江之白鹤汇，如盘龙之法。其后崇宁中，漕使郑亹又浚治之，遂为民利。尝询之父老，所以然者，松江东注，委蛇曲折，自白鹤汇极于盘龙浦，环曲而为汇，不知其几。水行迂滞，不能径达于海，今所开松江，自白鹤汇之北，直泻震泽之水，东注于海，略无迂滞处，是以吴中得免水患。

沪渎江　在县东北。《吴郡记》："松江东泻海，亦谓之沪渎。"《广韵》："沪，水名也。"《白虎通》："发源而注海，曰渎。"陆鲁望《渔具诗》序："列竹于海澨曰沪，吴之沪渎是也。"皮日休[7]《吴中苦雨诗》："全吴临巨溟，百里到沪渎。海物竞骈罗，水怪争渗漉。"即此是也。江侧有沪渎垒，盖虞潭、袁崧防海之处。两旁有东西芦浦，泻于渎江。《旧图》："沪渎江口在县东北一百十里。"（《舆地纪胜》卷三：沪渎　在华亭县东。江侧沪渎垒，盖虞潭、袁崧防海之处，刘裕[8]讨孙恩亦曾战于沪渎。事见《通鉴》晋隆安五年。张伯玉诗云："泛泛松江水，迢迢笠泽通。万年知禹力，灌溉有余功。"《方舆胜览》卷三：沪渎　在华亭县东江之侧，盖虞潭、袁崧防海之处。）

顾会浦　按庆历《开顾会浦记》："直县西北走七十里，趋青龙镇，浦曰顾会。"浦南通漕渠，北达松江，今曰通波塘。浦自竿山之阳，地形中阜，松江潮至，半道辄回。竿山之旁，沙涂壅积，故自庆历辛巳、绍兴乙丑、乾道乙酉一再开通。未几，辄淤滞。绍兴乙丑，因浚塘，又于县之北门筑两挟堤，依旧基为闸，以时启闭。复于浦之东辟治行道石梁四十六，以通东乡之停浸。

盘龙浦　自县东北达于旧江，以其委蛇曲折，如龙之盘，得名。《祥符图经》："县东北四十五里。"《续吴郡图经》："有盘龙汇者，介于华亭、昆山之间。步其径，才十许里，而洄穴迂缓逾四十里，江流为之阻遏。"盛夏大雨则泛滥，沦稼穑，坏屋庐，殆无宁岁。自乾兴以来，屡经疏决，未得其要。范文正公守平江，尝经度之，未遑兴作。宝元元年，太史叶清臣按漕本路,遂建议酾为新渠,道直流速,其患遂弭。

崧子浦　按《旧图》:"崧子浦在县东北五十里,又崧子塘,在县北十五里。"分而为二者,盖北十五里,崧子浦之口;东北五十里者,下注于旧江口也。庆历《开顾会浦记》以为嵩塘,盖此浦与顾会浦同流而异派,皆泻水于松江。

大盈浦　在县西北七十里。南接淀山湖,北自白鹤汇,以达于松江。浦阔三十余丈。《庆历开顾会浦记》:"论华亭浦溆五,而大盈居其一。"王介甫诗:"徒嗟大盈北,浩浩无春愁。"即此浦也。

赵屯浦　在县西八十里。南接淀山湖,北达于松江。浦阔五十余丈,即王可交遇仙处。

内勋浦　在县西八十里。

直浦　在县西北七十五里。

南澥浦　在县西北六十八里。

梁纥浦　在县西北八十里。

艾祁浦　在县东北六十五里。

华潮浦　在县东北六十五里。

郭巷浦　在县东北六十五里。

小来浦　在县东北三十五里。

新泾浦　在县东北八十里。

上澳浦　在县东北八十里。

西芦浦　在县东北八十五里。

大芦浦　在县东北八十五里。

上海浦　在县东北九十里。

南跄浦　在县东北一百里。

右浦凡十四,在县之北境,皆所以达上流之水以归于松江也。

薛淀湖　在县西北七十二里,有山居其中。湖之西,曰小湖,南接三泖。其东大盈浦,其北赵屯浦,盖湖所以受三泖及西南诸港之水,自二浦以泻于松江也。《旧图》所不载,止有小湖,在西北六十里,周回三里。《吴郡图经》云:"西北有白蚬、马腾、谷、瑇瑁四湖。"《旧图》:"谷湖在县西北五十三里。马腾,西北六十里,白蚬,西北七十里。"今白蚬湖在长洲界,所谓马腾、谷、瑇瑁,相去五十里间。淀湖周回几二百里,茫然一壑,不知孰为马腾湖,孰为谷湖也。此湖古来钟水之地,近者如白蚬,湖皆成围田,湖之四旁,亦有筑堤为田者。岁有水潦,则潴水者益狭矣。

锜湖　在县西北三十五里,周回二十里。一名洋湖。《旧经》云:"湖有陆锜宅,因以为名。"又县东南六十里,亦有洋湖,径十余里,今皆为芦苇之场。

莺窦湖　在县东三十里,周回五里。

来苏湖　在县南七十里,周回十七里。

唳鹤湖　在县南四十五里,周回五十六里。

永兴湖　在县南四十里,周回三里。

右四湖,载之《祥符旧图》今未详所在。

沈泾塘　在县西五里。南接运河,北接大盈浦。盖自檇李城下,水流东北,则此塘所以泻上流之水也。往时岁旱,浚之;遇潮涨,则亦可以引松江之水以资灌溉。

古浦塘　在县西,行二十七里,以达于泖。岁旱,亦可引三泖之水,以资灌溉。

盐铁塘　在县东南,长三十里。世传吴越王于此运盐铁,因以为名。

杜浦塘　在县东八十里。

下沙浦　在县东九十里。绍兴乙丑,通判曹泳开港浦,凡十八处。

须顾泖　在县东南二十里。

谢家泖　在县东南二十里,泖北有泖泾。

白龙潭　在县西北三里。世传有龙蟠伏于中。岁旱,常祷雨焉。(《方舆胜览》卷三:白龙潭　去嘉兴县五里。淳熙中,用太平广记所载"搅龙法",以长绳系虎头骨投之,即雨。许同诗:"呼吸湖中水,山椒寄此身。洞门风雨夜,电火逐霜鳞。")

沸井浜　在沪渎东。西有芦浦,中间一水相通,有数尺许,特深如井。然水腾涌,昼夜不息。或云海眼也。常有戏浴于中者,二三尺以下,其气稍温。

——《绍熙云间志》卷中《水》

长墙山　在镇东三里。高八十丈,周围十九里。山之阿有黄道祠,山之下有造船场,山之巅立烽燧,山之外捍大海。秦始皇东游,登山望海,以其孤耸、遥望如堵墙,因名。

葫芦山　在镇西南四里。四望绝在海中,如葫芦出没之状,潮生潮退,葫芦自若。

篠山　在镇东南六里。

秦驻山　在镇东北一十五里。有始皇庙,下有聚落,有荒草荡,俗谓秦驻坞。始皇东游,曾住此山。

沈氏山　在镇东北五里。

半潮山　在镇东北五里。

青山　在镇东三里,为镇市之主山。下有屠璹智墓。

庙山　在镇西北三里。地名礛头,上有礛王土地庙。

泽山　在镇西南五里。

黄毛山　在镇西北四里。

右十山不种林木,官给亭户养草、煎盐之所。

惹山　在镇西北五里。上有普明院及有朱令公庙。

陆墓山　在镇西北五里。因姓得名。

石屋山　在镇西北五里。上有石垒成屋,旧传黄巢时民避兵处。

杨山　在镇西北六里。

碧里山　在镇西北九里。

吴家山　在镇西四里。

右六山不种林木,百姓牧养牛羊处所。先是,亭民百姓互争柴山,自五代至本朝有讼,屡经御判,人以石匣贮文以藏于地。二百年初无定属,每岁交锋山上,杀死不已。淳熙十一年,仓使石检详起宗,委干办公事,常于公暇采舆论,参酌予夺,各分定界,永为不易之论。具奏。上悦。由是息争。

谭家岭山　在镇西南十里。与临安府盐官县黄湾交界。上有谭仙庙。

泊橹山　在镇西三里。高冠诸山。《舆地志》云:始皇渡海,泊橹此山,因名。旧传昔海舟泊此山下,后沙涨接镇境。

荆山　在镇西南五里。占永安湖之胜。山有悟空寺,寺有五显灵官庙,其感应通灵。

葛母山　在镇南五里。

横山　在镇西三里栅桥上。

飚山　在镇西南五里永安湖侧。

月山　在镇西三里堰下。

窦家山　在镇西三里。

凤凰山　在镇西南二里。

吴家山　在镇西南三里。

鸡笼山　在镇西南五里。

马鞍山　在镇西北五里。

金牛山　在永安湖西北。

——《澉水志》卷二《山门》

【注释】

[1] 宁国:县名。三国吴置宁国县。隋时废。故治在今安徽宁国西南。唐武德三年(620),于旧县城又置。六年即废。天宝三年(744)(一说天宝九载)复置。移治于今安徽宁国西南。

［2］武进：县名。西晋分曲阿县地置武进县。南朝梁改为兰陵，故治在今江苏常州市西北、吕城附近。隋时废。唐武德三年（620），复置。贞观八年（634）并入晋陵。武则天垂拱二年（686），又析晋陵县置，附治于常州城（今江苏常州）内。

［3］晋陵：县名。西晋永嘉五年（311），以毗陵县改名。治今江苏常州市，至唐不变。

［4］广德军：北宋太平兴国四年（979）析宣州置，治广阳县（今安徽广德县）。属江南东路。辖境相当今安徽省广德、郎溪等县地。元至元十四年（1277）升为路。南宋建炎三年（1129）金兀尤攻临安，取道于此。

［5］郦善长：郦道元，北魏地理学家。字善长，范阳涿县（今属河北）人。历任御史中尉、关右大使，后为雍州刺史萧宝夤所杀。著有《水经注》四十卷。

［6］韦昭：汉末东吴学者、文人。字弘嗣。吴郡云阳（今江苏丹阳）人。或避晋讳作韦曜。少好学，能属文。入仕为丞相掾，迁尚书郎、太子中庶子。时宾客蔡颖好博弈，太子孙和以为无益，命昭论之，言辞清妙，为时所重。

［7］皮日休：字逸少，后字袭美，襄阳竟陵（今湖北天门）人。出身贫寒，初隐居鹿门山，自称"鹿门子"。嗜酒，癖诗，又自号"醉吟先生""醉士"。咸通七年，射策不第，退于肥陵，编其诗文为《皮子文薮》。八年，登进士第。翌年游苏州。十年苏州刺史崔璞辟为军事判官。与陆龟蒙等结为诗友，唱酬颇多。

［8］刘裕：南朝宋建立者。字德舆，小字寄奴，祖为彭城（今江苏徐州）人，迁居京口（今江苏镇江）。初家贫，后为东晋北府兵将领，从刘牢之镇压孙恩起义。义熙元年（405），击败桓玄，掌握东晋大权。元熙二年（420），代晋称帝。

水　利

辛亥孟夏,文安赵侯德勤守嘉兴,拉予行,自嘉兴,取吴江,一夕舟至岸下。予曰:"兹游可以遂矣。"越七月,戊申,朏[1],告侯假舟,侯忻然从之。一僧约偕行,侯令子侄俱。既而僧败盟,子侄不克往。予曰:"僧非吾徒,儿曹真累人耶! 不若独往,独往不若勇往。"告侯趣具舟,侯许诺。舟具,予携《康节诗集》从,以樽酒翩然登舟。是日晡出,望吴门禾兴馆下小泊。次经杉青闸,过堰六里,到黄土桥铺。又九里,秋戍铺,酌酒三杯,隐几诵诗。江风大作,舟不可进,宿峡路。三更,下雨。五更,风特甚。平明,望市早炊。市尾一湖,名莺斗,篙师云通雪川。先是,友人徐子融书报入闽,而仆适有是役,于是始赋《怀远》之诗:"知君定泛武夷溪,我亦吴江一棹随。闽浙缅怀千里别,吾人同是一襟期。"又十八里八尺,聚落十数家,西北崛起二山,云苏、湖界也。晚过四桥,旁连震泽,渺渺弥茫,无复畔岸,但见帆樯掀舞于其中,真伟观也。嘉其壮,则又赋诗而过之:"第四桥东风浪颠,吾生信命独安然。身轻有似舟飞叶,心远还同水际天。已学在山擒虎豹,更图于此钓鲸鳣。须臾险过平如掌,万丈垂虹跨碧川。"抵县市,登垂虹,望太湖,水阔天低,风急涛怒,纵观移时,真有荡空之势。逼暮不可久,遂历井邑,复登舟,独酌三杯,赋《登垂虹》诗:"雄据垂虹望太湖,始知奇观属东吴。舟横似岸遮不断,浪起如山认却无。阙尾坐看千舰过,倚空时见一帆孤。松江钓客休相问,我到松江不为鲈。"晨兴,登华严寺佛阁,阁正面湖,石枕垂虹。僧颇能诗,指垂虹曰:"桥之美,阁能尽之。"所谓"不识庐山真面目,只缘身在此山中",喜其言之予契也,为之赋诗:"杰阁凭栏眼界宽,天将震泽壮吴门。乾坤高下相连接,日月朝昏见吐吞。巨浪声翻鼋起斗,危樯风急骏来奔。定知从此难为水,更欲乘槎问本源。"侯临行,语以游癯庵。庵,王氏别墅也。访诸邑人,得其径,于是往。新二亭,一宜芳,一未名,余若烟雨。观玻璃沼,仅存败屋,遗址荒秽不治,无足题咏。始予登舟,风日暄甚。半夜,雨声敲篷,陡变寒,是游念可已矣,不知王子猷何为不必见戴也。搔首不寐,起而赋诗:"况有从前鸥鹭约,可无十幅顺风蒲。政须着我扁舟里,画作松江烟雨图。"遂决策舣舟。至明日,天开云净,霁色千里,如初解缆,因自幸曰:"吾愿济矣,世间事类此者多,人诚有意,天将从之,岂但是哉!"归棹月明,顺风扬舲,酌酒诵诗,因叹世之得于名利者能几也,于是作《游吴江行记》,后二日庚戌。

——《克斋集》卷一〇《游吴江行记》

宿临平。己未早行,三十里过长安闸,十里宿。按:周必大归庐陵,取秀州平江,故自行在北上。据知长安闸在临平东三十里处,运河河道上。

——《益国文忠公集》卷一七一《乾道壬辰南归录》

杉青堰　在府北四里。

白苎堰　在嘉禾。

羔羊堰　在崇德县西十二里。

马塘堰　《古图经》云:秦始皇三十七年,东游至此,遏水为堰,斩马以,因以为名。见《九域志》。

学绣堰　在嘉禾县西南九里。旧传西施学绣于此,故名。今名绣堰讹也。

将军堰　在华亭县东北三十五里。《旧经》云:晋左将军袁崧置此。相家湖在华亭。

运港堰　乾道初曾废,咸水至城下害民田。右正言许克昌言,知州邱崈大筑堰闸以为堤防,至今咸水不为害。上遣监察御史萧之敏相视,及遣中使宣谕。

——《舆地纪胜》卷三《嘉兴府》

华亭东南并巨海,自柘湖陧塞,置闸十八,所以御咸潮往来。政和中,提举常平官[2]兴修水利,欲涸亭林湖为田,尽决堤堰,以泄湖水。华亭地势,东南益高,西北益卑。大抵自三泖、五浦下注松江,以入于海。虽决去诸堰,湖水不可泄,咸水竟入为害。于是东南四乡为斥卤之地,民流徙他郡。中间州县,虽知其害,复故堤堰,独留新泾塘,以通盐运。海潮朝夕冲突,塘口至阔三十余丈,咸水延入苏、湖境上。乾道七年八月右正言许公克昌请于朝。时太博邱公崈除秀州,陛辞之日,面奉至尊寿皇圣训,亟来相视,与令堵观,议以新泾塘潮势湍急,运港距新泾二十里,水势稍缓,不若移堰入运港为便。于是募四县夫,经始于九月二十六日,毕工于十二月二十七日,堰成。并筑堰外港十六所,港之两旁,塘岸四十七里百八十五丈有奇。明年正月二十二日,上遣监察御史[3]萧之敏相视。又捐四乡民租。九年,以招复流民。又明年正月,遣中使宣谕守臣张元成增筑。二月,特置监堰官一员,招土军五十人,置司顾亭林,巡逻以防盐运私发诸堰。今堰外随潮沙涨,牢不可坏,三州之田得免咸潮浸灌之患,此圣天子德惠,而二三公之力也。堰成无记,恐将来无所稽考,故迹其本始而详著之焉。

运港大堰　阔三十丈,深三丈六尺,厚二十一丈九尺。

骧墩泾堰　阔十五丈,深三丈五尺。

黄姑泾堰　阔五丈,深一丈五尺。

张恋泾堰　阔十二丈,深三丈。

老儿泾堰　阔二丈,深一丈。

何家泾堰　阔十一丈五尺,深二丈。

善泾堰　阔九丈,深一丈六尺。

张泾堰　阔三丈,深一丈。

徐家泾堰　阔九丈,深一丈八尺。

邵家泾堰　阔九丈,深一丈八尺。

新开泾堰　阔九丈,深一丈八尺。

招贤泾堰　阔十一丈,深二丈八尺。

管家泾堰　阔三丈,深一丈四尺。

戚家泾堰　阔六丈,深二丈五尺。

丫义泾堰　阔五丈,深二丈五尺。

吴塔泾堰　阔十丈三尺,深二丈六尺。

蒋家泾堰　阔七丈五尺,深一丈六尺。

竹冈堰　在县东六十里。未详所在。

砂冈堰　在县南七十里。未详所在。

碱塘岸　运港东塘岸,自运港堰至徐浦塘,计二十四里一十七丈;西塘岸,自运港堰至柘湖二十三里。上阔六尺,下阔一丈五尺,高六尺。

旧瀚海塘　西南抵海盐界,东北抵松江,长一百五十里。

张泾闸　在县东南四十八里。隆兴甲申八月,本路漕臣[4]姜诜奏请于张泾堰增庳为高,筑月河,置闸其上。甃巨石,两址相距,常有四尺,深十有八板。板,尺有一寸。以时启闭,故咸潮无自而入。月河之长,三千三百五十有五尺,广六尺。许克昌为之记。

——《绍熙云间志》卷中《堰闸》

浙西有营田司,自唐至钱氏时,其来源去委,悉有堤防堰闸之制,旁分其支派之流,不使溢聚,以为腹内畎亩之患。是以钱氏百年间,岁多丰稔,惟长兴中一遭水耳。暨纳土之后至于今日,其患方剧。盖由端拱中转运使乔维岳不究堤岸堰闸之制与夫沟洫畎浍之利,姑务便于转漕舟楫,一切毁之。初则故道犹存,尚可寻绎,今则去古既久,莫知其利。营田之局又谓闲司冗职,既已罢废,则堤防之法,疏决之理,无以考据,水害无已。至乾兴、天禧之间,朝廷遣使者兴修水利,远来之人不识三吴地势高下,与夫水源来历,及前人营田之利,皆失旧闻。承命而来,耻于空还,不过采愚农道路之言,以为得计。但以目前之见,为长久之策,指常熟、昆山枕江之地,为可导诸江港而决之江,开福山、茜泾等十余浦。殊不知古人建立堤堰,所以防太湖泛溢,淹没腹内良田。今若就东北诸浦决水入江,是导湖水经由腹内之田,弥漫盈溢,然后入海。所以浩渺之势,常逆行而潴于苏之长洲、常熟、昆山,常之宜兴、武进,湖之乌程、归安,秀之华亭、嘉禾,民田悉已被害,然后方及北江东海之港浦。又以水势之方出于港浦,复为潮势抑回,所以皆聚于太湖四郡之境。当潦岁积水而上源不绝,弥漫不可治也,此足以验开东北诸浦为谬论矣。

又况太湖盖积十县之水,一水自江南诸郡而下,出岭陂重复间,当其霖潦积贮,溪涧奔湍,迤逦而至长塘湖。又润州之金坛、延陵、丹阳、丹徒诸邑,皆有山源,并会于宜兴以入太湖。一水自杭、睦、宣、歙山源与天目等山众流而下杭之临安、余杭,及湖之安吉、武康、长兴以入太湖,即古所谓震泽也。昔禹治水,凡以三江决此一湖之水,今二江已绝,惟吴淞一江存焉。疏泄之道既隘于昔,又为权豪侵占,植以菰蒲芦苇,又于吴江之南筑为石塘,以障太湖东流之势,又于江之中流多置罾簖以遏水势,是致吴江不能吞来源之瀚漫,日淤月淀,下流浅狭。迨元符初遽涨潮沙,半为平地,积雨滋久,十县山源并溢太湖。当苏、湖、常、秀四郡之间,陂淹浦港悉皆弥漫,四郡之民惴惴然,有为鱼之患。凝望旷野,千里一白,少有风势驾浪,动辄数尺。虽有中高不易之地,种已成实,顷刻荡尽,此吴民畏风甚于畏雨也。吴淞古江故道,深广可敌千浦。向之积潦,尚或壅滞,议者但以开数十浦为策,而不知临江滨海地势高仰,徒劳无益。愚今者所究治水之利,必先于江宁治九阳江与银林江等五堰,体究故迹,决于西江。润州治丹阳练湖,相视大山冈,寻究函管水道,决于北海。常州治宜兴隔湖沙子淹及江阴港浦,入北海。以望亭堰分属苏州,以绝常州倾废之患。如此,则西北之水不入太湖为害矣。

又于苏州治诸邑限水之制,辟吴江之南石塘,多置桥梁,以决太湖,会于青龙、华亭而入海。仍开浚吴淞江,官司以邻郡上户熟田例敷钱粮,于农事之隙和雇工役,以渐辟之。其诸江湖风涛为害之处,并筑石塘,及于彭堰与诸湖濒等处,寻究昔有江港,自南径北以渐筑为堤岸,所在陂淹筑为水堰。秀州治华亭海盐港浦,仍体究柘湖、淀山湖等处,向因民户有田高壤障遏水势而疏决不行者,并与开通,达诸港浦。杭州迁长河堰,以宣、歙、杭、睦等山源决于浙江。如此,则东南之水不入太湖为害矣。前所谓旁分其支派之流,不为腹内畎亩之患者,此也。水为东南患,其来久矣。献其端者,大抵二说:一则以导青龙江开三十浦为说,一则以使植利户浚泾浜作圩埠为说。是二者,各得其一偏,未容俱是。何以言之?若止于导江开浦,则必无近效;若止于浚泾作埠,则难以御暴流。要当合二者之说相为首尾,乃尽其善,但施行先后自有次第耳。必不得已,欲两者兼行,以规近效,亦有其说。若欲决苏州、湖州之水,莫若先开昆山之茜泾浦,使水东入于大海;开昆山之新安浦、顾浦,使水南入于松江;开常熟之许浦、梅李浦,使水北入于扬子江。复浚常州无锡县界之望亭堰,俾苏州管辖,谨其开闭,以遏常、润之水,则苏州等水患可渐息,而民田可渐治矣。若欲决常州、润州之水,则莫若决无锡之五卸堰,使水趋于扬子江,则常州等水患可渐息,而民田可治矣。世之言水利者非不知此,然开浦未久而污泥寻塞,决堰未久而良田被患,何也?

盖虽知置堰闸以防江潮，而不知浚流以泄涨沙，故有堙塞之患。虽知决五卸堰水，而不筑堤以障民田，故有飘溺之虞。且复一于开浦决堰，而不知劝民作圩埠、浚泾浜以治田，是以不问有水无水之年，苏湖常秀之田不治十常五六。愚故曰要当合二者之说，相为首尾，则可尽善。某所乞开昆山常熟之茜泾等浦，必置堰闸者，以茜泾浦在苏州之东南，去海二十里，泄水甚径，其地浸高，比之苏州及昆山地形，不啻丈余。而往年开此浦者，但为具文，所开不过三四尺一二尺而已。又止于以地面为丈尺，而不知以水面为丈尺，不问高下而匀其浅深，欲水之东注不可得也。水既不东注，兼又浦口不置堰闸，赚入潮沙，无上流水势可冲，遂致湮塞。愚故乞开茜泾等浦须置堰闸，所以外防潮之涨沙也。或闻范参政仲淹、叶内翰清臣昔年开茜泾等浦亦皆有闸，但无官司管辖，而豪强者保利于所得，不时启闭，遂致废坏，乡人往往能道其事。若推究而行之，则所开之浦可久而无弊。

某所乞复常州无锡县界之望亭堰闸，俾苏州管辖者，盖以常润之地比苏州为差高，而苏州之东，势接海畔，其地亦高，苏州介于两高之间，故每遇大水，西则为常润之水所注，东则为大海岸道所障，其水潴[5]蓄无缘通泄。若不令苏州管辖望亭堰闸，则无复有防遏之理。故愚先乞开茜泾等浦，以决水有东流之便，次乞谨守望亭闸，俾水无西冲之忧。既望亭之西，自有五卸堰可以决水径入于北江，若使常润之水，决下此堰，则不惟少舒苏州之水势，而常润之水亦自可以就近而入于江矣。某所乞决常州无锡县界之五卸堰，使水北入扬子江者，此堰决水，其势甚径。往者官吏非不施行，然决堰未多，而民田已没，何也？盖止知筑堰，而不知预筑堰下民田之堤岸以防水势故也。五卸地势与民田相去几及丈余，平居微雨，水即溢堰而过，已有浸溺之忧。今直欲决去其堰，使诸路之水，举自此而出，又不增高其民田圩岸以为堤防，则决堰未多而民田已没。某尝论天下之水，以十分率之，自淮而北五分，由九河入海，《书》所谓"同为逆河，入于海"是也；自淮而南五分，由三江入海，《书》所谓"三江既入，震泽底定"是也。而三江所决之水，其源甚大，由宣、歙而来至于浙界，合常、润诸州之水，钟于震泽。震泽之大几四万顷，导其水而入海，止三江尔。二江已不得见，今止松江，又复浅淤不能通泄。且复百姓便于己私，于松江古河之外，多开沟港，故上流百出之水，不能径入于海，支分派别，自三十余浦北入吴郡界内，即先父比部《水利奏》中所谓向欲导诸江者复南而北矣。虽于昆山、常熟两县间开导河浦，修筑圩埠，然上流不息，诸水辐辏，或风涛间作，或洪雨继至，所开浦河必皆壅滞，所筑圩埠必有冲荡。

盖沿江北岸三十余浦，惟盐铁一塘可直泻水入扬子江，其余皆连接下江湖漾，合而为一，非徒无益，为害大矣。今乞措置，一面开导河浦，即便相度松江诸浦，除盐铁塘及大浦开导置闸外，其余小河一切并为大堰，或设水窦以防江水，则吴淞江水径入东海，而吴之湖浦不为贼水所壅，诸县圩埠亦免风波所破。某闻钱氏循汉唐法，自吴江县沿江而东至于海,又沿海而北至于扬子江,又沿江而西至于常州江阴界,一河一浦,皆有堰闸,所以贼水不入,久无患害。尝考汉、晋、隋、唐以来地理志,今之平江,乃古吴郡,至隋平陈始置苏州,汉时封境甚阔,隋开皇中始移于横山下,唐贞观中复徙于阖闾旧城。而又湖州,乃隋时仁寿中于苏之乌程县分置。秀州乃五代晋时吴越王以苏之嘉兴县分置。所谓钱塘、毗陵[6]在古皆吴之属县,以地势卑下,沿江边海,有为堤岸以防遏水势。如唐志所载,秀州之海盐令李锷开古泾三百有一,而又称去县西北六十里有汉塘,大和中再开,疑即侨今所谓开盐铁塘以泄吴淞江水者也。又载杭州之余杭令归珧筑甬道,高广径直百余里,以御水患。又载杭州盐官县亦有捍海塘堤二百十四里。则知古人治平江之水,不专于河,而筑堤以遏水势亦兼行之矣。故为今之策,莫若先究上源水势而筑吴淞两岸塘堤,不惟水不北入于苏,而南亦不入于秀,两州之间乃可垦治。今之言治水者不知根源,始谓欲去水患须开吴淞江,殊不知开吴淞江而不筑两岸堤塘,则所导上源之水辐辏而来,适为两州之患。盖江水溢入南北沟浦,而不能径趋于海故也。傥效汉唐以来堤塘之法,修筑吴淞江岸,则去水之患已十九矣。震泽之大才三万六千余顷,而平江五县积水几四万顷,然非若太湖之深广弥漫一区也,分在五县,远接民田,亦有高下之异、浅深之殊,非皆积水不可治也。但与田相通,极目无际,所以风涛一作,回环四合,无非水者。既非全积之水,亦有可治之田,潴泻之余,其浅淤者皆可修治,永为良田。况五县积水中所谓湖瀼陂淹。若湖则有淀山湖、练湖、阳城湖、巴湖、昆湖、承湖、尚湖、石湖、沙湖,瀼则有大泗瀼、斜塘瀼、江家瀼、百家瀼、鳗鲤瀼,荡则有龙墩荡、任周荡、傀儡荡、白坊荡、黄天荡、雁长荡,淹则有光福淹、尹山淹、施墟淹、赭墩淹、金泾淹、明社淹,仅二十余所,虽水势相接,略无限隔,然其间深者不过三四尺,浅者一二尺而已。今乞措置深者如练湖,大作堤防,以匮其水,复于堤防四旁设为斗门水濑。即大水之年,足以潴蓄湖瀼之水,使不与外水相通,而水田之圩堰无冲激之患。大旱之年可以决斗门水濑,以灌民田,而旱田之沟洫有车畎之利。其余若斜塘瀼、大泗瀼、百家瀼之类,本是民田,皆可相视,分劝人户借贷钱粮,修筑圩岸,开导泾浜,即前所谓湖瀼二十余处,往往可治者过半矣。某闻江南有万春圩,吴有陈满塘,皆积水之地。今悉治为良田,坐收苗赋,以助国用,此治湖为田之验也。

——《关中水利全书》卷一三《再上水利书》

昨熙宁间,检正[7]张锷命属吏殿丞刘彝相视,苏、秀二州海口诸浦渎,为沙泥壅塞,将欲疏凿以快流水。彝相视回,申以谓若开海口诸浦,则东风驾海水倒注,反灌民田。锷谓彝曰:"地倾东南,百川归海,古人开诸海浦,所以通百川也。若反灌民田,古人何为置诸浦耶?百川东流则有常,西流则有时,因东风虽致西流,风息则其流亦复归于海,其势然也。凡江湖诸浦港,势亦一同。"彝虽信其如此,然犹有说。盖以昔视诸浦无倒注之患,而今乃有之。盖昔无吴江岸之阻,诸浦虽暂有泥沙之壅,然百川湍流浩急,泥沙自然涤荡,随流以下,今吴江岸阻绝,百川湍流缓慢,缓慢,则其势难以荡涤沙泥,设使今日开之,明日复合。又闻秀州青龙镇入海诸浦,古有七十二会。盖古之人以为七十二会曲折宛转者,盖有深意,以谓水随地势东倾入海,虽曲折宛转,无害东流也,若遇东风驾起,海潮汹涌倒注,则于曲折之间有所回激,而泥沙不深入也。后人不明古人之意,而一皆直之,故或遇东风,海潮倒注,则泥沙随流直上,不复有阻。凡临江湖海诸港浦,势皆如此。所谓今日开之,明日复合者此也。

锷又睹秀州青龙镇有安亭江一条,自吴江东至青龙,由青龙泄水入海。昔因监司相视,恐走透商税,遂塞此一江。其江通华亭及青龙。夫笼截商税利国,能有几耶?堰塞湍流,其害实大。又况措置商税,不为难事。窃闻近日华亭、青龙人户,相率陈状,情愿出钱,乞开安亭江。见有状在,本县官吏未与施行。近又访得宜兴西滆湖有二渎,一名白鱼湾,一名大吴渎,泄滆湖之水入运河,由运河入一十四处斗门下江。其二渎在塘口渎之南。又有一渎名高梅渎,亦泄滆湖之水入运河,由运河入斗门,在吴渎之南。近闻知苏州王觌奏请开海口诸浦。锷切谓海口诸浦不可开,今开之,不逾日,或遇东风,则泥沙又合矣。尝观《考工记》曰:"善沟者,水啮之;善防者,水淫之。"盖谓上水湍流峻急,则自然下水泥沙啮去矣。今若俟开江尾及疏吴江岸为桥,与海口诸浦同时兴功,则自然上流东下,啮去诸浦沙泥矣。凡欲疏通,必自下而上。先治下,则上之水无不流,若先治上,则水皆趋下,漫灭下道,而不可施功力。其理势然也。故今治三州之水,必先自江尾海口诸浦,疏凿吴江岸,及置常州一十四处之斗门,筑堤制水入江,比与吴江两处分泄积水,最为先务也。

——《吴中水利全书》卷一三《进单锷吴中水利书状》

元祐六年七月二日,翰林学士承旨左朝奉郎知制诰兼侍读[8]苏轼状奏:右臣窃闻议者多谓吴中本江海大湖故地,鱼龙之宅,而居民与水争尺寸,以故常被水患。盖理之当然,不可复以人力疏治。是殆不然。臣到吴中二年,虽为多雨,亦未至过甚,而苏、湖、常三州,皆大水害稼,至十七八,今年虽为淫雨过常,三州之水,遂合为一,太湖、松江,与海渺然无辨者。盖因二年不退之水,非今年积雨所能独致也。父老皆言,此患所从来未远,不过四五十年耳,而近岁特甚。盖人事不修之积,非特天时之罪也。

——《苏轼文集》卷三二《进单锷吴中水利书状》

元符三年二月,诏:"苏、湖、秀州,凡开治运河、港浦、沟渎,修叠堤岸,开置斗门、水堰等,许役开江兵卒。"

——《宋史》卷九六《河渠志》

政和六年,诏曰:"闻平江三十六浦内,自昔置闸,随潮启闭,岁久堙塞,致积水为患。其令守臣庄徽专委户曹赵霖讲究利害,导归江海,依旧置闸。"于是,发运副使应安道言:"凡港浦非要切者,皆可徐议。惟当先开昆山县界茜泾塘等六所;秀之华亭县,欲并循古法,尽去诸堰,各置小斗门;常州、镇江府、望亭镇,仍旧置闸。"八月,诏户曹赵霖相度役兴,而两浙扰甚。七年四月己未,尚书省言:"卢宗原浚江,虑成搔扰。"诏权罢其役,赵霖别与差遣。

——《宋史》卷九六《河渠志》

宣和元年,秀州开修青龙江浦,舶船辐辏,请复置监官。先是,政和中,置务设官于华亭县,后江浦湮塞,蕃舶鲜至,止令县官兼掌。至是,复设官专领焉。四年,蕃国进奉物,如元丰法,令舶司即其地鬻之,毋发至京师,违者论罪。

——《宋史》卷一八六《食货志下》

宣和元年八月四日,张苑奏:"政和三年七月二十四日,圣旨于秀州华亭县兴置市舶务,抽解博买,专置监官一员。后来因青龙江浦堙塞,少有蕃商舶船前来,续承朝旨罢去正官,令本县官兼监。今因开修,青龙江浦通快,蕃商舶船辐凑住泊,虽是知县兼监,其华亭县系繁难去处,欲去依旧置监官一员管干,乞从本司奏辟。"

——《宋会要辑稿》职官四四之一一

建炎四年正月丙午早,直徽猷阁江淮发运副使兼军前粮料使宋辉自秀州金山村以海船运米八万斛、钱帛十万贯匹至行在。

——《建炎以来系年要录》卷三一

绍兴元年五月癸未,御史中丞沈与求言:"虏若入寇,当由武昌、建康两路而来。其造海舟,虑为虚声以惧我。议者多欲于明州向头设备,使贼舟得至向头,而已入吾心腹之地矣。臣闻海舟自京东入浙,必由泰州石港,通州料角、陈贴、通明镇等处,次至平江南北洋,次至秀州金山,次至向头。又闻料角水势湍险,一失水道,则舟必沦溺,必得沙上水手方能转料。倘于石港、料角等处拘收水手,优给庸直,而存养之,以待缓急之用,彼亦安能冲突。"诏以付都督府。

——《宋史全文》卷一八上《宋高宗五》

乾道初,臣僚言:"两浙惟临安、明州、秀州、温州、江阴军凡五处有市舶。祖宗旧制,有市舶处知州兼提举市舶务,通判带主管,知县带监,而逐务又各有监官。市舶置司,乃在华亭。近年,过明州舶船到,提举带一司吏人留明州数月,名为抽解,其实搔扰。且福建、广南皆有市舶,物货浩瀚,置官提举,诚所当宜。惟是两浙置官,委是冗蠹,乞赐废罢。"从之。

——《文献通考》卷六二《职官考十六》

皇帝克肖天德,刚健精粹,高明悠久,夙夜于治道。日月以照之,雷风以动之。小大之臣,乃震乃肃,丕应俟志,奔走率职。智不敢闭谋,勇不敢爱力。成顺致利,罔不从欲。以能大宅天命,照彰光尧之盛烈,群生雍雍焉。惟苏、湖、常、秀四郡,经渠数百,亩浍数千,脉络交会,旁注侧出,更相委输。自松江、太湖而注于海。而所入之道,岁久填淤,雨少过差,则泛滥弥漫,决啮堤防,浸灌阡陌。乃隆兴甲申秋八月,淫雨害稼。明年,大饥。上临朝咨嗟,分遣使者,结辙于道,发廪赋粟,以活饥者。乃博谋于庭曰:"惟雨旸之不时,予敢不懋于德?然使水旱之不能灾者,宁无人谋?"或曰:"巨家嗜利,因岁旱干,攘水所居以为田,则虽以邻为壑而不恤。既潴水之地益狭,则不得不溢。盍尽核所占而凿之,以还水故宅,庶民病其少瘳乎?"上曰:"是固有之,然不可悉凿也,宁疏水下流而导之。"会有言:"苏、秀势最下,华亭尤近海,十八港皆有堰捍潮,可一切决之;四湖所潴水,宜为斗门,以便节减。"上览而异之,亟命两浙转运副使姜诜与令丞行视其宜。姜侯开明强济,诚爱果达,有仲山甫匪懈之节。

既受旨,即驰布德意,谘访故老,周览川野,穷源委,度高下,审顺逆,取冲要,尽得其便利以闻。曰:"东南濒海之地,视诸港反高,虽有神禹,不能导水使上也。尽开诸堰,适能挽潮为害。闸湖以潴水可矣,将以决泄,而下流犹壅,则无益也。今宜浚通波大港,以为建瓴之势。又即张泾堰傍,增庳为高,筑月河,置闸其上,谨视水旱,以时启闭。则西北积水,顺流以达于江;东南咸潮,自无从入也。"上称善,即丐以常平之帑赡其役,且与守臣郑闻会其事,制许焉。则相与庀徒、揆日、赋材、计功,一木一石,一夫一工,皆穷校研核,纤悉周密,费而有节。既具,以授之县令侍其铨。侍其亦健吏也,始协谋,终尽力,威以梏奸,说以使人,一木一石,一夫一工,必手自赋给,不可廋匿,检程视作,弗容苟简。乃浚河,自竿山达青龙江口,二十有七里。其深,可以负千斛之舟,因其土,治高岸,护青墩傍,故水所败田数万亩,还为膏腴。为闸于邑东南四十有八里。增故土七尺,甃巨石,两趾相距,常有四尺,深十有八板。板,尺有一寸。月河之长,三千三百五十有五尺,广常有六尺。凡浚河之工,万有一千二百。金工、石工、木工、畚筑之工、伐助运致之工,总其数,概七倍于浚河。靡钱缗九千三百五十四,粟石二千三百有九十。始于仲冬之朔,凡五十有五日而毕。盖敛未尝及民,而民亦若不知有是役也。于是耕夫野人,相与来言曰:"昔也,十日不雨,吾倚锄而待泽;十日而雨,吾捧土以增坊。今四州之人,自是知耕敛而已,雨旸惟天可也。此吾君之泽,而二三大夫之力。吾侪鄙人也,持牛尾抃蹈而歌呜呜,言语下俚,不可听也,盍为我文之。"

克昌窃迹前事:郑白之渠成,而关中沃野无凶年。其民歌之,班固志焉,于今荡耳目也。今天子仁圣勤俭,宫中无一椽之营,独念稼穑之艰难,遇灾而惧,食不甘味,寝不奠枕,务以兴天下之利。而忠恪之臣,毕智虑,展四体,迄此成功。乃野人之歌不足以被管弦,垂汗青。倘太史氏又以为主上盛德大业,固已不可胜载,兹特一方之细故,略而不悉,则是使四州之大利,曾不得齿于关中之二渠,垂光万世,此承学之罪也。乃为歌五章,以遗斯民,使扣角击壤,以极其鼓舞欢愉之情。用发扬圣德,亦使知自今农为可乐,而招之反本云。若夫念图功之孔艰,嗣美绩于无穷,修治于未坏,时浚而勿壅,尚属诸来者。其词曰:

水横流兮无津涯,浩浩洋洋兮谁东之? 帝不宁兮谋臣来,谋臣兮夙夜。水滔滔兮迤而下,不寨茭兮但耕稼。君王智兮如伯禹,川后雨师兮莫余敢侮。且决且溉兮介我稷恭,我受一廛兮终善且有;汝行四方兮曾不足以糊其口,曷归来兮君王锡汝以万金之亩。帝谓兮三臣:锡之福兮慰汝勤,报吾君兮岁后;天施我孙子兮弥丰年。乾道二年十二月二十五日,许克昌记。

——《绍熙云间志》卷下《华亭县浚河治闸记》

乾道三年三月,华亭县新泾、招贤泾虽有水河,泄水不快。今相度,欲于张泾、白苎、陈泾、新泾四处各置一闸,遇苏、秀、湖三州水泛,候潮退即关闸,以杀水势。

——《宋会要辑稿》食货八之二三

乾道七年七月十三日,户部尚书曾怀等言:"秀州华亭县新泾塘合筑堰置闸,以捍咸潮,免侵民田,事系利害。其所用工料钱五万贯文省,乞委浙西提举常平官李结疾速兴修。"从之。后知秀州丘崈遂成之。

——《宋会要辑稿》食货八之一五

秀州境内有四湖:一曰柘湖,二曰淀山湖,三曰当湖,四曰陈湖。东南则柘湖,自金山浦、小官浦入于海。西南则淀山湖,自芦历浦入于海。西北则陈湖,自大姚港、朱里浦入于吴松江。其南则当湖,自月河、南浦口、澉浦口亦达于海。支港相贯。

乾道二年,守臣孙大雅奏请,于诸港浦分作闸或斗门,及张泾堰两岸创筑月河,置一闸,其两柱金口基址,并以石为之,启闭以时,民赖其利。

十三年,两浙转运副使张叔献言:"华亭东南枕海,西连太湖,北接松江,江北复控大海。地形东南最高,西北稍下。柘湖十有八港,正在其南,故古来筑堰以御咸潮。元祐中,于新泾塘置闸,后因沙淤废毁。今除十五处筑堰及置石硾外,独有新泾塘、招贤港、徐浦塘三处,见有咸潮奔冲,淹塞民田。今依新泾塘置闸一所,又于两旁贴筑咸塘,以防海潮透入民田。其相近徐浦塘,元系小派,自合筑堰。又欲于招贤港更置一石硾。兼杨湖岁久,今稍浅淀,自当开浚。"上曰:"此闸须当为之。方今边事宁息,惟当以民事为急。民事以农为重,朕观汉文帝诏书,多为农而下。今置闸,其利久远,不可惮一时之劳。"

十五年,以两浙路转运判官吴坰奏请,命浙西常平司措置钱谷,劝谕人户,于农隙并力开浚华亭等处沿海三十六浦堙塞,决泄水势,为永久利。

乾道七年,秀州守臣丘崈奏:"华亭县东南大海,古有十八堰,捍御咸潮。其十七久皆捺断,不通里河;独有新泾塘一所不曾筑捺,海水往来,遂害一县民田。缘新泾旧堰迫近大海,潮势湍急,其港面阔,难以施工,设或筑捺,决不经久。运港在泾塘向里二十里,比之新泾,水势稍缓。若就此筑堰,决可永久,堰外凡管民田,皆无咸潮之害。其运港止可捺堰,不可置闸。不惟濒海土性虚燥,难以建置;兼一日两潮,通放盐运,不减数十百艘,先后不齐,比至通放尽绝,势必昼夜启而不闭,则咸潮无缘断绝。运港堰外别有港汊大小十六,亦合兴修。"从之。

八年,崈又言:"兴筑捍海塘堰,今已毕工,地理阔远,全借人力固护。乞令本县知、佐兼带'主管塘堰职事'系衔,秩满,视有无损坏以为殿最。仍令巡尉据地分巡察。"诏特转丘崈左承议郎,令所筑华亭捍海塘堰,趁时栽种芦苇,不许樵采。

九年,又命华亭县作监闸官,招收土军五十人,巡逻堤堰,专一禁戢,将卑薄处时加修捺。令知县、县尉并带"主管堰事",则上下协心,不致废坏。

淳熙九年,又命守臣赵善悉发一万工,修治海盐县常丰闸及八十一堰坝,务令高牢,以固护水势,遇旱可以潴积。十年,以浙西提举司言,命秀州发卒浚治华亭乡鱼祈塘,使接松江太湖之水;遇旱,即开西闸堰放水入泖湖,为一县之利。

——《宋史》卷九七《河渠志七》

淳熙十年三月二十三日,秀州华亭县有鱼祈塘一道,上有四闸堰,下通华亭县界淀山湖、练湖、吴松江、太湖。亢旱之岁,诸湖并无水,唯鱼祈塘向下深处得吴松江、太湖相接,一方民田赖以灌溉。其上浅处须合开通湖泖。今乞令本州将鱼祈塘开浚,使松江太湖之水相接,遇旱即开西闸堰,放水入湖泖,为一县之利。及所开五河虽已深浚,而民户田亩沿流去处不多,其间有深远一二十里者,全得小港取水灌注。今大河既深,小港仍旧高浅,若遇旱岁,非唯大河水难取,苟或得雨,则小港内水注入大河,存留不住。欲令本州候今冬农隙,劝谕食利人户,各行开通小港。官司量给钱米,以助其费,庶几有田之家相率协力易成。其所筑堰闸合行开通置立斗门之处,仍添筑堰者,乞降指挥,委本州更行措置,使上下皆得通济。

——《宋会要辑稿》方域一六之四一

淳熙十四年七月十九日,诏宣教郎、知秀州华亭县刘璧特转一官,候任满赴都堂审察。以浙西提举罗点言,华亭县旱,河流断绝,璧躬行村落,相视水利。有青龙江,可通潮水,填塞已久,璧纠集民夫开浚,救溉民田,委是利便,特加旌别。故有是命。

——《宋会要辑稿》食货六一之一三三

光宗皇帝嗣服之初,禁贾舶至澉浦,则杭务废;宁宗皇帝更化之后,禁贾舶泊江阴及温、秀州,则三郡之务又废。

——宝庆《四明志》卷六《叙赋下》

时又有宋辉者为大漕,治事秀州之华亭县,闻龙䑽已涉巨浸,即运米十万石,以数大舶转海,访寻六飞所向。至章安镇,而与御舟遇,百司正阙续食,赖此遂济。多事之际,若二人辉与颖士者,亦可谓奇绩,而志之忠节,皆恨世人未多知之。

——《挥麈三录》卷一《高宗东狩四明日录》

浙西运河,自临安府北郭务至镇江江口闸,六百四十一里。淳熙七年,帝因辅臣奏金使往来事,曰:"运河有浅狭处,可令守臣以渐开浚,庶不扰民。"至十一年冬,臣僚言:"运河之浚,自北关至秀州杉青,各有堰闸,自可潴水。惟沿河上塘有小堰数处,积久低陷,无以防遏水势,当以时加修治。兼沿河下岸泾港极多,其水入长水塘、海盐塘、华亭塘,由六里堰下,私港散漫,悉入江湖,以私港深、运河浅也。若修固运河下岸一带泾港,自无走泄。又自秀州杉青至平江府盘门,在太湖之际,与湖水相连;而平江阊门至常州,有枫桥、许墅、乌角溪、新安溪、将军堰,亦各通太湖。如遇西风,湖水由港而入,皆不必浚。"

——《宋史》卷九七《河渠志七》

向来赵善悉所修海盐县堰闸,及刘俣修华亭县塘堰,令刘颖亲往相视,目今有无冲决损坏,并本州去年所修水利,于今年有无实被灌溉田亩,及未尽去处,开具奏闻。

——《宋史全文》卷二七上《宋孝宗》

吾邑在郡东偏,最为濒海。市洋相距,才二里而近,潮汐侵寻,瀵疆妨稼,在所必茸。前兹土筑虽频,若夫图功永存,大施规画,其属吾史令君乎。君名亚卿,字景圣,太师越王曾孙也。劲敏爽特，遇事锐心。庚子岁，同入西宪幕，癸卯又联胪班，见知君最深。甲辰冬，两易此来，每遇邑人，胥庆得贤令也。天基节，诸邑簉祝圣班。粤翌日，乡校职长常贤孙等过余，言曰："海塘为吾邑至急务，惟工力弗固，则隳圮随之。去岁风号扇威，摧卷斥卤，大害稼事，人几为鱼。今史君下车，亟是营度，以修以创，知先务也，邑人德之。学校士议政善否，刻记以声令能。宜先齐民，粟承不一敢懈，偃然虹垂，成于不日。工役有经，一可纪。日役千丁，旬几再浃，糜粟给券，一办公家，不配于下，不请于上，随用以给，罔见乏使。当帑库赤立之余，旬月乍至之始，咄嗟以定，见谓如神。筑地所经，或当民产，倍直给酬，了无怨咨。又捐圭粟，岁储千石，掌存邑寓，以备修防。措画有方，二可纪。有二可纪，子尚奚辞？"乃即而比次其委。因谂言曰："威名、方略，非可强。选人才如弈棋，举手可知优劣，斯言惟允。夫弈以取先为胜。著子边隅，谁非计胜？当先而后，事斯左矣。今君未遑有他，节损浮费，汲汲务兹，既坚既固，又图永存，斥卤以防，稼事用乂，丰穰洊卜，域内咸熙。而后治吾教条，沛吾膏泽，学道爱人，斯为有本。孟坚亦行令邑，虽秦越不侔，政之后先，则莫敢易。谨颂君绩，以示永传。景行行止，抑以自砺。若夫铺张歌颂，里有文人，比方声扬，继兹蔼若，鄙又何敢曰尽能事！"

——《彝斋文编》卷三《海盐县重筑海塘记》

本州海盐县境近已修筑堰闸共八十八处，开浚运河一百四十九里一百步，潴积水源，以资灌溉之用。

——《宋会要辑稿》食货六一之一二七

浙西围田湮塞，所在皆有。独淀山湖一处，为害最大。因奸民包裹围田，筑断堰岸，致水势无繇发泄。此湖上通苏、湖、秀，三州之水全借斜路等港通泄。下彻大小石浦，出吴淞江入海。委吴县主簿刘允济、昆山县尉吴溥躬亲看视，采问利害。据申到淀山湖东西三十六里，南北一十八里，旁通太湖，汇苏、湖、秀三州之水，上承下泄，不容少有壅遏。华亭在湖之南，昆山在湖之北，湖水自西南趋东北。所赖泄水去处，其大者东有大盈、赵屯、大石三浦，西有千墩、陆虞、道褐三浦。中间南取淀山湖，北取吴淞江，凡三十六里，并湖以北。中为一澳，系古来吐吞吴水之地，今名山门溜。东西约五六里，南北约七八里，正当湖流之冲，非众浦比。贯山门溜之中又有斜路港，上达湖口，当斜路之半。又西过为小石浦，上达山门溜，下入大石浦。凡斜路港大小石浦分为三道，杀泄湖水，并从上而下，通彻吴淞江。江湖二水晓夕往来，疏灌不息，以此浦港通利，无有沙泥壅塞，可以倡导水源。今来顽民辄于山门溜之南东取大石浦，西取道褐浦，并缘淀山湖北筑成大岸，延跨数里，遏绝湖水，不使北流。尽将山门溜中围占成田，所谓斜路及大小石浦泄放湖水去处，并皆筑塞。父老尝言,围岸筑时,湖水平白涨起丈余,尽壅入西南华亭县界。大小石浦并斜路港口既被围断,其浦脚一日二潮,则泥沙随潮而上。湖水又不下流,无缘荡涤通利。即今淤塞反高于田,遇水则无处泄泻,遇旱则无从取水。大抵水性趋下,下流既壅,其势必须溃裂四出,散入民田,理无可疑者。

——《吴中水利全书》卷十三《乞开淀湖围田状》

  塘湾　在镇东市中,捍海岸也。后聚居其上,遂为市井。

  棋子湾　在镇东长墙山外。

  罗汉湾　在镇西泊橹山侧。

  慈竹湾　在镇南二里。

  细柳湾　在镇西三里。

  窦家湾　在镇西窦家山上。

  张湾　在镇西南六里堰上。

  蔡湾　在镇西南孙家堰南。

  南姚湾　在镇西北五里。

  北姚湾　在镇东北五里。

  西陈湾　在镇西北黄毛山背。

  东陈湾　在镇西北石屋山侧。

  夏湾　在镇东北八里。

  陆吴湾　在镇西北五里。

  横山湾　在泊橹山前。

  徐湾　在柳家桥南。

  邵湾　在六里堰下。

  张搭　在镇市塘上。古捍海增岸,后民旅聚居其上为市。今俗呼曰"塘上"。

  陆搭　在六里堰下。

  沈搭　在镇市南。

  鸦鹊墓　在陆搭。客船不上岸者,多在于此泊舟,为埠头。

——《澉水志》卷二《山门》

  海　在镇东五里。东达泉、潮,西通交、广,南对会稽,北接江阴、许浦,中有苏州洋,远彻化外。西南一潮至浙江,名曰"上潭";自浙江一潮归泊黄湾,又一潮到镇岸,名曰"下潭"。东北十二里名曰"白塔潭",可泊舟帆,亦险要处。虽在澉浦、金山两军之间,相去隔远,夜暮缓急,卒难应援。昔日朝廷欲立巡检寨,今澉浦水军置铺于此。

招宝塘 在镇市中。海滨高峻,易涸易盈。淳熙九年,奉御笔,命守臣赵善悉相视重浚,面阔三丈,底阔二丈一尺,深五丈。市镇止有此一运渠。

永安湖 在镇西南五里。周围一十二里。元以民田为湖,储水灌溉,均其税于湖侧田上,税虽重而田少旱。四围皆山,中间小堤,春时游人竞渡行乐,号为"小西湖"。

东浦 在镇东。大海透入东北确头,潮入汲煮盐。

鲍郎浦 在镇西北十二里。古老云,昔盐场开基于此,有姓鲍者凿浦煮盐,因名。曰鲍郎者,吴俗女夫之通称也。后沙涨移入东浦侧,绍兴经界为田,是浦接连招宝塘为河,至今俗呼为鲍郎浦。又按《南史》,孙恩作乱,海盐令鲍陋遣子嗣之追奔,陷没于此。

放生池 南渡以来,本镇创亭于海濒收税,即今之弦风亭也。亭之东凿小湫,每遇圣节,镇官率合镇见任、寄居文武两班于此祝圣放生。

艮泽 黄道山下,枕龙眼潭泊舟处。地势高峻,客旅居民无井可汲。山之腰有泉源。先是,庙僧善机用工浚凿以济汲用。淳祐十一年,统制邢子政开广,立屋三间,因扁斯名。

六里堰 在镇西六里。高下相去数仞,为惠商、澉浦、石帆三村灌田堤防之所。缘舟船往来,实为入镇门户,因置车索。今属本镇提督。

三里堰 在镇西三里。元无此堰。淳祐九年六月大旱,居民沿河私捺小堰。至水通,诸堰悉复毁去,独此堰为居民私置车索,邀求过往,久为定例。然军船之往来、盐场之纲运、酒库之上下,与夫税务诸场之版解、商旅搬载海岸南货,别无他歧,河流易涸,实为不便。况此方既有六里堰,足以防闭水利。此堰赘立,委是为害。淳祐十年,茶院酒官朱南杰申县开掘,济利一方。但提督诸堰,实隶镇官,常宜觉察重捺邀求之弊。

孙家堰 在镇西南四里。

沈家堰 在镇西南半里。

北湖堰 在镇西南蔡湾侧。

镇闸 在镇市中。今隶镇官司。

——《澉水志》卷三《水门》

【注释】

[1] 朒:月相。指新月初出。日月相会(合朔)后的第二或第三天,日没不久,首次在西方天空看到的一弯眉月。弯眉两个尖角指向东方,凸面向西。

[2] 提举常平官:指提举常平司,熙宁变法时始置,掌常平、义仓、免役、市易、坊场、河渡、水利之政令。

[3] 监察御史：宋初，多外任或在京领它局。太平兴国三年，置专职监察御史，在台供职，主弹劾事；祠祭，则兼监祭使。"三院御史，自是始正其名"。元丰七年二月十七日，以六察官之职归监察御史，掌分察尚书省六部及其以下百司之事，监祠祭、定谥，并许言事。

[4] 漕臣：转运使。北宋乾德间，太祖革唐末、五代藩镇擅留财赋之弊，始遣官充诸道转运使，以收利权。总一路利权以归上，兼纠察官吏以临郡。经度本路租税、军储，供邦国之用、郡县之费；分巡所部，检察储积，审核账册，刺举官吏臧否，荐举贤能，条陈民瘼，兴利除害，劝课农业，并许直达。

[5] 潴：水流停聚处；蓄水的陂塘。

[6] 毗陵：县名。西汉置，治所即今江苏常州市。西晋永嘉五年（311）已改名为晋陵县，然世人有崇古之好，故仍沿旧称。

[7] 检正：北宋检正中书五房公事、检正中书逐房（吏、户、礼、刑、孔目房）公事、检正中书五房习学公事，及南宋中书门下省检正诸房公事通称。

[8] 翰林学士承旨左朝奉郎知制诰兼侍读：翰林学士承旨：掌内制、备皇帝咨询顾问。凡大诏命、大除拜，如制、诰、赦书、国书；以及戒励百官、晓谕军民用敕榜，遣使劳问臣下之口宣，宫禁所用文词，皆当撰述之任。左朝奉郎：文散官名。原为隋置散官朝议郎。唐贞观中列入文散官。宋因之，开宝九年十月改朝议郎为朝奉郎，属宋前期文散官二十九阶之第十四阶。正六品上。知制诰：掌草拟诰命，与翰林学士对掌外制、内制。侍读：宋初之制，备皇帝顾问经史，侍读《文选》及词赋等。元丰新制，改翰林侍读学士为侍读，给皇帝讲解经史，每年春、秋两次。春季自二月至五月端午节止。秋季自八月至冬至日止。逢单日轮流进读。

古迹寺观

石鱼　于山顶有双石鱼,许尚[1]《百韵》有诗。

石兽　相传尝为怪,夜则环市而走,遂断其一足。

东寺　近传水陆池有龟数枚,闻讲经声则缘砌而上,罢则复去。许尚有诗。

金风亭　《晏公类要》:"在西南二里。"

观风亭　在子城北。

喜雨亭　在子城外之东北。

披云楼　在郡圃之东北子城上。

朝阳楼　在倅厅花园子城上,与苏小墓相望。

望月亭　在海盐县东。临大海,今亭基宛在水中央。

风月堂　在市舶司。[2]许尚有诗。

云间馆　在华亭县。晋陆云[3]字士龙,与荀隐[4]字鸣鹤未尝相识。尝会张华,坐上华称其并有大才。谓曰:"今日相遇,可勿为常谈。"云因抗手曰:"云间陆士龙。"隐曰:"日下荀鸣鹤。"

啸诺堂　在州治西。

平易堂　在通判厅之东。

坐啸堂　在郡圃之西。

濯缨亭　在华亭县。

唳鹤亭　在华亭县。此事恐在《晋书》,陆机曰:"华亭鹤唳,可得闻乎?"见《晏公类要》。

思鲁堂　在海盐县圃之西。以鲁肃简公宗道作邑于此,故曰思鲁堂。又龛置鲁浦记于壁。

落帆亭　在嘉禾县杉青堰之背。

众乐园　在郡圃之西。

六鹤堂　在府治宅堂之后。

嘉禾亭　在州治子城之西。

秀水亭　在子城外。

嘉禾堆　在府杉青闸后,即吴时嘉禾所生之所。

折桂阁　在华亭尉厅。往时右丞李纲为邑尉建,今俗呼为相公阁。

双林院　在崇德县西北一十二里。梁为双林院,国朝改为澄寂院。

七宝院　在华亭县。院有五代时桧,已合抱矣。

八角井　在华亭谷。许尚有诗。

千乘院　在崇德东北十二里。今为福严院。

华亭谷　华亭谷,水行三百里入松江。荆公《华亭十咏》云:"巨川非一源,源亦在众流。此谷乃清浅,松江能覆舟。"

青莲寺　在海盐。本石佛寺,治平元年,改今名。

白龙洞　在华亭县云横山顶下。通澱山湖,每风雨夜有龙出入洞中。

金鱼院　在嘉兴县西北。金鱼池在院之前,故名。大中元年,改赐今额。

金鱼池　在嘉兴县西北一里。唐刺史丁延赞得金鲫鱼于此,故谓之金鱼池。今为放生池。

龙吟寺　在崇德县西北四十里。本名龙祥寺,又改龙吟寺。祥符中,改宁国院。

凤鸣院　在崇德县西北四十里。五代广顺二年建,治平元年改惠云院。

华亭谷　在华亭界。出嘉鱼[5]莼菜。陆机云"华亭鹤唳",即此也。

福严院　在崇德县东北十二里。皇朝陈太后保扶徽宗皇帝为遂宁王时,赐真觉大师志添金环衲袈裟一条,上题"遂宁郡王、陈美人愿福寿延长,施真觉道者,当来同成佛果"二十三字焉。真觉禅师有《草庵歌》,黄庭坚为书,刻之庐山归宗寺。

精严寺　在嘉兴西北。晋咸和中,吏部尚书鄂国侯徐恬因井中有光耀五色,遂舍宅为寺。奏闻,赐名灵光寺。祥符赐今额。

净土院　在嘉兴县三十六里。元系邑人陆求宅基,收得唐咸通十一年石幢,因舍宅为寺。祥符赐今额。

慈恩院　在嘉兴县西北。开宝中,刺史丁太尉塔基收得石无量佛一、石相轮一、石香炉一、舍利一龛,因立额为无量院。治平赐今额。

寂照院　在崇德县东四十里。旧于地基上得石佛二身,天福中吴越王建作报恩院。治平赐今额。至今天将雨,二石佛身湿如汗,先有一泓水在口,耳内红如汗,此一异也。

普照寺　寺有土地广卫将军,乃晋陆机之祖,大有灵感。有吴越王舍钱加封文字在焉。

大圣院　在嘉兴县三十七里。绍圣元年,有大圣菩萨日逐在寺放光。崇宁赐今额。

兴圣院　在华亭县南城内。嘉祐二年,仁宗皇帝赐藏经一藏。

资圣寺　在海盐县。晋右将军戴威舍宅为寺。

栖真观　在嘉兴县西北隅。今为天庆观。《嘉禾百咏诗》注:七贤遗迹:一严陵[6]阳焰;二展子虔[7]水;三葛洪[8]书额;四吴道子[9]貌真;五张僧繇[10]鹰,至今殿宇无燕雀巢；六顾虎头神二；七飞仙，失名氏。遭兵火，并无存者。外有开元钟、梁朝桧、七宝上帝像。

演教院　在华亭县。崇宁中，有头陁张其姓者卜筑于此，掘土得木雕住世罗汉十有六身。邑人异之，遂为施水庵。

法喜寺　在海盐县西南三十里。有淮高僧抛袈裟于空中自定。今袈裟作一塔以藏之。

静安寺　在华亭。宝正元年置。宝正乃吴越年号也。

太公吕望庙　在海盐县东一百五十里。《吴志》云："太公避纣，居东海之滨，百姓怀之，为立庙。"

秦始皇庙　在海盐县南十八里。又崇德县东亦有秦始皇庙。

金山显忠庙　在海盐县东。即汉霍光也。

王总管庙　在嘉兴县西通越门内。因高田贼作，以身死难，故祠之。加封旌忠庙。

福顺庙　在华亭县南五龙堂后。今四柱箭镞百余尚存，父老以巢贼过时曾战于此。

秀道者塔　在佘山。昔庐此山，常有二虎侍之。后自建浮图于山巅，工毕，遂积薪自焚。今有碑铭存焉。

孟姜女故居　在海盐县东南三十里。有捣衣石尚存。

晋何后宅　在海盐县南三里。《舆地志》云："海盐县乌夜村，晋何准居焉。一夕群乌啼噪，乃生女。他日复夜啼，乃穆帝立，准女为后之日也。"

陆士衡宅　《九域志》云："在华亭县西北三十五里华亭谷，有八角井。"

二陆宅　在华亭。《吴地记》云："宅在长谷，谷在吴县东二百里，谷周回二百余里，谷名华亭，谷水下通松江。"《吴地记》云："陆逊居此，故封逊亭侯。"《吴志》云："汉庐江太守陆康与袁术有隙，使其子绩等率宗族避难于长谷。谷东二十里有昆山，坟墓在焉。"荆公诗云："芊芊谷水阳，郁郁昆山阴。俛仰但如昨，逝者不可寻。"机《思乡诗》云："仿佛谷水阳，婉娈昆山阴。"

陆锜宅　《晏公类要》云："华亭县有陆锜宅。"

袁崧宅　在华亭县西三十五里。昔晋将军袁崧居此。

顾侍郎祠堂　顾野王[11]也。详见碑记门。

严夫子墓　会稽太守助，在嘉兴县西南。

朱买臣墓　在嘉兴县东三里，乃汉会稽太守。张尧同《嘉禾百咏》曰："世事春风转，枯荣一梦间。绣衣人不见，孤冢旧家山。"

皇象墓　《九域志》云："在海盐东北四十里。"《舆地志》云："象字休明，广陵人，善隶书。"

干莹墓　干宝之父也。墓在海盐。

陆康墓　陆逊墓　陆抗墓　陆瑁墓　潘璇墓　陆凯墓：并在华亭。

——《舆地纪胜》卷三《嘉兴府》

禅悦教院　在市中。元祐二年，僧惠林建施水院。建炎元年，请到院额。实本镇祝圣行香处。

悟空寺　在镇西南荆山。建隆二年，僧德升开山，为永安寺。治平元年赐额。

祐福禅庵　在镇市浦东。宝祐二年，僧永固开山，建观音殿及塑菩萨像，为焚修所。接延云水，栖止安禅。

广慧禅院　在金粟山下。国初，钱武肃王赐号施茶院。祥符元年改今额。

永福教院　在镇市浦东。乾道元年，僧普澄建观音院，为焚修所。后为径山接待院。

普明院　在镇西北五里若山。周显德六年，僧实强立观音院。治平元年得额。

东岳行祠　在镇市东北。建炎间，有白猿出入，神马驱驰。毛巡检梦神曰："何不创岳祠？"毛乃于营侧立祠。每岁暮春，诸乡民社祈求丰稔，感应如响。

张帝庙　在镇南市。嘉泰三年立，绍定三年重建。后泊户以庙门为酒肆。宝祐二年，监镇张焯与茶院陶监酒拆去酒店，立李太尉小殿对庙门，以免秽杂。

真武祠　在澉市浦东。淳祐五年，镇守澉浦镇统领水军南京指挥尚景舍赀，塑真武像并龙虎君。

医灵祠　在镇之东青山西南侧，王家吭之西。开禧三年，里人孟毅梦神呼曰："吾闽中吴真君，当食此方，福佑斯民。"晨见海中有一神主，浮海至岸，遂居于侧。毅因舍基创殿尊奉。后闽商绘像传塑，诸祈疗病者甚验。四方咸集，遂成丛林。

显应侯庙　元在长墙山后石帆村。因海沸，此村半陷为潮，迁出山头。建炎三年，僧若中开山，俗呼为黄道大王。宝庆三年，都运诸大卿请到庙额。黄道大王不知何所从始。或谓楚黄歇封于吴，其子隐海边修道，石帆村既废为海，岁久因循，无所考究。或谓古有姓黄人居山后，山以人而得名，故就称为黄道山；神以山而得名，故就称为黄道王。尝观东坡载儋耳山，云里人呼为山胳膊，伪称其神为镇海王。元丰五年七月，始诏封山之神曰广德灵王。初无姓名来历，今里人俗呼为黄道大王。至宝庆，始敕封显应侯。陆龟蒙云："瓯粤山椒水滨多庙貌。"信夫！庙中有神曰杨太尉，尤为灵异，凡客舟渡海祈祷，感应如响。意其亦是石帆村聪明正直之人。遵海而南，无不尊敬。

广福庙　在镇东市广福坊侧。旧传，建炎间，潮入东浦，人于水际得木主，题曰"广福明王"，时人因祠为当界土地。沈氏舍基为庙。至今每岁以得木主日为生庆诞。

吴越王庙　在镇西南三里，地名澉墅。崇宁间立为土地祠。今考《吴越国王传》，钱俶,字文明,祖镠,唐末据吴越地。俶嗣位,至我朝宋雍熙元年,改封吴越国王。今澉墅,吴越地也。意钱俶其神乎? 若以为吴王夫差、越王勾践。考其本传,吴王阖庐兴师伐越,越击吴,败于槜李,射伤阖庐,垂死,告其子夫差曰:"必毋忘越。"及吴围越于会稽,勾践请为臣妾。后越破吴,吴退栖姑苏,使公孙雍肉袒膝行,请成于越。越王曰:"吾置王甬东。"吴王曰:"臣老矣,不能事君王。"遂自杀。夫差以父阖庐之冤未报,可谓不共戴天之仇,九泉下恨不食其肉,又肯共庙血食乎? 今俗讹而为吴、越二大王,兼塑二王像,非也。尝观《武林图经》论忠清庙事,旧制,以夫差为首祀,与申胥并列,特所未喻,疑其神未必为夫差,乃俗之传讹也。今吴越祠亦类此。

——《澉水志》卷五《寺庙门》

龙眼潭　在镇东海口。旧传白龙窟于此。今客舟舣泊以待潮。

石帆　在灵潭右。耸若帆挂,有神现其上。潮生,帆不为减;潮退,帆不为增。月霁则吐蚌珠,阴晦则曜神火。舟触必碎,人莫能涉。

白龙母冢　在镇东南长墙山后丛棘中。每岁秋间,白龙来视母冢,必然风雨大作。

隐马石　在镇西南。旧传有马隐入山中。今石有人形、马形、队形之类。

穿山洞　在长墙山外。下临大海,石岩如洞,俗呼为穿山洞,有神曰陈都监。

黄巢衖　在六里堰左。夹道阴翳。古老云黄巢聚兵处。

金牛洞　在黄巢衖南金牛山下。据《武原旧志》云:民人皋伯通兄弟逐金牛入洞,忽不见,因名。据郡《志》与《海昌图经》,皆云皋、苏二将,上有二大王庙。高宗南渡后祭文云:"义气同禀,刚毅莫俦。胡马来此,缘逐金牛。牛没尾掉,空回可羞。拔剑自刎,曾无怨尤。人亡庙存,英气横秋。至今父老,能道所由。天子初郊,典礼加优。樽酒既设,清酌庶羞。尚飨!"又据《盐官县志》云:按《寰宇记》,昔吴楚间有金牛自毗陵奔此而没,因名。洞深不可测。当建炎初,黄湾居民多避虏于此。

望夫石　在永安湖仰天坞之右,山巅有石磐,磐侧有立石。昔日有海商失期不返,其妻登磐望夫泣殒,化而为石,因名。

石碑　在六里堰西,地名根竹,有二石碑夹道而立,高一丈五尺。旧传汉戚姬葬碑。岁久磨灭。

茶磨山　在黄巢衖侧。周回山下有港,港外周回有城堑。旧传唐末黄巢伏兵处。

秦王石桥柱　在秦驻山背。旧传沿海有三十六条沙岸、九涂十八滩,至黄盘山上岸,去绍兴三十六里,风清月白,叫卖声相闻。始皇欲作桥渡海。后海变,洗荡沙岸,仅存其一。黄盘山邈在海中,桥柱犹存。淳祐十年,犹有于旁滩潮里得古井及小石桥、大树根之类。验井砖上字,则知东晋时屯兵处。

王家畹　在长墙山下石帆村。古田畎也,今田废为海。尚存数家,生聚于潮花鼓舞间。

——《澉水志》卷五《古迹门》

　　思堂　在华亭丞厅,章质夫建。苏子瞻记曰:"嗟夫!余,天下之无思虑者也。遇事则发,不暇思也。未发而思之,则未至;已发而思之,则无及。以此终身不知所思。是故临义而思利,则义必不果;临战而思生,则战必不力。若夫穷达得丧死生,则吾有命矣。且夫不思之乐,不可名也。虚而明,一而通,安而不懈,不处而静,不饮酒而醉,不闭目而睡,将以是记思堂,不亦缪乎?虽然,言各有当也。万物并育而不相害,道并行而不相悖。以质夫之贤,其所谓思者,岂世俗之营营于思虑者乎?《易》曰:'无思也,无为也。'我愿学焉。《诗》曰'思无邪',质夫以之。"

　　月波楼　在州西北城上,下瞰金鱼池。元祐令狐挺立。后守毛滂[12]重修,记云:"望而见月,无有远近,容光必照。而秀,泽国也。水滨之人,起居饮食与月波接,意将览取二者于一楼之上也。"郑毅夫诗:"古壕凿出明月贝,楼阁飞来兔影中。野色更无山隔断,天光直与水相通。溪藏画舫清纹接,人在荷花碧玉丛。若把金鱼破袢暑,晚云深处待归风。"

　　浩燕亭　在州宅。取沈存中《浩燕亭》诗意,米元章书。(《舆地纪胜》卷三作:"浩燕堂　在州治西之北。旧名山堂,今名取沈存中《浩燕诗》之意。今刻石于堂之东,米芾书。")

　　花月亭　张子野倅秀,创此亭,取"云破月来花弄影"之句。

　　会景亭　在春波门外。

　　列岫亭　在普济院。张尧同:"吾州风物好,唯是欠青山。忽有洞庭色,来从一笑间。"

——《方舆胜览》卷三《嘉兴府》

　　鹿苑寺　在海盐县西北三十五里。鲁贯之初宰此邑,梦胡僧来迎参政。及瞻罗汉像,即梦中所见。

　　招提寺　在嘉兴县。西有静照堂,王介甫、范景仁一时诸贤皆留题。(《舆地纪胜》卷三作:"招提院　在嘉兴县西。唐光启中,刺史曹珪舍宅为院。奏闻,赐名罗汉院。治平赐今额。")

——《方舆胜览》卷三《嘉兴府》

　　陆宣公祠　东莱吕伯恭记云:"贽,苏州嘉兴人。在晋时,吴越王元瓘奏以嘉兴置州,今城东桥有以宣公名者,相传即公所生之地也。"其故宅今为宝花寺。(《舆地纪胜》卷三作："陆宣公祠堂：《图经》云：宣公生于嘉兴。建炎中,知州叶三省画像祠之。")

刘伶墓　在嘉兴县东二十七里。(《舆地纪胜》卷三记："即西晋刘伶。")

苏小小墓　在嘉兴县西南六十步。乃晋之歌姬。今有片石在通判厅,题曰"苏小小墓",岂非家在钱塘而墓在嘉兴乎？徐凝《寒食》诗："嘉兴郭里逢寒食,落日家家拜扫回。只有县前苏小小,无人送与纸钱财。"(《舆地纪胜》卷三记："徐凝诗云：'古木寒鸦噪夕阳,六朝遗恨草茫茫。水如香篆船如叶,咫尺西陵不见郎。'张伯玉诗云：'小小仙踪去不还,空标遗冢落人间。钱塘门地冢何在,回首临平隔断山。'罗昭谏诗：'魂分檇李城,田未有人耕。好月当年事,残花触处情。向谁曾艳冶,随分得声名。应侍吴王日,兰桡暗送迎。'")

——《方舆胜览》卷三《嘉兴府》

吴王猎场　在华亭谷东。陆逊子孙游猎于此,又名陆机茸,故陆士衡云"五茸春草雉媒娇"。王介甫诗："吴王好射虎,但射不操戈。匹马掠广地,万兵助遮罗。时平事非昔,此地桑麻多。猛兽亦已尽,牛羊在田坡。"

秦皇驰道　在嘉兴西北昆山南四里。相传有大堽路,即驰道也。王介甫十咏："穆王得八骏,万事不期修。茫茫千载间,复此好远游。车轮与马迹,此地亦尝留。想当治道时,劳者如山丘。"

御儿分境　《通典》："吴、越分境之所。"《国语》："吴用御儿临之。"张尧同诗云："用此临吴战,何人为越谋？夫差终不寤,亡国始知羞。"

裴休[13]宅　去嘉兴四里。今为真如寺。

陆机宅　在昆山。王介甫诗："故物亦已尽,嗟此岁月深。野桃自着花,荒棘徒生针。芊芊谷水阳,郁郁昆山阴。俛仰但如昨,逝者不可寻。"

养鱼池　在城外,即陆瑁池。又唐刺史丁延赞得金鲫鱼于此,即今之西湖。(《舆地纪胜》卷三作："西湖放生池。")王介甫诗："野人非昔人,亦复水上居。纷纷水中游,岂是昔时鱼。吹波浮还没,竞食糟糠余。吞舟不可见,守此岁月除。"

顾野王读书堆　在海盐县东顾亭湖,即今宝云寺。唐询诗："平林标大道,曾是野王居。往事将谁语,凄凉六代余。"《顾林亭诗》："寥寥湖上亭,不见野王居。平林岂旧物,岁晚空扶疏。自古圣贤人,邑国皆丘墟。不朽在名德,千秋想其余。"(《舆地纪胜》卷三："东坡《顾林亭诗》云：'平林岂旧物,岁晚室扶疏。自古贤圣人,邑国皆邱墟。不朽在名德,千秋想其余。'宋辉诗云：'昔时高士宅,今日梵王居。楼影衔山远,钟声隔岸疏。'")

——《方舆胜览》卷三《嘉兴府》

【注释】

［1］许尚：自号和光老人，华亭人。其始末无考。于淳熙间编作《华亭百咏》，取华亭古迹，每一事为一绝句，题下各为注。然百篇之中无注者凡二十九，而其中多有非注不明者。以例推之，当日不容不注，殆传写佚脱欤。

［2］市舶司：掌海外商船来中国贸易的管理，抽解、和买海舶入境的香药等货物，验认经抽解后由税务官所发给的回引公据，招徕外国商人通货贸易；发放中国商人出海贸易的官券等。

［3］陆云：字士龙，六岁能属文，性清正，有才理。少与兄机齐名，虽文章不及机，而持论过之，号曰"二陆"。幼时吴尚书广陵闵鸿见而奇之，曰："此儿若非龙驹，当是凤雏。"后举云贤良，时年十六。

［4］荀隐：西晋颍川人，其地靠近洛阳，当时洛阳是西晋都城。封建社会以帝王比日，因以皇帝所在之地为日下。故荀隐自称"日下荀鸣鹤"。荀隐历太子舍人、廷尉平。早卒。

［5］嘉鱼：嘉鱼"孟冬大雾始出，出必于湍溪高峡间。其性洁，不入浊流，常居石岩，食苔饮乳以自养。"

［6］严陵：即严光。字子陵，省称严陵。东汉会稽余姚人。少曾与汉光武帝刘秀同游学。秀即帝位后，光变姓名隐遁。秀遣人觅访，征召到京，授谏议大夫，不受，退隐于富春山。后人称他所居游之地为严陵山、严陵濑、严陵钓台等。

［7］展子虔：生卒年不详，渤海人。历北齐、北周至隋，隋文帝时受诏出仕，曾任朝散大夫、帐内都督等职。展子虔以擅长绘画而著名于画史，更以传世之《游春图》而名标百代，成为晋唐间艺术传承之津梁。

［8］葛洪：字稚川，自号抱朴子，丹阳郡句容（今江苏句容）人，东晋道教理论家、著名炼丹家和医药学家，世称小仙翁。所著《抱朴子》继承和发展了东汉以来的炼丹法术，对之后道教炼丹术的发展具有很大影响，为研究中国炼丹史以及古代化学史提供了宝贵的史料。葛洪还撰有医学著作《玉函方》一百卷（已佚），《肘后备急方》三卷，内容包括各科医学，其中有世界上最早治天花等病的记载。《正统道藏》和《万历续道藏》收有其著作十余种。

［9］吴道子：唐代著名画家，画史尊称画圣，又名道玄。汉族，阳翟（今河南禹州）人。少孤贫，年轻时即有画名。开元年间以善画被召入宫廷，历任供奉、内教博士、宁王友。曾随张旭、贺知章学习书法，通过观赏公孙大娘舞剑，体会用笔之道。擅佛道、神鬼、人物、山水、鸟兽、草木、楼阁等，尤精于佛道、人物，长于壁画创作。

［10］张僧繇：吴郡人。南朝梁画家。梁武帝时，官至吴兴（今浙江湖州）太守。擅长绘画，善于汲取入华天竺僧人传入的"凹凸"画法，所绘佛寺装饰花卉，富有立体之感。梁武帝修建佛寺，多由他作画。佛像面短而艳，形态丰盈，有"得其肉"之誉。曾在江陵天皇寺画卢舍那佛像，又画孔子等儒家十哲像。

［11］顾野王：字希冯，吴郡吴人也。野王幼好学，七岁读《五经》，略知大旨。九岁能属文。尝制《日赋》，领军朱异见而奇之。十二，随父之建安，撰《建安地记》二篇。长而遍观经史，精记默识。天文地理，蓍龟占候，虫篆奇字，无所不通。为临贺王府记室。

［12］毛滂：北宋词人。字泽民，号东堂。衢州江山（今属浙江）人。曾受苏轼赏识，荐之于朝。绍圣间为衢州推官。元符元年（1098）改授武康县令。居舍名尽心堂，改建易名为东堂。狱讼之暇，吟咏其间，因以为号。蔡京当政时，他曾献谀词以求进用。宣和后期出知秀州。终年60余岁。毛滂工诗能文，尤长

于词。

[13] 裴休：休字公美。孟州济源人。长庆中登第。又举贤良方正异等。历诸府解署。入为监察御史右补阙史馆修撰。会昌中自尚书郎历典外郡。大中初累官户部侍郎。充诸道盐铁使。转兵部侍郎。迁御史大夫。六年以本官同平章事。累转中书侍郎兼礼部尚书。十年罢为宣武军节度使。封河东县子。守太子少保分司东都。十一年充昭义军节度使。十三年徙河东。十四年徙凤翔。又徙荆南。咸通初入为户部尚书。徙吏部。加太子少师卒。

霍光祠　在平江府。徽宗宣和五年封忠烈公。光尧皇帝建炎三年五月，加封显应忠烈顺济公。本秀州华亭县小金山祠，江湾亦有庙。是岁，节制战船辛道宗言"诸将讨诸逆贼，祈祷灵迹显著"故也。

——《宋会要辑稿》礼二〇之二五

古者，君子必有游息之所，舒广其视瞻，清宁其心志，非以为观美也。邑之亭馆无几，废者不复兴，存者名称屡易，而栋宇勿治，其暇为观美哉。姑志之，以俟后之思旧者。

芳兰堂　县治之中堂，政和中，令姚舜明为之记。

思齐堂　旧曰弦歌堂，在县治之东。《朱之纯集》[1]有县斋诗序。元祐庚午，令彭城刘鹏新其堂曰弦歌，亭曰三山，阁曰艮阁。今曰思齐，未详改易年月。

东堂　旧曰三山堂，在县之东偏，亭下有三山，在水中。朱之纯有《三山亭诗》，即此也。其后有改曰贻牟者。绍兴中，陈祖安为令，温大著革为易今名。温有《东堂诗》："鸣琴拂榻此游衍，作诗何止夸厘牟。"即此堂也。

招鹤亭　旧曰艮阁，在县东偏。朱之纯《艮阁诗》："画阁峨然冠翠峦，更瞻艮地特巑岏。"今曰招鹤，未详改易年月。

尽心堂　在县治西偏，莫详建立年月。初，政和间，姚舜明[2]为邑，抚摩其民，无所不尽其敬，尝以元丰、元符断狱之制，书而揭之狱。乾道八年，令陈岘始移置堂之中，榜曰"尽心"，盖取吾夫子所谓"刑者，侀也；侀者，成也。一成而不可变，故君子尽心焉"之意，且自为之记。其后叶仲英始改曰琴堂。

思堂　在丞厅。本旧盐监章粢质夫为盐监官，作思堂于公宇。东坡及质夫族人望之为记，今废。

楼鸢　在簿厅东偏。乾道元年，簿郑茂建。

公余风月　在簿厅后。嘉定九年，簿四明陆垕建。

折桂阁　在尉厅之中。天圣四年，秉义郎、县尉江炳建。右文殿修撰李公夔，元丰初为尉时，生大丞相忠定公纲于此，俗因呼为相公阁。淳熙十一年，尉巫清允改曰折桂。

今废。

梦燕堂　嘉定十二年,尉鄱阳洪偁即相公阁之故基,建堂于其上,取唐张燕公事,榜以今名。

西亭　在尉厅西偏。皇祐四年秋,郑方平造。绍兴间,太师嗣秀王伯圭为尉时重建。后尉巫清允再修,改曰易春。继复倾圮,扁榜不存。嘉定十三年,尉洪偁复新之,仍立旧名。

逃禅　尉巫清允建,后废。嘉定十三年,尉洪偁拭东庑一堂,以旧名榜之。

敬斋　尉巫清允建,后废。嘉定十三年,尉洪偁辟梦燕堂之西偏,揭以旧名。

梅馆　在县厅西偏。淳熙四年,尉李昌建。

风月堂　在旧舶司前。唼瑁湖,水光风月,在几案间,盖一胜致也。初,毗陵胡公承美为之名,盖取白乐天"水槛虚凉风月好"之语。后鄱阳洪君邦佐始葺而新之。曾文清公几有诗曰:"虽多不用一钱买,纵少足供千首诗。"今废。

湖光亭　在旧舶司风月堂之西偏。曾文清公几有诗曰:"一天倒影澄秋色,万顷浮波浸月华。"今废。

亦足堂　在造船场。乾道元年,孙绍远[3]创,且记。

云间馆　在县西六百步。建炎二年建,今废。

濯缨亭　在县南一十步。绍兴三年建。

谷阳亭　在县西门外五里。乾道七年,令堵观建。

——《绍熙云间志》卷上《亭馆》

云间所谓古迹,往往多自袁、陆之旧。其后又有顾希冯,居县之东南,遗址在焉。景祐间,侍读唐公询为邑,尝案旧经为"十咏",今《祥符图经》反不及焉。毋乃唐公所取有别本耶?《祥符》所记,疏略甚矣!间有一二可取。今合二家书,参之传记,以补其遗。其先后一以岁月为序。若夫野叟,指某水曰,始于某人;某丘曰,始于某人。似若可听,卒无所稽据。阙而不书,以俟后之博洽者。

金山城　在县南八十五里。高一丈二尺,周回三百步。《旧经》:"昔周康王东游,镇大海,遂筑此城,南接金山,因以为名。"

吴王猎场　《旧图经》云:"吴王猎场在华亭谷东,吴陆逊生此。子孙尝所游猎,后人呼为'陆苴'。其地后为桑陆。"按陆龟蒙[4]《吴中书事》诗云:"五苴春草雉媒娇。"注谓:五苴者,吴王猎所,苴各有名。今所谓"陆机苴",岂其一耶?

阖间城　《寰宇记》云:"袁崧城东三十里,夹江又有二城相对,阖间所筑备越处。"

秦始皇驰道　在县西北,昆山南四里。相传有大冈路,西通吴城,即驰道也。《舆地志》云："秦始皇至会稽、句章，渡海经此。"按汉贾山《至言》：秦为驰道，遍于天下，东穷燕、齐，南极吴、楚。此所谓驰道之丽，非耶？

柘湖　《旧图》："在县南七十里。湖中有小山，生柘树，因以为名。"《吴越春秋》《元和郡国图志》："海盐本秦县，汉因之。其后县城陷为柘湖，移于武原乡，后又陷，为当湖。"《宋武帝纪》：晋隆安五年，孙恩北出海盐，帝筑城于故海盐。恩知城不可下，进攻沪渎。则帝尝于是筑城矣。又《吴地记》："秦时，有女子入湖为神。湖周回五千一百一十九顷。其后湮塞，皆为芦苇之场。"今为湖者无几。

陆机宅　陆士衡《赠从兄车骑诗》："仿佛谷水阳。"李善注引陆道瞻《吴地记》曰："海盐县东北二百里，有长谷，昔陆逊、陆凯居此。"《元和郡国图志》："华亭谷，在县西三十五里，陆机宅在其侧，故逊封华亭侯。"《太平寰宇记》："二陆宅，在长谷。谷在吴县东北二百里，谷周回百余里，谷水下通松江，昔陆凯居此谷。"《吴地记》云："汉庐江太守陆康与袁术有隙，使侄逊与其子绩率宗族避难，居于是谷。"《旧图经》云："华亭谷水东，有昆山，相传即其宅。"合是数说观之，世传普照寺为二陆宅，非也。然建康亦有陆机宅。《建康实录》云："在县南，秦淮之侧。"李太白《题王处士水亭》云："齐朝南苑，是陆机宅。"按吴主孙皓徙都建康，机、云尝分领父兵，为牙将，得非机仕于朝，则居建业，而华亭乃其里第耶？又有八角井，按《九域志》，在机宅之侧。

陆瑁养鱼池　唐彦猷《华亭十咏》：按《旧图》，在县西。今名瑁湖，即陆瑁所居，相传有宅基存焉。而《大中祥符图经》："瑁湖，在县西北三十五里，周回九里，吴尚书陆瑁养鱼池，因以为名。"今县之西南隅有湖，广袤三里，即瑁湖也，中有堂基，今为放生池。

黄耳冢　《述异记》："陆机少时颇好猎。在吴，有家客献快犬曰黄耳。机仕洛，常将自随。此犬黠慧，能解人语。机久无家问，为书，盛以竹筒，系犬颈，走向吴，到机家。得答，复驰还洛。后犬死，还葬机家村南二百步，聚土为坟，村人呼为'黄耳冢'。"按《商芸小说》云："后分华亭村南为黄耳村，以犬冢为号焉。"独刘贡父《诗话》疑以黄耳为仆，未知何所据也？

沪渎垒　旧有东、西二城。东城，广万余步，有四门。今徙于江中，余西南一角。西城极小，在东城之西北，以其两旁有东西芦浦，俗遂呼为芦子城。按，渎之有垒，旧矣。《晋史·虞潭传》："潭为吴国内史，成帝时，军荒，百姓饥馑，潭修沪渎垒，以防海寇。"又《通鉴》："晋隆安四年冬十一月，吴国内史袁崧筑沪渎垒，以备孙恩。明年，恩陷沪渎，崧被害。"《寰宇记》以为："袁崧城在县东百里，城在沪渎江边。今为波涛所冲，半毁江中。"

筑耶城　在县东三十五里。高七尺，周回三百五步。《旧经》曰："晋左将军袁崧所筑。"今遗址尚存。

袁崧宅　在县西北三十五里。《旧经》云："昔袁崧居此，因以为名。"按《晋史·袁崧传》:"陈郡阳夏人。"则其始未尝居华亭也。隆安四年,为吴郡太守,尝筑沪渎垒,以御孙恩。明年,崧被害于沪渎。或者崧之后,就居于此乎?

烽楼 在顾亭林南。按《法云寺记》载:"《唐隰州司仓支令问妻曹夫人墓志》云:葬之顾亭林市南,烽楼之侧。"今亭林南冈阜相望,即古者沿边筑台,举烽燧之地。《寰宇记》:"南带海上,有烽火楼基。吴时,以望海处。"今其遗址尚存。世传亭林冈陇,顾侍郎墓,非也。《祥符吴郡图经》:"顾侍郎在吴县西南三十五里横山东。"则当以曹氏墓志为据。

顾亭林 《旧经》:"顾亭林,湖在东南三十五里。"湖南又有顾亭林,陈顾野王居此,因以为名焉。今为宝云寺。寺有《伽蓝神记》,云:"寺南高基,野王曾于此修《舆地志》。"今传以为顾野王读书墩。

陈朝桧 在沪渎静安寺殿庭之左右。世传以为陈朝桧,对值殿庭之左右。陆龟蒙、皮日休[5]有《重玄寺双桧》诗,即此也。政和间,朱勔图以进。有旨遣中使取之,时中使欲毁三门而去。一夕,风雨震雷,忽碎其一。今殿右者尚存。叶梦得《避暑录》以为朱冲画旨,取平江白乐天手植桧与华亭悟空禅师塔前桧,皆唐时故物。石林以为"悟空禅师塔前",误矣。按《临安志》,悟空塔亦有双桧。东坡诗所谓"当年双桧似双童"者,然在盐官耳。

王可交升仙台 在隆福寺前,遗址尚存。按《续仙传》:"可交初居松江南,后入四明山,不复出,初无上升之事。"或传为王淡交。淡交不事绳检,能为诗,语多滑稽,似傲世者。然《江上有感行诗》石刻云"王可交升仙坛",则或者之说,又未然也。

寒穴泉 在金山。山居大海中,咸水浸灌,泉出山顶,独甘冽,朝夕流注不竭。毛泽民作《寒穴泉铭》,以为与惠山泉不可分等差。王介甫、唐彦猷、梅圣俞皆有诗。

白龙洞 在横云山西南绝顶。洞口阔三丈,其深不可知。山之半,有祭龙坛,方丈许。岁旱,尝祷焉。按《朱之纯文集》云:"皇祐中,吴公及宰华亭,浙西旱、蝗,苏、秀为甚。公祷横山之神,即致甘雨,蝗不入境。"

白苎城 在县南四十里。高一丈,周回一万步。《旧经》云:"地生野苎,因以为名。"今俗云白苎汇。

古冈身 在县东七十里。凡三所,南属于海,北抵松江,长一百里,入土数尺,皆螺蚌壳。世传海中涌三浪而成。其地高阜,宜种艺菽、麦。朱伯原《吴郡图经》所谓濒海之地,冈阜相属,俗谓之"冈身",此天所以限沧溟,而全吴人也。

孔宅 在县北七十五里海隅。淳熙间,居民浚河,得一碑云:"天宝六年,黄池县令朱氏葬于昆山县全吴乡孔子宅之西南。"孔宅之名久矣。今其地有夫子庙,在慧日院侧。淳熙间,院僧疏庙陕渠,得宝玉,凡六事:三璧、二环、一簪。今藏之县庠。《旧图经》云:"昔有姓孔者,游吴居此。"盖吾夫子未尝适吴,以阙里谱系考之,孔氏二十二代潜,后汉太子少傅,避地会稽,遂为郡人。二十九代滔,梁海盐令。三十二代嗣哲,隋吴郡主簿。三十四代祯,隋苏州长史。岂孔氏子孙有侨寓、官游于吴,而遂居华亭者耶?亦犹建康有孔子巷,乃圣亭侯所奉之庙,盖子孙即所居,立先圣庙耳。今庙侧又有梁纥庙,其为子孙奉祀之地,明矣。所瘗璧、玉簪、佩之属,意其孔堂之遗宝,得非子孙葬先圣衣冠宝璧于是地乎?然其旁有宰我墩、颜渊井,此则因孔宅之名而迁合附会,未可知也。《旧图经》又云:"晋邹湛亦尝居焉,亦名邹孔宅。"按《邹湛传》,南阳新野人,湛尝梦见一人,自称甄舒仲,乃悟曰:"吾宅西有积土败瓦,其中必有死人。"检之果然,厚加敛葬,初不言宅在何地。湛未尝仕至吴中,姑存此以阙疑。

——《绍熙云间志》卷上《古迹》

弦风亭　在海岸,即镇官收税之地。绍熙间,监镇叶樾创,名曰"观澜"。宝庆三年,监镇赵潜夫改今名。

宣诏亭　在镇前。端平元年,监镇张思齐立。

阅武亭　在长墙山上。王复古立。

时阜堂　即镇廨之东厅。监镇傅朋寿扁斯名。

秀野堂　在鲍郎场西侧。

美固堂　在水军寨。淳祐九年,统制邢子政立。

——《澉水志》卷四《亭堂门》

浙右喜奉佛,而华亭为甚,一邑之间,为佛祠凡四十六,缁徒又能张大其事,亦可谓盛矣。故迹其创造岁月,而次第之。道宫一附见焉。

静安寺　在沪渎。按《寺记》:吴大帝赤乌中,建号沪渎重玄寺。佛法入中国,虽始于汉,而吴地未有寺也。赤乌十年,康僧会入境,孙仲谋始为立寺建邺,曰建初。建初者,言江东初有佛法也。岂沪渎寺相继创建耶?景筠《石幢记》中:"间号永泰禅院。"本朝祥符元年改今额。《释迦方志》云:"晋建兴元年,有二石像浮于吴松江口,吴人朱膺等迎至沪渎重玄寺。像背题曰维卫,曰迦叶。"《松陵集》:建兴八年,渔者于沪渎沙汭,获石钵,以为臼类,辇而用之,佛像见于外。渔者异之,乃以供二圣。今佛与钵皆在平江开元寺。有毗卢遮那佛,吴越王瑜迦道场中像,佛五脏皆书钱氏妃嫔名氏。有陈朝桧,皮日休、陆龟蒙有《重玄寺双桧》诗。

普照寺　在县西二百八十步,唐乾元中建。初名大明寺,大中祥符元年改今额。寺有陆将军祠,世传地本陆氏园亭,因以祠焉。世传固未可信,而嘉禾诗文乃谓陆机舍宅为寺,亦妄矣。机死于晋太安二年,而寺建于唐乾元中,岂得为机舍宅乎?或恐其后子孙。按《晋史》《世说叙录》,机之子蔚、夏,同父遇害于洛中。云之后亡。又机故宅在华亭谷东、昆山下，非今邑中也。寺有北方天王祠，吴越王加封护国，石刻存焉。沈存中《笔谈》载：雷震天王寺屋柱，倒书曰"高洞杨雅一十六人火令章"，凡十一字，内"令、章"两字特奇劲，似唐人书体。今石刻尚存，即此寺天王堂也。寺之东北隅有善住教院，传贤首宗。

圆智寺　在干山，旧名禅居。按《宗毅寺记》："唐大中十三年建之于邑西南二里；晋天福中，水坏寺基，始迁于干山。"太平兴国中，都水使[6]钱绰始建造堂宇。有僧喜蟾入天台韶国师室，来往此寺，人多归之，精舍始全备。朝廷赐蟾师号曰"崇惠明教"。治平中，赐今额。

宝云寺　初名法云寺，在顾亭林市西北隅，大中十三年建。晋天福五年，湖水坏寺基，始迁寺南高基，即陈顾黄门故宅。寺有顾黄门祠，有沈珹及《灵鉴寺记》《伽蓝神记》。治平中，赐今额。

普门院　在盘龙，去县五十里。唐大中十二年，吴人陆素建。本名观音院，祥符元年，赐今额。寺有石天王，旧传因大水漂至，今多祷之。

宝相寺　在县西南三百步，本清禅尼寺，唐乾符元年造。大中祥符元年，赐今额。

方广寺　在柘林，去县八十里，唐咸通六年造。按寺记："蔡侍郎功德院，建隆中，赐额'延寿院'。"治平元年，改今额。寺有蔡侍郎祠，详见祠庙门。蔡氏坟茔，在寺之左右，石幢犹蔡氏故物。

法忍院　在朱泾，去县三十六里，即船子覆舟处所，唐咸通十年建。本名建兴院，治平元年，赐名"法忍寺"。有船子和尚、夹山会禅师遗像，至今祠焉。

超果寺　在县西三里，本名长寿寺。唐咸通十五年，心镜禅师造。按《唐会要》《洛阳伽蓝记》："武后以齿发既老，造长寿寺于东京，改元长寿。"又《高僧传》载："心镜禅师藏奂，苏州华亭人，会昌废寺，大中复修洛下长寿寺，敕奂居焉。"奂后尝归乡造寺，岂此复名长寿寺乎？《卢仝集·访曦上人诗》有"三入寺，曦未来"及含曦答诗"长寿寺石壁，卢公一首诗"之语。玉川先生居洛城里，则长寿寺固其常游也。今乃以仝诗为在华亭，则妄矣。治平元年，改今额。有观音大士像，寺有石刻云，本钱武肃王宫中所祈祷者。太平兴国中，钱氏归国，僧庆依得之，未知所适。一夕，梦白衣人告曰："吾与若偕之云间。"既寐，乘舟而来。将至县西，大士舒祥光，下贯超果，遂迎以祠焉。至今雨阳皆祷之。寺有天台教院。按《芝园集》："云间超果，十方学校，香严湛创建，有陈舜俞为之记。"

福善院　福善院在赵屯。梁贞明六年，僧智道立精舍。晋天福二年，赐尊胜院。大中祥符元年，改赐今额。

明行院　在南桥。晋天福五年，里人蒋汉珹造。请于钱忠懿王，始名安和院。至太平兴国八年，改赐今额。

——《绍熙云间志》卷中《寺观》

【注释】

　　[1]朱之纯:秀州华亭(今上海松江)人。元祐六年进士。

　　[2]姚舜明:字廷辉,嵊县(今浙江嵊州)人。绍圣四年进士,调临漳主簿。历华亭令、河东经略安抚司干办公事。宣和二年通判婺州,除直秘阁、提点两浙刑狱。钦宗即位,擢监察御史。高宗朝历左司郎中,知衢、江二州,除秘阁修撰,充江、淮、荆、浙都督府随军转运使,权户部侍郎。罢,以集英殿修撰提举江州太平观,进徽猷阁待制。绍兴五年卒,赠太师。

　　[3]孙绍远:字稽仲,淳熙时人。尝集唐宋人题画之诗为《声画集》八卷,今存。

　　[4]陆龟蒙:字鲁望,元方七世孙也。父宾虞,以文历侍御史。龟蒙少高放,通《六经》大义,尤明《春秋》。举进士,一不中,往从湖州刺史张抟游,抟历湖、苏二州,辟以自佐。

　　[5]皮日休:字袭美,一字逸少,襄阳人,性傲诞,隐居鹿门,自号间气布衣。咸通八年,登进士第。崔璞守苏,辟军事判官。入朝,授太常博士。黄巢陷长安,伪署学士,使为谶文,疑其讥己,遂及祸。集二十八卷,今编诗九卷。

　　[6]都水使:《历代职官考》:"都水使者居京师,有河防重事则出而治之,则即今总河之任也。"案:六朝时又名都水台使者,唐以后又名都水监,所掌皆同。又案《宋史》,元丰正名,置使者一人、丞二人、南北外都水丞各一人、都提举官八人、监埽官百三十有五人,皆分职莅事。元祐八年,诏提举汴河堤岸司隶本监,四年复置外都水使者。

院　记

　　《华亭图谍》载,春秋时夫差三女子墓田,曰"三女冈"。声诗则播诸唐令尹询,并荆公王介甫、都官梅圣俞[1]。迤冈之刹,曰"安和"。晋天福五年,蒋汉瑊环堵中芬陀利花擢于陆,聚族而谋曰:"是八吉祥、六殊胜处,盍施诸释梵家?"遂墓此刹桢干于是者曰本立。病潮啮岸址,白汉瑊,议徙于此。改曰"明行",用淮海王钱中令归朝所请之额。堂宇楼殿,金碧焕粲,云栖鸳瓴,月行璇题。具如经说,凡所当有罔不具。藏乘二千余卷,枣柏大士《华严合论》在焉。钟梵压万籁,为一方宅心纯想之地。迁善远罪者咸知乡方。一灯长明,四檀委输,规矩准绳,有条而不紊。

　　五季方中,水立昼昏,真人应期,民登衽席。圣圣授受,几三百年,未闻识载,固自若也。云胡惠日求纪述为。曰曰:"故国乔木,其大蔽雨,其高垂云,可无封植,曰冀懋长。风雷之鼓荡,雨露之膏沐,而至此也。一刹百堵,容数千指,功倍封植,惠戒剪伐。人天之所瞻,龙象之所怀,不啻故国乔木。罔知创业之囏难,则将怠乃训。盍讲明以诏后世,不亦可乎?"因其说系之以辞,辞曰:"五季中,民迍邅,沸如麋,号无天。中令君,吴越钱,奋一旅,图万全。玉节劲,金城坚,王海国,遮中原。振义声,开福田,空寂崇,经象传,幢利建。泉货捐,为瓶罂,持危颠。誓子孙,铭肺肝,摘锦绣,包山川。归有德,同永年,带如河,厉如山。与笠乾,无党偏。"

　　敕差临安府净慈光孝禅寺住持北磵居简记。

　　七宝院　在县东北七十五里,元系福寿院,大中祥符元年,赐今额。寺有五代时桧,今已合抱。

　　布金寺　在大盈,唐大和二年建。本法云禅院,治平元年易今额。绍兴间,复为禅院。寺有陈舜俞[2]《经藏记》。

　　明心院　在北桥,去县三十五里。按《钱武肃王立寺记》:"都水使者钱绰造。武肃王以诵《华严经》僧居之,因以为华严院。"治平二年,赐今额。

　　兴圣院　在县东南二百步。按《孤山闲居集》载《兴圣院结界序》:"汉乾祐二年,邑人张瑗之子仁,舍宅为寺。"本名"兴国长寿"。祥符中,改觉玄院,后改今额。寺有嘉祐中赐藏经。

　　海惠院　在白牛市,建隆初,里人姚廷睿以宅为寺。初名"兴国福寿院"。治平元年,改今额。姚即为伽蓝神。

　　空相寺　在龙华,张仁泰请于钱忠懿王,始建。旧号"龙华寺",治平元年,改今额。西北隅有白莲教院。

证觉教院　在县西南百五十步,太平兴国二年立。本无碍浴院,大中祥符元年,赐今额。

普照教院　本佘山东庵,治平二年赐额。寺本聪道人所居,因以为寺。有聪道人塔,在山顶。寺有上方,曰"月轩"。众山环列其前,盖绝境也。

宣妙院　本佘山西庵,治平二年,赐额。寺有上方。

惠日院　本佘山中庵,治平二年,赐额。

慈云昭庆禅院　本佘山之灵峰庵。有马耆禅师塔,其铭曰:"禅师传云门正派,大阐法席,建立精舍,复古寺额。"寺有金沙地、芥子庵。

隆平寺　在青龙镇市,寺元名"国清院"。寺有米元章所书《经藏记》。

隆福寺　在青龙镇,元"报德寺",唐长庆元年造。

胜果寺　在青龙镇。寺有《沈光碑》。绍圣中,吕益柔撰《妙悟大师希最塔铭》,云:"最学天台,教缁林,号曰义虎。"后居胜果寺,僧房有鬼物为祟。最为讲说,于空中得朱书数十字,自称汉朝烈士沈光,大略悔过谢罪之语。事颇近怪,故不详载。

普宁慧日院　在孔宅。寺有宣圣祠,元丰间,赐额。

太平兴国禅院　在胥浦,南去县四十五里。绍兴二年,请省额。

宝胜禅院　在县东四里。绍兴六年,请省额。

演教禅院　在县南二里。绍兴二十六年,请敕额。崇宁中,有僧普愿为施水庵,凿地,得住世罗汉像十六躯。人异之,因立寺焉。

慈济院　在海中金山绝顶。元丰间,释惠安造。绍兴元年,请额。

普光王寺　在薛淀湖中山顶。建炎元年,请额。

延恩报德院　在县西五里。绍兴二十四年,请额。

净居禅院　在县东北三百步。绍兴五年,请额。

观音慈报禅院　在县东北八十里。崇宁二年,请省额。淳熙五年,参政钱公良臣请赐功德院也。

永定禅院　在周浦村。淳熙十四年,请额。

保安院　在泖西五十里。乾道七年,请额。

广化漏泽院　在县西南二里一百步。绍兴三年,请额。

宝藏护国禅院　在县西南五十四里。绍兴四年,请额。

兴塔院　在县西南五十四里。绍兴四年,请额。

崇福院　在县东南五十四里。绍兴四年,请额。

白莲寺　在县西五十四里。绍兴二十六年,请额。

大圣院　在县东五十四里。隆兴二年,请额。

报恩院　在县西四十里。乾道二年,请额。

宁国寺　在县东北四十五里。乾道二年,请额。

延庆教院　在县东南三百步。乾道六年,请额。

集福报国水陆禅院　在白牛市之东。淳熙九年,请额。

仙鹤观　在县南二百步。绍兴三十一年复建。

——《绍熙云间志》卷中《寺观》

古者,祀有常典。凡山川、林谷、丘陵,能出云为风雨,与夫施法于民,以死勤事,以劳定国,御大灾,捍大患者,皆得以祀之。邑之庙祀不一,其尤昭著者,国之功臣,邑之先哲,或死于民社之寄,与夫山川、林谷、丘陵之能出云为风雨者,亦当矣。惜乎历岁浸久,名号弗正,稽之传记,不足;询之耆老,无证。姑以所闻,著于篇,以俟来者。

东岳别庙　在县西二里。

灵济昭烈王别庙　在县西三里。神姓张氏,其英概灵迹,载《桐川神祠》。盖自汉以来,江浙多祠之。县之别庙,始于淳熙八年。

城隍庙　旧在县西。政和四年,迁于县东南七十步。唐李阳冰[3]曰:"城隍神祀典虽无,吴越中多祠之。"今州县城隍,相传祀纪信王云。

金山忠烈昭应庙　在海中金山,去县九十里。别庙在县东南八十步。庙有吴越王镠《祭献文》云:"以报冠军之阴德。"《吴国备史》云:"大将军霍光,自汉室既衰,旧庙亦毁。一日,吴王皓染疾甚,忽于宫庭附黄门小属曰:'国主封界华亭谷,极东南有金山咸塘,风激重潮,海水为害,非人力能防。金山北,古之海盐县。一旦陷没为湖,无大神力护也。臣汉之功臣霍光也。臣部党有力,可立庙于咸塘,臣当统部属以镇之。'遂立庙,岁以祀之。"宣和二年,赐显忠庙。五年,封忠烈公。建炎三年,辛道宗[4]领舟师,由海道护行在所,奏加封忠烈顺济,且赐缗钱,以新庙貌。四年,加封昭应。按:霍去病为冠军将军,而霍子孟为大将军。今《备史》以为霍光,或者,吴越《祭文》不考也。《嘉禾志》有冠军神庙,又有金山庙,皆云忠烈昭应,则以一庙为二矣。

广卫将军祠　在普照寺。寺有石刻,载吴越王《祭献文》云:"晋贤陆机之祖。"按《吴志》:"机之祖逊,初拜抚边将军,又拜镇西将军,又拜上大将军。"吴因汉制,虽有杂号将军,而考之《逊传》,未尝有广卫之号。若机曾祖纡,守城门校尉,高祖骏,九江都尉,亦未尝位至将军。

陆司空庙　在县南三里。《祥符图经》云:"陆四公,未详所出。今俗传陆机庙。"按《晋史》,机未尝为司空。为司空者,机之从兄玩也。又《原化记》云:"苏州华亭县,有陆四官庙。元和初,有盐船泊于庙前。守船者,夜于庙中获光明珠。"则又以为"陆四官"矣。

筑耶将军祠　在沙冈,有筑耶城,遗址尚存,晋左将军袁崧筑也。有筑耶将军祠,世传祀袁崧云。按:晋隆安四年,崧以吴国内史筑沪渎垒,以备孙恩。明年,恩陷沪渎,崧死,境内祠之,宜也。"筑耶"之义,未详。

顾侍郎祠　在亭林法云寺。有《感梦伽蓝神记》:开运元年仲春十有一日,寺成。僧道中、智晖,梦二青衣来,云:陈朝侍郎至也。后忽见一人,紫衣金鱼,仪容清秀,曰:此地,吾之故宅,荒已久矣。师今于上造佛立寺,请立吾形像,吾当护此寺也。可寻旧寺基水际古碑为据。明日,二人各言其所梦,不异,就求之。果得古断碑,文字破灭,云:寺南高基,顾野王曾于此修《舆地志》。二僧于寺东偏建屋立像,至今祠焉。

通济龙王祠　在沪渎。故老相传,自钱氏有国,已庙食兹土。本朝景祐五年,太史叶清臣[5]为本路漕,因浚盘龙汇,祷于故庙,神应如响。于是复新祠貌。有叶太史《祭文》刻石于庙中。

蔡侍郎庙　在县南白砂乡,八十里。《旧经》云未详。据《通幽记》:贞元五年,在嘉兴监徐浦下场裴盐官场界。今诸场亦有蔡庙场,未详何神。柘林方广寺有蔡侍郎祠。按《寺记》云:自古相传,蔡侍郎舍宅为寺,竟无稽考。惟石幢题云:唐咸通六年,蔡赞造,去父母茔九十步,去寿茔十六步,三代皆当世文儒。按:贞元,则德宗朝也。咸通,则宣宗朝也。贞元中,已有蔡侍郎祠矣。虽稗官小说,未可尽信,不应咸通中蔡始造寿茔也。岂寺之所祠,与蔡庙场所祠,各不同乎?

姚将军祠　在县西一十五步。初祠于证觉院,政和四年,始迁于此,未详何神。

福顺延德大王祠　在都酒务西,未详何神庙。有杨景范造庙石刻云:"熙宁甲寅到官,梦游福顺庙,见执簿者,臂瘌,求予治之。未几,以漕命迁酒税于王故宫之基,乃用卜宅于兹土,岂神之灵,有以先授我耶?"

三姑祠　在柘湖之侧。《吴地志》:"秦时,有女子入湖为神,即此祠也。"柘湖今湮塞为芦苇之场,神亦弗祠。今淀山湖中普光王寺,亦有三姑祠,灵甚。湖旁三数十里,田者与往来之舟皆祷焉。故老相传,秦时人,姓邢氏女兄弟三人云,即柘湖所祠也。

——《绍熙云间志》卷中《祠庙》

【注释】

[1]梅圣俞:梅尧臣,字圣俞,宣州宣城人,侍读学士询从子也,工为诗,以深远古淡为意,间出奇巧,初未为人所知。用询荫为河南主簿,钱惟演留守西京,特嗟赏之,为忘年交,引与酬唱,一府尽倾。欧阳修与为诗友,自以为不及。尧臣益刻厉,精思苦学,由是知名于时。宋兴,以诗名家为世所传如尧臣者,盖

少也。

［2］陈舜俞：字令举，湖州乌程（今浙江湖州）人。尝居秀州白牛村，自号白牛居士。少学于胡瑗，年二十一，登庆历六年进士第，授天台从事。十五年间，再官于台、明二州。嘉祐四年，自明州观察推官举制科第一。历光禄丞、签书寿州判官，宰南阳。熙宁初，以屯田员外郎知山阴县。三年，以拒行青苗法，上疏自劾，坐责监南康军盐酒税。越五年而卒。着有《庐山集》五卷、《都官集》三十卷。

［3］李阳冰：字仲温，赵郡人。李白之从叔。宝应元年，为当涂令，白往依之，曾为白序其诗集。官止将作少监。工篆书。

［4］辛道宗：建炎元年（1127）为提点京兆府路刑狱公事、御营统制。三年为忠州防御使，以节制司参议官总舟师，提点江南东路刑狱。四年为枢密副都承旨。绍兴元年（1131）为福建路马步军总管、福州观察使。

［5］叶清臣：字道卿，苏州长洲人。清臣幼敏异，好学善属文。天圣二年，举进士，知举刘筠奇所对策，擢第二。宋进士以策擢高第，自清臣始。

杂 记

绍兴二十年四月，秀州海盐县，并海之民，未晓将趋县。忽闻海中歌讴之声，讙沸盈耳，惊而东望，遥睹大舟，从横波间来，皆竚立凝俟。既近，见大虾数十枚，各长丈许，策翼两傍，随之而进。少顷，抵岸，则元非舟舻，群虾亦散。但一巨鳅困阁沙上，时时扬鬐拨刺，巍然而高，殆与县鼓楼等，长百丈不啻，额上有窍，径尺，其中空空。倾邑传闻，争来聚观，接踵于道。以为怪物，不敢辄犯。经日，始有架梯蹑其背者，久而知无它异，竞脔其肉。又两日，尚能掉尾转动，遭压死者十人。或疑为谪龙，虽得肉，弗敢食。一无赖子先煮尝之，云极珍美。于是厥价陡贵，至持入州城，每斤为钱二百，涉旬乃尽。吾乡祝次骞，时为县宰，命取其目，睛大如桃，光彩可鉴，俨然双明珠也。凡数日，水滴尽而枯。颔骨长二丈五尺，县后溪阔二丈，祝遣人舁致，用以为梁。每脊一节，堪作臼捣米；祝之宗人在彼，携数臼以归，至今犹存。识者谓鳅居鲸渊中，必尝为人害，故神明诛之云。

——《夷坚志》支戊卷第九《海盐巨鳅》

乾道元年六月，秀州大疫。吏人钱瑞亦病旬余，忽谵语切切，如有所见。自言被追至官府，仰视，见大理正[1]俞长吉朝服坐殿上。瑞尝为棘寺吏，识之，即趋拜拱立。俞曰："所以呼汝来，欲治一狱。"左右引入直舍，验视案牍，乃浙西提刑司公事也。冒罣者，凡五六十人。瑞结正赍呈，甚喜。因恳乞归，俞未许。瑞无计，退立廊左，见故人宁三，囚首立，揖瑞言："旧为漕司吏，曾误断一事，逮捕至此。向来文字在某厨青纱袋中，吾累夕归取之，家人以为寇至，故不可得。烦君归语吾儿，取而焚寄我。"瑞许之。望长吉治事毕，复出，沥恳，始得归。令人送还，才出门，命乘一大舟。舟乃在平地，瑞以为苦，梦中呼云："把水洒地。"正尽力叫号，舟已抵岸。遂惊觉，满身黑污如洗。时长吉知盱眙军[2]，方死，瑞至今犹存。

——《夷坚志》乙志卷第十七《钱瑞反魂》

乾道六年闰五月壬辰，镇江府金坛县布衣陈士英上书："秀州有大辟公事送鞫于常州，勘官郑次云、行司张涛临鞫结案，某人柱就死地。后致正杀人者出官首身，秀州取元行案张涛本县隐蔽。夫前冤枉之狱既如此，后容吏之罪又如此，有公道乎？体上意乎？刑狱之大者尚如此，矧其小者，灼见其弄法矣。"

——《宋史全文》卷二五上《宋孝宗三》

济南吕援彦能,居秀州西门之内,淳熙初,除知和州,未上。其厅侧元置瓦数百,为雪所压,迨雪消冰澌,皆结成楼观栏槛、车马人物、并蒂芙蓉、重台牡丹、长春萱草及万岁藤之类。妙华精巧,经日不融。彦能令其子述卿施墨,拓印十余本,以为传玩。

——《夷坚志》支景卷第三《瓦上冰花》

秀州之东三四十里,聚落曰泗泾。其傍有大圣寺,长以佛殿灯油付一行者,率月给若干斤。久之,辄不及期而告罄,主僧责其干没,屡遭鞭棰,殊以为苦。盖初未尝为欺也,然无由自明,但寅夜伺之唯谨。一夕,闻启扉,遽入视,逢一伟人,脱所著金甲,正取油遍涂四体。惊问其故,答曰:"汝勿怨我。我乃近村顾六耆家方隅禁神,所谓金神七杀者。为此老恃富无义,广营舍宇,穿掘井地,无时暂宁,触我忌步甚多,使我举身成疮痏,非借膏油滋润,则痛楚不可言。亦知汝无辜受罚,今幸向愈,自此不复来,当阴佑汝,俾数数为人修供得财,用以相报。"行者谢曰:"顾老既有犯于明神,胡不加诸祸谴。"曰:"彼方享顽福,未可问也。"遂隐不见。其后果无失油之患。顾老为人狷悍,豪于里间,且御诸子严甚。尝呼语之曰:"吾闻人死之后,祭祀多不克享,盍及吾未瞑目时借行丧礼。汝辈各衰麻如仪,排比灵席,为吾朝晡哭拜设奠,竟百日而止。"其子不忍豫凶事,泣而谏请,叱怒弗听,卒如其戒。又十余年始死。

——《夷坚志》支乙卷第五《顾六耆》

秀州人好以鳅为干,谓于水族中性最暖,虽孕妇病者皆可食。陈五者,所货最佳,人竞往市。其徒多端伺其术,不肯言。后得疾,踯躅床上,才著席,即呼䶩,掖之使起,痛愈甚。旬日死,遍体溃烂。其妻方言,夫存时,每得鳅置器内,如常法用灰盐外,复多拾陶器屑满其中,鳅为盐所蜇,不胜痛,宛转奔突,皮为屑所伤,盐味徐徐入之,故特美。今其疾宛然如鳅死时云。

——《夷坚志》甲志卷四《陈五鳅报》

秀州华亭县吏陈生者为录事,冒贿稔恶,常带一便袋,凡所谋事,皆书纳其中。既死,梦于家人曰:"我已在湖州显山寺为犬矣。"家人惊惨,奔诣寺省问。一犬闻客至,急避伏众寮僧榻下,连呼不出,意若羞赧。其家不得已,遂还。既去,僧语之曰:"陈大录宅中人去矣。"方振尾而出。此犬腹下垂一物,正方,宛如便袋状,皮带周匝系其腹,犹隐隐可辨。洪庆善尝与葛常之侍郎至寺见之,询诸僧,云然。

——《夷坚志》甲志卷十一《陈大录》

秀州司录厅多怪，常有着青巾布袍、形短而广、行步迟重者。又有妇人，每夜辄出，惑打更吏卒者。先公居官时，伯兄丞相方九岁，白昼如有所见，张目瞪视，称"水水"，移时方苏。后两日，公晚自郡归，侍妾执公服在后，忽大呼仆地。公素闻鬼畏革带，即取以缚妾，扶置床。久之，乃言曰："此人素侮鬼神，适右手持一物，甚可畏。我不敢近。却不知我从左边来，方幸擒执。又为官人打钟馗阵留我，我即去，愿勿相苦。"问："汝何人？"不肯言。至于再三，乃曰："我嘉兴县农人支九也。与乡人水三者，两家九口，皆以前年水灾漂饿，方官赈济活人时，独已先死。今居于宅后大树上，前日小官人所见，乃水三也。"公曰："吾事真武甚灵，又有佛像及土地灶神之属，汝安得辄至？"曰："佛是善神，不管闲事。真圣每夜被发杖剑，飞行屋上，我谨避之耳。宅后土地，不甚振职。唯宅前小庙每见辄戒责。适入厨中，司命问：'何处去？'答曰：'闲行。'叱曰：'不得作过。'曰：'不敢。'遂得至此。"公曰："常时出者二物为何？"曰："青巾者，石精也，称为石大郎。正在书院窗外篱下，入地三尺许。妇人者，秦二娘，居此久矣。"曰："吾每月朔望，以纸钱供大土地，何为反容外鬼？汝为我往问，明日当毁其祠。"曰："官岂不晓，虽有钱用，奈腹中饥馁何？我入人家，有所得，必分以遗之，故相容，至今默默。"食顷，复言曰："已如所戒白之，土地怒我饶舌，以杖驱我出。"公曰："曾见吾家庙祖先否？"曰："每时节享祀，必往观。闻饮食芬芬，欲食不得。列位中，亦有虚席者。唯一黄衫夫人，见我必怒。"又使往觇，俄气喘色变，徐乃言曰："方及门，为夫人持杖追逐，急反走，仅得脱。"所谓夫人者，曾祖母纪国也。公问所须，曰："鬼趣苦饥，愿得一饱馔。好酒肥鹅，与众人共之。无如常时以瘦鸡相待也。"语毕，竦然倾耳，如有人呼之，遽曰："土地震怒，逐我两家出。今暂止城头，无所归托。愿急放我归，自此不敢复来矣。"乃解其带。妾昏睡经日，乃醒。

——《夷坚志》乙志卷第八《秀州司录厅》

林衡，字平甫，平生仕宦，以刚猛疾恶自任。尝知秀州，年过八十，乃以荐被召，除直敷文阁。既而言者以为不当得，罢归。归而病，病且革，见吏抱案牍来，纸尾大书"阎罗王林"，请衡花书名。衡觉，以语其家："前此二十年，盖尝梦当为此职，秘不敢言。今其不免矣。"家人忧之，少日遂卒。卒之夕，秀州精严寺僧十余人，同梦出南门，迎阎罗王。车中坐者，俨然林君也。衡居于秀之南门外，时乾道二年。

——《夷坚志》丙志卷第一《阎罗王》

陈昌言为临安新城尉。邑境恶少，杀一人，伤一人，遁逃未获，保伍坐系者十数。陈祷于县松溪神，又诉于天，曰："某平生不敢私祷，唯父母之疾，则或刲股，或灼臂，于请祷之私，无所不尽。舍是，虽自身及妻子事，亦未尝敢渎神。今凶贼手刃两人，一伤一死，累其乡党族姻,故为百里齐民请命,愿上天鉴之!"未几,弓手有因捕盗而死者,陈语妻曰:"弓兵死于路,吾其可安寝?"即束装出郊外,宿于野外道观。观有寓客,能召紫姑仙者。陈往敬问,叩曰:"在法,尉不获大囚五人,止罚一月俸,无甚罪也。吾所以控请,为民故耳。"仙书曰:"在秀州海盐县澉浦镇。"陈立遣壮兵行。旬日,又请问,仙曰:"已得原恶矣,但我辈力小,不能与公成事,不免转告上神。今之获贼,松溪之力也。近已拘至富阳境中矣。"又书一"梓"字,且云:"公只以舟行,见差神兵监护,俟公至取之。"后数日,人从澉浦还,报曰:"始到镇日,贼已登海船。方叹恨次,闻外间人声喧噪,言富阳县东梓徐大夫揭榜,欲取贼,自绿渚一夜至彼,果得之。"他日,问囚所之,曰:"先在澉浦,知追吏到,亟欲航海,因思父母妻子,乃回东梓关,入禹王庙,遂迷不能出。但见皂衣守门甚众,次日即成擒。"陈既归,首白邑宰,尽释诸系,而械囚上府。

——《夷坚志》补卷第十三《新城县贼》

【注释】

[1] 大理正:大理寺正省称,为详断官,即根据案犯审讯的结果,依法断刑。从七品。宋曾巩《曾巩集》卷二〇《杜纯大理正制》:"敕具官某:折狱详刑之事,朕所慎也。正于理官,参赞为重。"

[2] 盱眙军:南宋建炎三年(1129)置,治盱眙县(今属江苏)。属淮南东路。辖境相当今江苏省盱眙县及安徽省天长市等地。四年废,绍兴十二年(1142)复置,绍定四年(1231)改为招信军。

籴 买

　　元祐五年七月十五日,龙图阁学士[1]、左朝奉郎、知杭州苏轼状奏:杭州所出米谷不多,深虑常平收籴不足,有误来年支籴。乞许于苏州、秀州寄籴。

——《苏文忠公全集》卷三一《相度准备赈济第二状》

　　元祐五年十月二十一日,龙图阁学士、左朝奉郎、知杭州苏轼状奏:
　　右臣近奉朝旨,相度准备来年赈济阙食人户,寻具画一事件闻奏。内多籴常平以备来年出粜平准市价一事,最为要切。见今浙西诸郡,米价虽贵,然亦不过七十足。窃度来年青黄不交之际,米价必无一百以下,至时,若依元价出粜,犹可以平压翔踊之患,终胜于官无斛斗,坐视流殍。而提刑司[2]专务靳惜两三钱,遍行文字,减勒官估。臣已指麾杭州不得减价,依旧作七十收籴。见今亦不过籴得三万余石,其余诸郡,不敢有违。访闻苏、秀最系出米地分,见今不过籴得二三万石,而湖州一处,灾伤为甚,提刑司已指麾本州住籴,却令苏州拨常平米五万石与湖州,又令秀州拨十万石与杭州,若湖得五万石,犹恐未足于用,而苏、秀拨十五万石,深虑逐州不免妨阙,若新籴不多,即是两头阙事,而般运水脚兵梢有偷盗耗失之费,亦与所减两三钱不争,若使来年官米数少,不能平压市价,致有流殍,更烦朝廷截拨斛斗,散与饥民,则为十倍之费,乃是所减毫毛而所捐丘山,大为非策。

——《苏文忠公全集》卷三一《奏状南闭籴状》

　　元祐六年十一月日,龙图阁学士、左朝奉郎、知颍州苏轼状奏:右检会《编敕》,诸兴贩斛斗,虽遇灾伤,官司不得禁止。又条,诸兴贩斛斗及以柴炭草木博籴粮食者,并免纳力胜税钱。注云:"旧收税处依旧,即灾伤地分,虽有旧例亦免。"臣顷在杭州,亲见秀州等处为官籴上供粳米违条,禁止贩卖,及灾伤地分,并不依条免纳力胜税钱,于官并无所益,依旧收籴不行,徒使百姓惊疑,各务藏蓄斛斗,不肯出粜,致饿损人户,为害不少。今来淮南官吏又袭此流弊,违条立赏,行闭籴之政,致本州城市阙米,农民阙种。若非朝廷严赐指挥,即人户必致失所。

——《苏文忠公全集》卷三三《奏淮南闭籴状》

　　本路今岁不熟,初水后旱,早晚俱伤,高下并损,已具事由闻奏去讫。勘会本路,唯苏、湖、常、秀等州出米浩瀚,常饱数路,漕输京师。自杭、睦以东衢、婺等州,谓之上乡,所产微薄，不了本土所食。里谚云："上乡熟，不抵下乡一锅粥。"盖全仰苏、秀等州商旅贩运以足官私之用。今来虽一例灾伤，而苏、秀等州所产，终是滂沛。访闻逐州例皆闭籴，严立赏罚，不许米斛出境，是致杭州常平省仓籴买不行，民亦阙食，见今粳米已至八九十足钱。寻具牒苏、秀等州，不得闭籴。访问逐州，虽承受本司指挥，依旧闭籴。寻差识字公人陈宥往秀州抄录到所出榜示二本，其大略云，如有诸色人抬价买米贩往别州，许人告捉，立定赏，多者至五十贯。兼取问得杭州米行人状称，因逐州见今立赏告捉私贩，全无米船到州。认是逐州官吏坚意闭籴，本司无缘止绝。若商旅不行，米贵不已，公私窭乏，盗贼之类，何所不有？以此合系本司知管，除已牒转运、提刑司外，须至奏闻者。

——《苏文忠公全集》卷三七《知秀州沈季长》

臣迩者伏遇圣驾巡幸，道由本郡，臣以守臣，蒙恩赐对。亲奉玉音，以谓守臣六职，当以恤民为务，所以固邦本而宁国家者，训饬甚备，令臣访察疾苦，咸以上闻。此以见陛下爱民泽物至诚之心出于天纵，实社稷之福，天下之幸。臣时到郡曾未浃日，退即访问耆老，以谓秀州近年和买绸绢最为民害。盖祖宗以来，以秀州不产桑蚕，故虽夏税绸绢，尚止令上户送纳本色，第三等以下人户皆折钱入官，转运司却于出产丝蚕处置场收买，以足岁额。岂闻税绢之外，更加和买？盖以苏、秀州出米至多，逐年和籴既已甲于他郡，而杭、湖等州属县多以桑蚕为业，故和买绸绢比他郡为多。自靖康元年，献议大臣不知祖宗朝立法之旨与夫诸州土产之宜，但见杭、湖等州和买绢数颇多，而苏、秀不及，因以为不均，于是分拨八万匹与平江府，而秀州管认四万匹。自是秀州之民于常税之余，和籴之外，又加此一项和买绸绢，于是民力益困，为害浸深。后来于建炎三年十一月中，因转运司状，以平江、秀州不产蚕桑，减秀州和买为二万匹。然终是创添此项，责以所无。输纳之时，远于他州贵价收买，而官给价直不过八百，贫弱下户未必得钱，横被诛求，急于常赋。秀民疾苦，莫此为大。伏望圣慈深赐详察，特赐蠲免和买绸绢，则一州之民受惠不细。臣谨检坐皇祐五年许下户折纳税绢指挥节文如后。

皇祐五年七月十二日，州准转运司牒，准三司户部牒，准中书批状指挥节文，两浙转运司奏："体访得苏、秀两州乡村自前例种水田，不栽桑柘，每年人户输纳夏税物帛为无所产，多被行贩之人预于起纳日前，先往出产处杭、湖州乡庄贱价撅揽百姓合纳税物，抬价货卖。人户要趁限了纳，费耗甚多，官中又不纳得堪好物帛，亏损官私，颇为不便。当司昨于皇祐元年内，曾体问得苏、秀州不产蚕丝，人户送纳夏税绸绢不便事理，遂擘画，牒苏、秀州除第一等、第二等人户各依常年例送纳本色外，所是第三等已下百姓户内税物，即告示取便折纳见钱，遂便敷与出产杭、湖、睦州，差官置场，依市价买得上等堪好匹帛，数目充备，起发上京送纳，即无遗阙。彼时官司极获济办。至皇祐二年，准三司户部牒，请依旧例施行，不得更令人户折纳见钱。当司看详逐州不产蚕丝,难得䌷绢送纳,不免依前于贩易人边高价买纳,下户转成困弊。又值叠年灾伤,人民转更不易。今本司已认定逐年苏、秀州合上供匹帛,管在不亏失元额。只乞许令本司将纳到见钱于出产杭、越、湖、睦州收买。"奉圣旨送三司,依所奏施行。

——《北山小集》卷三七《乞免秀州和买绢奏状》

【注释】

[1] 龙图阁学士:北宋时多为翰林学士兼职或翰林学士别授差遣者除授。如"翰林学士、兼龙图阁学士、权知开封府陈尧咨"。元丰改制后,为吏部尚书补外贴职。

[2] 提刑司:路提点刑狱司省称。掌一路刑狱公事,兼督察官吏。为路监司。

户　口

　　嘉兴府,本秀州,军事。政和七年,赐郡名曰嘉禾。庆元元年,以孝宗所生之地,升府。嘉定元年,升嘉兴军节度。崇宁户一十二万二千八百一十三,口二十二万八千六百七十六。贡绫。县四:嘉兴,望。华亭,紧。海盐,上。有盐监,沙腰、芦沥二盐场。崇德。中。

　　　　　　　　　　　　　　　　　　　　　　　　　——《宋史》卷八八《地理志四》

　　华亭置县始于天宝,唐史志地理盖举天宝之盛而言之,苏州所统县七,今秀州之地皆属焉。其为户七万六千四百二十一,口六十三万二千六百五十。国朝《九域志》所载秀州四县之籍户十三万九千一百三十七,视唐苏州七县之数几倍之矣。华亭一邑,《旧图经》所书主户五万四千九百四十一,口十万三千一百四十三,今见管户九万七千。

　　　　　　　　　　　　　　　　　　　　　　　　　——《绍熙云间志》卷上《版籍》

　　户口约五千余,主户少而客户多,往来不定,口尤难记。

　　　　　　　　　　　　　　　　　　　　　　　　　——《澉水志》卷一《户口》

物　产

华亭负海，枕江原野，衍沃川陆之产兼而有焉。李翰《屯田纪绩》颂谓嘉禾在全吴之壤最腴，且有嘉禾一穰，江淮为之康等语。今华亭稼穑之利，田宜麦禾，陆宜麻豆。其在嘉禾之邑，则又最腴者也。县之东，地名鹤窠，旧传产鹤，故陆平原有华亭鹤唳之叹。《瘗[1]鹤铭》谓："壬辰岁得于华亭。"刘禹锡《鹤叹诗序》亦云："白乐天罢吴郡，挈双鹤雏以归。翔舞调态，一符相书，信华亭之尤物也。"《太平寰宇记》称："华亭谷出佳鱼、莼菜。"陆平原所谓千里莼羹意者，不独指太湖也。其有资于生民日用者，煮水成盐，殖芦为薪，地饶蔬茹，水富虾蟹。舶货所辖海物，惟错兹土产大略也。《寰宇记》又于《昆山县》载《吴地记》云："石首鱼，冬化为凫。小鱼长五寸，秋社化为黄雀。"斯言固涉迂怪，然今华亭亦多野凫，栋始华而石首至，霜未降而黄雀肥，岂非县本昆山之地故欤？

——《绍熙云间志》卷上《物产》

早稻名　雀奥、红莲、黄箭子、杷桠、乌丝糯、金州糯、百日子、金成、六十日子。

杂谷　大麦、小麦、荞麦、豆、油麻、稗、莺粟。

丝布　绢、绵、苎、麻、黄草。

货

盐

花　芍药、牡丹、荼蘼、木香、瑞香、紫荚、长春、水仙、蔷薇、月丹、海棠、石榴、山茶、石竹、萱草、凤仙、芙蓉、金沙、鸡冠、栀子、粉团、棠棣、玉簪、夜合、木樨、白鹤、佛手、雀梅、罂粟、金橙、荔春、芭蕉、聚仙、梅桃、真珠珮、李、杏、葵、菊、兰、荷、荇、茶、槿。

果　桃、梅、李、杏、梨、柿、橘、柚、莲、枣、枇杷、林檎、榴、栗、葡萄、银杏。

菜　萝卜、冬瓜、甜瓜、波棱、苦荬、山蓣、茄、菘、芥、莴苣、薤、葱、苋、蒿、蕈、蕨、韭、蒜、鸡头、芋头、枸杞、胡萝卜。

竹　笙、紫、斑、筋、金、篾。

木　松、桑、桧、柏、杉、柳、楮、椿、榆、楝、柘、枫、梧、桂、槐、檀、杨、朴、椒、楠、皂荚、乌桕。

药　菖蒲、连翘、茴香、韭子、杏仁、龙脑、槐花、半夏、枳实、瞿麦、紫苏、荆芥、青蒿、良姜、牛膝、桑皮、赤小豆、车前子、枸杞子、香附子、天花粉、桑螵蛸、谷精草、麦门冬、黑牵牛、白僵蚕、香白芷、白茅根、密蒙花、紫苏子、羊蹄根、淡竹叶、马屁勃、海浮石、马鞭草、白匾豆、地锦草。

禽　鹰、雁、鹳、鸥、鹭、鸦、鹊、鸽、燕、雀、鸠、鹌、雕、鹘、雉、鹜、百舌、啄木、杜鹃、竹鸡、布谷、野鸭。

畜　牛、羊、犬、马、鹅、鸭、鸡、猪、猫、狗、驴、骡。

海味　鲻、鲳、鳖、鲛、鲡、鲈、梅、蛎、蛤、虾、鳗、鲨、鲮、鲚、鳅、蛏、蛇、银鱼鳊、拳螺、香螺、淡菜、带鱼、鲌鲫、蟛蜞、老婆蟹、望潮鱼、白蟹、黄鲹、土铁、沙蟹、蚌蛤、沙鱼、海蛰。

河味　鲫、鲤、鲇、鳜、银、鳖、鳅、鳝、龟、蛙、虾、黄颡、吐哺、白鲦、黑鱼。

——《澉水志》卷六《物产》

田　地

熙宁八年冬十月，吕惠卿[1]之舅监簿郑膺，始寄居秀州华亭县，以惠卿之故，一路监司如王庭老之辈皆卑下之，而招弄权势，不复可数，至夺盐亭户百姓之地以为田。而提刑卢秉挫其所为，仍发觉惠卿党人张若济奸赃公事，遂急移秉淮东，以张靓充两浙路转运。靓遂阴求秉罪，无有，即将秉所行盐法亏坏，欲成其过，而大失递年课额。惠卿既喜，靓即以妹妻其弟规。此惠卿之朋比专权，坏失国家利源也。

——《续资治通鉴长编》卷二六九

绍兴二十九年六月乙酉，太一宫[2]道院乞买嘉兴县常平官草田三十顷，罢转运司岁拨赍粮五百石。从之。

——《建炎以来系年要录》卷一八二

蒲察久安：臣先准指挥，许令指射官田，今踏逐秀州嘉兴县长水乡没官田四百八十五亩，柿林乡一十五亩，乞下秀州标拨与臣，永远养赡老幼。

——《宋会要辑稿》食货六一之五一

蒲察久安：蒙恩拨赐水田五百亩，今再踏逐到秀州华亭下沙场芦草荡一围，提举茶盐司见出榜召人请佃，乞下浙西提举茶盐司行下秀州，依臣所乞标拨。嘉兴县思贤乡草荡一围，元系范玘等退佃还官，见今空阙，乞下两浙转运司行下秀州，依臣所乞标拨。

——《宋会要辑稿》食货六一之五一

乾道二年六月，知秀州孙大雅代还，言："州有柘湖、淀山湖、当湖、陈湖，支港相贯，西北可入于江，东南可达于海。旁海农家作坝以却咸潮，虽利及一方，而水患实害邻郡；设疏导之，则又害及旁海之田。若于诸港浦置闸启闭，不惟可以泄水，而旱亦获利。然工力稍大，欲率大姓出钱，下户出力，于农隙修治之。"于是以两浙转运副使姜诜与守臣视之，诜寻与秀、常州、平江府、江阴军[3]条上利便。诏："秀州华亭县张泾闸并淀山东北通陂塘港浅处，俟今年十一月兴修；江阴军、常州蔡泾闸及申港，明年春兴修；利港俟休役一年兴修；平江府姑缓之。"三年三月，诜使还，奏："开浚毕功，通泄积水，久浸民田，露出塍岸。臣已谕民趁时耕种。恐下户阙本，良田复荒，望令浙西常平司贷给种粮。"又奏措置、提督、监修等官知江阴军徐藏等减磨勘年有差。

——《宋史》卷一七三《食货志》

先是,知秀州孙大雅置本州拘催上供钱格目来上,且言:"汉制:岁尽,郡国诣京师奏事。至中兴,则岁终遣吏上计,于正月旦,天子幸德阳殿临轩受贺,而属郡计吏皆觐,以诏殿最。今也不然,未尝有甘泉上计之制,而臣始为之,盖法汉之大司农[4],郡国四时上月旦见钱谷簿,其逋未毕,各具别之,意以为书也。"

——《文献通考》卷二四《国用考二》

乾道二年二月十五日,先蒙圣恩,于扬州管界摽拨到田二十顷,缘为路程遥远,今踏逐到秀州崇德县官田二十顷,乞行拨赐。

——《宋会要辑稿》食货六一之五二

(赵善悉)通判临安府,敏绝为一府冠。孝宗知之,故令以事至殿中者再,瞻相良久,喜动色,擢知秀州。金字牌[5]忽夜下,上亲札曰:"海盐地高病旱,岂有水利可兴乎?"河成,至今为腴田。还朝,命除郎。

——《水心文集》卷二一《中大夫直敷文阁两浙运副赵公墓志铭》

淳熙十一年三月辛丑,罢秀州御马院庄,归其侵地于民。

——《宋史》卷三五《孝宗纪三》

嘉定十一年九月,信、常、饶州、嘉兴府举行经界。

——《宋史》卷一七三《食货志》

伏准使帖,备准省札指挥,差官监修田岸,仰见为民恳切,纤悉预备之意。某下邑小吏,奉承唯谨,何敢容喙!然有鄙见,若不申明,隐情惜己,自同寒蝉,岂惟负使府,是亦负朝命。窃见本县管下围田尽在西乡,见今茫茫,尚成巨浸,未可施工。向后水退,各有田主,自系己事,何待官司监督。纵使官吏到乡,不过于官河上经行一遭,取乡保责状一纸而去。僻村小港,何缘遍及,坐守监视,恐无此理。纵一处可监,其余凡几乡几围,安得一一而监之?古有田畯之官,固可往来阡陌,与民无间。时异事殊,百姓畏官如虎,凡欲利之,适以害之。今岁荒歉,被害最甚,诸司重叠差官检涝,诸乡劝分,撞场旁午,耆保以上迎接不暇,吏卒之扰,为官者两耳目尚检柅不及,或所差不得其人,则其为扰,朝廷又安得而知?

惟有省事，即是便民，除此以外，更无他说。况田岸之事小，水利之事大。田岸之事在民，在民者在官不必虑；水利之事在官，在官者在民不得为。必欲利民，使之蒙福，则莫若讲求水利之大者。窃考本县图志，南北东西各有放水之处，东以蒲汇通大海，西以大盈浦通吴松江，南至通波塘直至极北亦通吴松江。此华亭所以常熟道。自小人妄献利便，将泄水之池塞为沙田，朝廷不知，一时听信，安边所所得毫末，而华亭一县多被湮没，公私交病，所失甚多。今若准旧开浚，则百姓自然利赖，其为修田岸也大矣。如蒙申请，舍田岸之小而修水利之大，幸不胜甚！或朝论已定，不可挽回，则乞止照坐下指挥，就本府自行差官，在本县不敢干预。其说有六：州县皆守民社，不敢违法远出，一也。县与郡官共事，则得相容芘，委涉妨嫌，二也。赵知县恩出乡劝分，县事尽废，无以供发本府板帐苗米，几误军粮，今不可再，三也。宪司差委，专令劝分，日夜趱趣，尚未全备，饥民嗷嗷满市，又日日亲自煮粥以救之，不可刻离，四也。得合虚帐，欺罔朝廷，某虽死不敢，五也。省札止令各郡差官使判，亦不曾差委本县，而吏文行移，辄私添知县躬亲同往之语，是不关朝廷，不关使府，而吏笔辄得以行其权，为他日督责诛求张本，吏奸不可纵，六也。如前之说，则侄申朝省，别议施行为上。如后之说，则自行差官，不涉县道次之。更有一说，虽平而实简，但镂榜晓谕围田人户，趁今农隙，作急发本修筑水坏之岸，以备将来差官点撞，则人户自然尽力，岂不简而易行！

——《黄氏日钞》卷七一《权华亭县申嘉兴府辞修田塍状》

契勘平江府定慧院昨改充神霄宫日，依宝赦拨赐田十顷。缘本院常住止有田三百一十六亩，遂拨过昆山县及本州华亭县没官田，揍足十顷之数。近缘神霄宫废罢，续准圣旨，将平江府神霄宫元管田产并拨与定慧院。切详当时指挥，必谓元初拨过田产尽是定慧院常住，所以依旧拨还本院，不知当来为要满足十顷，于别州县摽拨官田充数。所有拨过本州华亭县官田二百五十亩二角三十步，恐难以拨与定慧院。本州已具状申尚书省，乞赐钧旨施行。

〔小贴子〕契勘天下神霄宫多是僧寺改充，一例拨田十顷，后来改还寺院。窃恐似此带却官田不少。方今兵食为急，财用无余，朝廷不应以官田却与僧徒坐食浮费。

——《北山小集》卷三七《论拨还平江府定慧院官田状》

杨君余旧友也，自华亭驰书来告："吾仿经界法，为悠久利。"事成，具颠末示余，且曰："质言近俚，其润色之。"余曰："古有方言，奚俚之病，直书不亦可乎？"华亭，浙右壮邑，岁入苗号逾十万石，实六万七千有奇，而县官岁督才三万八千止。盖自绍兴经界，迄今百年，官无版籍，吏缘为奸，隐匿诡寄，弊幸非一。重以此邑西连湖，北枕江，东南并海，田啮于水，无岁无之。由是赋役俱病，贫富交困，而争讼四起矣。绍定五年，杨君来为司征。越明年，监簿赵君与蘉出守嘉禾，整图籍，宽赋敛，欲自近邑始。招君幕下，置围田局，募甲首，给清册，命之曰抄撩。匿者露，虚者实。乃檄君摄事华亭。君日受讼牒，力究弊源。蠲胥吏白纳之钱，贷民户积欠之赋，弛酒税无艺之征。德意渐孚矣，则以礼属乡官，分任其责。不履亩，不立限，不任吏。每都甲首[6]，乡官择之；每围清册，甲首笔之。田之顷亩，昭然可观。邑士民相与举令于州，州上之朝，俾遂为真。夙夜黾勉，以竟前功。赋籍一定，诡挟有归。既又白郡，以北三乡上田赋重，则尽降而为中；以北三乡折糯价重，则复减而从轻；以青龙镇地积计税重，则尽降而从亩；以邑郛及诸乡浮财物力颇为民扰，则止以实产定和买役钱之数。令可谓尽心也已。又稔于众曰："吾当与尔曹减概量之赢，以示优恤。"未几，明天子新更大化，诞布宽政，痛减斛面，尽蠲积逋。令得奉行上意，不负初约。于是端平初元秋，苗以五万七千八百一十石为额，较递年之数逾二万，而民不以为厉已。创屋四楹于县厅之东，扁之曰围田文籍库。或问令曰："子谓察情伪，防蠹弊，尽于是乎？"令拱手曰："不足，不敢不勉；有余，不敢尽。吾素学也，讨论修明，则有后人在。"余壮此言，类知道者。今世庸吏不足道，能吏往往以有余自夸，不知余而必尽，意味索然，根本且日戚矣。令言有契余心，于是乎书。

——《蒙斋集》卷一四《华亭县修复经界记》

嘉泰二年二月，留佑贤奏："乞下提举司，将临安、平江、嘉兴府、湖、常州开掘围田户名数目，除曾纳钱请买，许将元产地管业别作营生，不得围裹成田，其他白状作常平没官产、学粮职田等色请佃者，并行追索元给公据，入官毁抹。仍严饬浙西提举官及守令，今后不得辄行开请佃公据，县分巡尉并带专一巡视围田，下敕令所议定禁止刑名，修为成法。其殿前司[7]草荡，不许将有管草荡再行围筑为田及种植菱荷芦苇，如违，委御史台[8]觉察。具官卖产，立价低微，占据宽阔。今来既已开掘，止合照租额输纳。其创立为田赋税，却令与之减免，下诸州属县，应论诉围田结局以前填叠者，并不许受理。截自嘉泰二年正月以后新行填叠，委是堰塞妨碍水势之处，却许行指实陈诉。"

——《宋会要辑稿》食货六一之一四三

【注释】

[1] 吕惠卿：字吉甫，泉州晋江（今属福建）人。嘉祐二年进士，为真州推官。熙宁初，编校集贤院书籍，王安石引入制置三司条例司，为检详文字，擢太子中允、崇政殿说书、集贤校理，判司农寺。丁父忧，服除，召为天章阁侍讲，同修起居注，进知制诰，判国子监，与王雱同修《三经新义》。又知谏院，为翰林学

士。熙宁七年,拜参知政事。

［2］太一宫:宋代称太一宫。太一宫有五:东、南、中、西、北太一宫。太平兴国六年十月始建东太一宫,后每隔四十五年建一宫。

［3］江阴军:五代南唐昇元中置,治江阴县(今江苏江阴市)。北宋熙宁四年(1071)废,南宋建炎初复置,绍兴二十七年(1157)复废,三十一年又置。倚江为险,宋南渡后,置营寨于城北君山山麓,为战守要地。

［4］大司农:官名。秦汉九卿之一。本为治粟内史,汉称大农令、大司农,掌租税盐铁和中央财政。隋唐沿置,明并入户部,始废。

［5］金字牌:宋代驿传中以最快的速度发送文件的"急脚递"所悬的木牌。因其为朱漆黄金字,故名。宋沈括《梦溪笔谈·官政一》:"驿传旧有三等……熙宁中,又有'金字牌急脚递',如古之羽檄也。以木牌朱漆黄金字,光明眩目,过如飞电,望之者无不避路,日行五百余里。有军前机速处分,则自御前发下,三省、枢密院莫得与也。"

［6］甲首:甲为旧时的一种地方编制,十户为一甲,甲有主,称甲首。

［7］殿前司:始置于后周。后周广顺二年设殿前都指挥使。两宋沿置。掌殿前诸班、御龙诸直、骑军诸指挥、步军诸指挥官兵名籍,及统制、训练、轮番宿卫与戍守、迁补、赏罚之政令。

［8］御史台:宋前期,御史大夫不除人,御史中丞为实际台长,或以他官兼判御史台事。侍御史知杂事为副贰。下设三院:台院,侍御史掌领;殿院,殿中侍御史掌领;察院,监察御史掌领。资浅者入殿院、察院,称殿中侍御史里行、监察御史里行。凡祭祀、朝会,御史兼左巡使、右巡使、监察使、廊下使、监香使,通称"五使"。

官 租

绍兴元年四月乙未,诏:"临安府、秀州亭户合纳二税,依皇祐专法,计实值价钱折纳盐货。"

——《宋史全文》卷十八上《宋高宗五》

沈彦章:"伏睹绍兴二十九年十一月二十四日已降指挥:'诸州县应干租斛止于百合,如过百合以上,并赴所属毁弃。佃户租契,并仰仍旧,不得擅自增加租课。'又蒙委临安府置局做造百合斛,官雕印记出卖,并给与买斛人户。今检坐绍兴格式,或有私造升斛增减者,赏钱五十贯,杖一百断罪。上件指挥于民间实为良法。今来有产之家与粜米牙人妄称已降官斛,止系临安府使用。窃详元降指挥,用百合官斛,缘为豪民私造大斗交量租米,侵害小民。所以臣僚上言,备知绍兴府会稽县陆之望陈请百合租斛事理,再行敷奏,制造冲改。户部勘当因依,不许用乡原私弊伪造大斛交量租课,自后亦不曾有指挥令用省斛折还。今来农田人户被豪家辄用省斛准折租米,被害非轻,致有流移失所。伏望特降睿旨,禁止省斛多折交量,人户并粜籴米牙人遵依施行。"

——《宋会要辑稿》食货六九之一二

绍兴三十一年十一月,有旨:太一宫见管秀州嘉兴县伏礼乡草田,并临安县赤岸柴山,依条合纳夏税秋苗外,其余科敷[1]、和买[2]、折帛[3],及诸色科借等,可行下所属,并与蠲免。日后置到田产准此。窃详太一宫既有秀州、临安府两处田产,其税租、科敷、和买等,自合依条供输。近岁和买、折帛之类,民间虽病其重,然以物力科敷事体均一,故乐输而无辞。今若偏有蠲免,则其所免之数,当复加于他户矣。斯民得无甚病,而兴不均之叹乎?况所降指挥,有日后置到准此之文。彼既得此,又将与豪右交关,广殖产业,与齐民竞利,非所以崇清净之教也。

——《宋会要辑稿》食货一〇之一七

隆兴元年二月辛未,蠲秀州贫民逋租。

——《宋史》卷三三《孝宗纪》

诸乡税租轻重大略与邻邑无大相过。若夫云间、仙山、白砂、胥浦四乡岁输秋租独为缗钱者,自咸水为害,四乡皆为斥卤之地。乾道中,既筑堤堰民,渐复业会。邑人以酒额虚数告病,时参政钱公良臣请于朝,乞捐减酒额且以南四乡租税偿之苗硕,为钱三千省。视北九乡稍优,惟是隶于版帐月解之数,民未免先期而输,亦其势然也。

夏税　一十五万三千三百五十三贯一百十五文。

秋苗　粳米一十一万二千三百一十六硕,九斗一胜四合六勺一抄。

——《绍熙云间志》卷上《税赋》

淳熙十四年秋七月癸丑,命检正都司看详群臣封事,有可行者以闻。诏省部、漕臣催理已蠲逋欠者,令台谏觉察。权减秀州经、总制[4]籴本钱半年。

——《宋史》卷三五《孝宗纪》

杭州灵隐山景德灵隐寺住持僧禅定大师延珊奏,先奉皇太后圣旨,宣赐庄田祝延今上皇帝圣寿,今已五年,累设过斋僧粥食四十余万,祝两宫圣寿。其田土见今供纳秋夏二税,紬绢三十四匹,赤线贰十一两贰钱,米共计七十三石七斗,系属杭州、秀州两处乡县。乞与放免上件税物。取圣旨。

——《武林灵隐寺志》卷二

隶县之德政乡,田肥税重,惟石帆、秦山二村在镇东海边,多致陷没。

——《澉水志》卷一《赋税》

【注释】

[1] 科敷:犹科派。

[2] 和买:官府向民间强制购买货物的措施。凡军用物资、宫廷消费、官府日常用品、建筑材料等,都在民间按户等或赋税、田地数额进行摊派,给价很少甚至不给价。和买以"和"为名,即两相情愿、公平合理之意,实际上是一种强加在编户齐民身上的变相赋役。

[3] 折帛:南宋初将上供、和买、夏税绸绢改为折价输钱,称为折帛。

[4] 经总制:"经制钱"和"总制钱"的并称,宋代的附加杂税。前者始于北宋宣和年间,陈遘以发运使兼经制使督理东南地区财赋,加征卖酒、典卖田宅的牙税,常赋外的头子钱,以及其他项目的税金,称经制钱。其后翁彦国为总制使,效其法别立名目征税,称总制钱。宋叶适《监司》:"提刑司则以催趣经总制钱、印给僧道免丁由子为职,而刑狱冤滥,词诉繁滞,则或莫之省焉。"

盐铁坑冶

秀州　旧在城及华亭、青龙、澉浦、广陈、崇德、海盐七场,岁三万三千六百六十四贯。熙宁十年,在城:二万七千四百五十二贯六百四十文;华亭城:一万六百一十八贯六百七十一文;海盐县:三千六百六十贯一百六十八文;崇德县:四千七十八贯二百六十文;青龙镇:一万五千八百七十九贯四百三文;魏塘场:二百八十八贯四百七十文;金山场:七百一十二贯二十一文;广阳场:九百三十七贯八百二十五文;澉浦场:一千八百一十九贯四百七十六文。

——《宋会要辑稿》食货一六之九

盐:海盐县序云:"昔吴王煮盐于此。"草布、乡落间绩此布以为业。蟹:崇德学记:"稻蟹之利,转徙数州。"

——《方舆胜览》卷三《嘉兴府》

杭州场岁煮七万七千余石,明州昌国东、西监三十万一千余石,秀州场二十万八千余石。

——《文献通考》卷一五《征榷考二》

天圣四年十一月甲子,以太子中舍李余庆为殿中丞[1]。余庆同判秀州,请置海盐、华亭两县盐场,至是,岁收缗钱七十八万七千,特迁之。

——《续资治通鉴长编》卷一〇四

建炎二年八月辛未。盐以石计者,浙西三州一百十三万。临安、平江府、秀州。

——《建炎以来系年要录》卷十七

绍兴元年,诏临安府、秀州亭户合给二税,依皇祐专法计纳盐货。以亭户皆煎盐为生,未尝垦田故也。

——《文献通考》卷一六《征榷考三》

绍兴元年八月二十五日,契勘本路产盐二州未经贼年分,曾趁及一百四十万贯。自去年贼马残破，措置招集官吏亭户归业，量度借贷存恤，修治仓厫舍屋盘灶，拘辖起火，煎炼盐货，中卖入官。及严立课利，催督应副，支抹客钞通计，全年共增钞钱一百一十九万五千五百一贯文。所有本司官吏，委见宣力，欲望除汝嘉乞不推赏外，其属官从事郎充本司干办公事黄诏、迪功郎[2]充本司干办公事方滋、修职郎秀州华亭县市船务兼本司主管文字苏师德、都吏石景修、胡修、万陟、书吏陈晔、石景哲、奚泉，并乞优与推赏。

——《宋会要辑稿》食货二六之二

绍兴十三年四月庚辰，诏华亭县建新泾塘闸，筑招贤泾堰。

——《皇宋十朝纲要校证》卷二四

绍兴十九年秋七月己未，右朝请郎、干办行在诸军粮料院王珏提举两浙西路常平茶盐公事。先是，秀州岁以钱给亭民煮盐。至十五年，积十九万七千余缗不给，亭民无以煮盐，诉于朝。上曰："亭户宜恤，不则遁去。其害非细，可令户部究实。"于是用珏。珏至官逾年，尽偿所负，又开华亭海盐河二百余里，盐澨得通流其隘。以溉田经界之法行，甚害者三百六十九事，其七千二百二十七户尤为病。珏奏除之。珏，安石曾孙也。

——《建炎以来系年要录》卷十九

淳熙元年，诏左藏[3]南上库给会子二十五万，收买临安、平江、绍兴、明秀州额外浮盐，其赍到钞钱，令榷货务月终输封桩库[4]，以备循环换易会子。

——《宋史》卷一八一《会子》

淳熙十五年五月戊午，浙西提举石起宗言："秀州海盐县芦沥场催煎官蔡骥，哀敛亭户，不能举职。乞与岳庙。"

——《宋史全文》卷二七下《宋孝宗八》

鲍郎催煎场，旧共澉浦政事，裕如也。自分创以来，局冷如冰，廪稍不足以供事育。庚子岁大歉，亭民相胥肉自救，九灶不烟，幸活无几。宿奸陆棍，倒持莲勺，撞搪傲睨，来者当署，涉笔嚅不敢问。催煎之职，至是难为矣。东阳厉君梦龙到官，庭空皂走，案卷尘芜，野废盘舍，蓰火爓熄，上司朱黝纷来，自立不容顷。于是喟然曰："旱魃肆虐，饥馑荐臻，则盐不可催；衔勒宽纵，期会玩愒，则盐不可催；赇门乘机，洗手未及，则盐不可催。倚海筑场，刮壤聚土，暴曦钓咸，漏窍沥卤，三日而功成，骤雨至，则前功又废，催盐之职，重难如此！"乃清苦检饬，奉公竭廉，戴月披星，锄狄狡蠹，尽心力而为之。复盐灶一所，复盐丁四十余户,复盐额一万六千八十七石有奇,一年而盐场之课额羡,所谓才全而能巨者也。田畴多,俾耕且耨,户百有余家,饥者得君之食。创亭中路,掘土甃,砌草场一十二井,渴者得君之浆。官浦不通六十余年,参度高低,疏浚约七百余丈,曝灰者得君之水,僦居者得君之地。省台剡荐,奖谕迭至,将以上幕奏辟,不曰有功于盐场乎哉?淳祐五年七月,澉人歌舞相告,谓厉君归矣,政诚不记,何以诏诸?竹窗常棠遂书以记。

——《澉水志》卷七《鲍郎场政绩记》

鲍郎盐场,镇旧廨也。廨西一室,扁曰"秀野堂"。堂之外,有青树翠蔓,凄神寒骨,如英隽之排列者;有龙蹲虎踞,岩崿靁霩,如圭璋之挺特者;有方台中址,蟠回诘曲,如前村后墅之通行者;有驯毛集羽,斜窥澹伫,如瓯吟越语之不羁者。堂之内,有骚人墨客,献瑰吐琦,如壶鉴之清莹者;有牙签玉轴,裁绮纯绣,如河汉之美丽者;有米老诡画,风溪烟峤,如夜窦秋色之旷逸者;有蔡邕焦桐,高山流水,如丛篁闻佩之邃幽者。堂之上,遥岑寸壁,石剑泉绅,可梦而知中衡清淑之气;堂之下,苍苔依砌,花影画帘,可醉而思枕簟入林之僻。云卷空舒,月桂霜蟾,天宇修眉,斗牛璀璨,时则三光五岳之气恍乎盈目;疏风暮雨,松籁琴续,隔墙欢呼,樵牧倡应,时则千林万壑之窍洋乎充耳。然则秀野得名宜哉。是名之立,嘉定癸未茗溪朱君俯始分专员。扁之未几,颓壁败雷,相继摧毁。越十五祀,姑苏周君应旅发铏退食,慨曰:"吾宁捐俸起废,可其仿例弗为?"于是锄莠削芜,艺梅畚竹,重楹列牖,盖瓦级砖,丹如也。堂成,乃定奥寝,乃庀书宇,靡鸠靡敛,次第涂塈,视旧廨改观矣。虽然,西峰秀野,不遇魏侯家法名世,则传舍其官府,蕞尔亭民,榛芜莽没,于灵芝乎何有?今吾周君,传山房之芳,拾世科之芥,故能不日之间而万木向荣,胸中丘壑,当不在魏侯下,肯使秀野专美西峰。嘉熙己亥夏五既望,竹窗常棠记。承议郎、新充两浙路转运司主常棣书。

——《澉水志》卷七《秀野堂记》

榷盐之利,后世不得已也。不得已而又为之赋,则临莅贵乎专,经理在乎人。鲍郎为场,列灶九,岁课三万五千六百石有奇,而年督年课及指买不与焉。乃浸就弛弊,言路上疏,谓窘于兼二之冗。庚辰,诏典铨注专官,毋与镇税事。癸未,又诏今后镇官免以盐场系衔。膺是选者,佥为难之。盖催煎之职虽旧,而兹方更创。昔之官守之多,而此为初政。更创则责任有归。一额有亏,诿以何辞?初政则来者审择,百度斟折,必就其良。噫嘻难欤!雪川朱君俯,中兴勋相曾孙,公谨廉勤,得于家传。始服兹事,顾视规模荡如也。谂辞于民,民劳而瘁;诘故于吏,吏惰而黠。乃肃申约,曰:"官不可亏,亏官负课;私不可损,损私伤生。"回偷心而赴功,宣上旨以布政。由是剂量斥地之广狭,升降户额之轻重,易置牢盆之闲熟,窒塞鼠穴之渗泄。乃饬藏宇,乃穿运渠,乃置程籍,凡一介蠹公害民之事,悉就罢行。至于复廨请赋稍定,舆皂郁然如方兴之家。甫期,而课增新羡。比及三年,视诸场为冠。可谓能其所难矣。垣车策勋,必有为王诵之。君既请代,属余曰:"旧有题名二十四人,更十七载,俶落绍兴壬申,讫于嘉定辛巳,中间胡君所立也。今厘事方新,请为摭其略而改图。"吁!螭首龟趺,屴然厅事,岂徒姓氏迁次云哉!于以识岁月,纪治理。夫经营疏浚,爬罗剔抉,则源深而流长;扶持全护,训饬道齐,则本固而末茂。君其有志于此欤!余闻之,一牛鸣近,敢为之记。若昌温所谓"不居其官民而代人记者则媚人",余也何媚之有?嘉定十七年甲申仲春月朔,朝奉郎、新充福建路转运司主管文字李昌宗记。国学免解进士常令孙书。

朱俯　迪功郎,嘉定十四年三月到任,十五年六月特循从政郎,十七年七月满。

史弥炳　迪功郎,嘉定十七年四月到任,准登极恩,授修职郎。宝庆三年二月丁忧。

应弥明　修职郎,宝庆三年五月到任,绍定三年八月满。

薛师仁　绍定三年八月到任,次年五月庆寿恩循儒林郎。

顾用卿　从政郎,绍定六年十一月到任,嘉熙元年二月满。

周应旂　嘉熙元年三月到任,二年准辟钱粮官,三年七月丁忧。

赵希槻　从事郎,嘉熙三年十一月到任。淳祐五年,奉圣旨典岳祠。

厉梦龙　迪功郎,淳祐二年七月到任,五年八月满。

施棣　从事郎,淳祐五年八月到任,六年十二月养亲离任。

詹元善　儒林郎,淳祐七年四月到任,总领浙西、江东,则赋淮东,准满。

俞埙

王九龄

——《澉水志》卷七《鲍郎场题名记》

澉浦税场　系镇官兼职。嘉定十四年,朱俯修盐场,得旧额,有"骑都尉监澉浦镇税兼鲍郎盐场,大观二年重修"字。朱俯以前,却以鲍郎盐场兼镇税烟火公事系衔。至是始分专员。

鲍郎盐场　东亭元五灶,南亭四灶。缘东亭人贫额重,南亭人多盘少,嘉定十四年十二月申明仓台,移东亭一盘过南亭,添作五舍,东亭减作四舍。

户部犒赏子库　酒库　昔在欤城,后迁茶院,去镇西一十二里。绍兴初,有鞠姓者抱倅厅缗钱,继属漕司库官兼之,因立子库于市。淳祐八年,增创新楼。

市舶场　在镇东海岸。淳祐六年,创市舶官;十年,置场。

抽解竹木　旧系监镇提督抱纳漕司竹木钱。淳祐四年,漕使袁右司差专官下镇抽解。自后为例,镇官无预抽解,抱纳钱如故雇发。

铁布军需场 铁布旧属镇税。淳祐九年,浙西安抚司差官下镇置局。

——《澉水志》卷四《坊场门》

照对某近准使牒,差往嘉兴府管下散还亭户盐本钱。凡天涯海角细民平昔含冤茹苦不见天日之地,一一亲到。因得访问亭场如昨,灶数无减,而盐课折陷,其弊安在?乃知皆自华亭分司苦楚推剥,致亭户逃亡。始夫分司干官,祖宗法所无有也。顷岁自留守马端明持庾节,闵亭户赴本司期限涉远,分遣干官一员以便民,日引月长,奸民黠吏不得逞于县道者,翕然视为渊薮。偏方下邑,一介小官,赫然振监司之体,影附并缘,实繁有徒,民无所措手足,而国课无与乐办者矣。请试以亲所见闻之实言之。亭户本与官为市,有买而后有纳,不待明言,虽三尺孺子,知其决然不易者也。自置分司,亭户一到,请不需常例钱者,橐局闻二十有二,细民无一敢向,惟上户名统催者领之。支应需索之余,所存无几,往往又以欠额抑令八十贯折纳盐一解,请钱亭户往往徒手而归,不知本司尝许其然否乎?是买盐不以本钱,惟事抑纳,使亭户[5]逃亡,而盐课折陷者,分司也。上户与下户均为齐民,彼所自有者本亦一灶耳。官司以其事力可以济乏,材智可以服众,使之督办,谓之统催,亦必劝以恩礼,然后徇以法制,人情所在,始有乐为之用者。近者分司吏卒视为奇货而渔猎之,系累其妻妾,破坏其家产,甚至有讯腿荆五十,而一荆取杖钱五贯者。是一讯之顷,为费已二百五十千,他可类推矣。某目见浦东场等处高堂峻宇毁拆垂尽,问之所雇本地轿夫,佥谓此皆旧日富家上户,苦于追捕,今虽麦粥亦多不给。不知本司尝苦之至此否乎!是斩丧根本,枝叶无所附丽。使亭户逃亡而盐课折陷者,分司也。天下细民之苦,莫亭户为剧,岂止冬不得避风尘、夏不得避暑热而已哉!夏日酷烈,人所必避,虽病夏畦者犹避以箬笠,独亭户反就之以为凉。盖前盐灶舍火气炽盛,一出青天白日之下,即清凉也。冬寒雨雪,官司优恤,凡居里巷者皆散钱米,独亭户反因之而重罪。盖煮海为盐,全借晴日,一至深冬冱寒之际,必缺额也。推此以往,良苦可知。原其得罪于官,亦不过以利源之所自出,犹象焚于牙耳。是必优恤诱致,俾其乐业,乃可得盐。况如某所经历下砂、青村、袁部、浦东等场,三数百里无禾黍、菜蔬、井泉,所食惟醝水煮麦,不知人世生聚之乐,其苦尤甚,所宜痛恤。分司厅已去之官,断杖乃日不下四百座,半岁之间,死于非命者七人。不知本司尝罪之至此否乎?是待民不以人道,惟事非法,使亭户逃亡,而盐课所陷者,分司也。本司半月一比较,分司五日一比较。本司牌匣之费闻近百千,分司牌匣之费过八百千。五日一差狱子带家人数辈取亭户,每场七八百千,或至千贯,循环不已者,此分司所施于华亭管下四场者如此,本司无之也。五日一差狱子,自书数十,引逼场官佥押,追捕锁缚亭户家妇女,取钱四十千则放押,至广陈镇百二十千乃放,更迭搔扰,此分司所施于海盐管下芦沥一场者如此,本司无之也。曰补盐历,五日一批七十千;曰巡盐历,亦五日一批七十千。凡皆常程之费如此。此外非泛横出，加以罪名，有费至万贯者，盖无一不出于亭户。此其使亭户逃亡而盐课折陷皆分司为之，亦既太甚矣，况复以亭户之所已纳，分司反从而折陷之者，其事有二，又非本司之所及知也。盖分司即本司一干官在外者耳，而体貌几与本司埒，三司六局、排军授事，无一不备。茶酒至八人，扇吏六十人，又各有其徒名贴司者二十余人，狱子十余人，其徒号亲人者一百五十余人，自司属至轿散番通近而五百人，合两买纳官、一支盐官、四厅在县共十余人，人以十口之家计之，是十万指衣食于亭户。故虽吏胥之文移日以繁，卒徒之骤突日以频，而所得犹不足以饱所欲。遂于纳盐每斛一石五斗四升之外增盐二杴。买纳官、支盐官及催吏又各处监临，诈言斛浅，更互喝令罚杴，杴率近一小斗。此实亭户之所已纳，而官反归之于私，多搭发钞客白自折陷之者，一也。每斛官给亭户本钱价十五贯，今亭户无盐折纳八十贯，亭户既已绝少，官司坐下最高年分数目额，既未尝不亏，则亦未尝不折纳，名曰抵当，没则官自买盐。夫盐，出于亭户者也。亭户无盐可纳而纳钱矣。官司既取钱于亭户，将买盐于何人耶？此不过以多量羡余搏抵数目，而钱入官吏之手。使官不拘纳此钱，而上户以此钱接济下民，亦何至无盐？此则亭户之所已纳，而官自折陷之者，二也。增杴、折纳，本皆属支买场，然不与分司厅通同，则支买场不敢自为支买。权轻人所易诉，庇以分司，则人之视分司即本司，无敢轻出一语。故曰亭户逃亡而盐课折陷，皆分司之为也。某不佞，窃谓必欲亭户之逃亡者复业，盐课之折陷者复旧，非省罢分司厅不可。夫分司之创，直为利民也。今反害民，理宜省罢，所不待言。若曰无分司则追会远，某谓自华亭过长泖、淀湖，止一日水程，非远也。免分司五日一追，而就本司半月一较，虽远不易前日之近者乎！若曰无分司则拘榷难，某谓诸场催到盐皆场官催吏自为之，分司无毫发力也。免分司苦虐，而专责合场官吏，方将易催，安见其难者乎！往岁未创分司，课额不妨登足；自创分司，二十年间，课额反亏，无益有损，而不行省罢，弊将安极乎？且华亭之以干官分司，犹盐官之以知县提督也。知县提督无补盐事。前淮东赵总领昨任本司提举日，已行省免，官吏民户无不称快。况分司之害如此，而可不以赵提举之省免提督者省之乎？某属邑小吏，何敢僭越言本司重事。幸今圣化更新，轸念畿辅内地前此罹苛刻之苦，妙柬盐司，痛清宿弊，以救根本，而某乃首辱使令，倪隐情惜己，拘守文法，不以利害之大者告，岂惟负使令，是亦负国。用是不避斧钺之诛，纤悉以闻。敢望台慈特赐详览，事若可行，乞自使司敷奏朝廷，将晚创华亭茶盐分司径行省罢，并将买纳场文武两员省罢一员，止存留一员，许文武遍差。仍自使司立定买纳场吏卒人数，给板榜文留去后，不许私自增添，本司常行觉察，违将官吏重行区处。岂惟国课之幸，实国脉之幸！某无任皇惧俟命之至。

——《黄氏日钞》卷七一《提举司差散本钱申乞省罢华亭分司状》

庚申春，孙提举任照得此项旧系本司增收客钞，每袋四贯，贴买亭户盐二十斤，以润盐商。官司既以见钱买盐，价直又与本钱无异，亭户谁敢不伏就买。止缘事系晚创，本司率待盐到方以此钱令项分付纲稍，支还亭户。纲稍以牛船盘费为说，兜收入己，不曾付还，以致官司虽支见钱，亭户不免白纳，含冤欲诉，想非一日。今幸上司清明，每事务加优恤，亭户得以吐气，遂行执说，不肯付盐，事理晓然，无可疑者。所合具申使台，行下诸场，照久例催发外，今若将贴袋钱同元数盐本钱并单攒算，顿还亭户，庶使纲稍不得兜匿，亭户自然乐输。其余盐监，并乞一体施行。

——《黄氏日钞》卷七一《权华亭盐申乞散还贴袋盐钱状》

昨准使牒催盐，未买蒲束，拖照牒内开列宝祐四年、五年、六年欠四万六千八百七十七斤，去岁开庆元年欠三万四千三百二十六斤，今岁景定元年并续此本申数上欠一万八千七百六十三斤，旧欠反多今新欠。入今岁未及两月，而蒲已垂足，其事甚怪。及行遂一访问，乃知蒲束元系隔岁预买。今岁之蒲买于去岁，屡岁皆不足，而今岁独以足闻者，去岁毛分司力也。某因窃伏自念，此事虽若可为今岁已买蒲束喜，亦不能不预为来岁未买蒲束忧。盖毛分司见为酷刑，数月之间，死者七八人，见于县家之公牒，而沿海之民至今怨入骨髓，棰楚之下，何求不得，其催足固宜。天下忍人不多，毛分司骤足于此时，必将愈不足于他日。而催数之所以常不足，其情亦必当察者。每盐一袋，用席三领；每席一领，用蒲斤半；每蒲一斤，用买价钱七十五文旧会。窃谓此往昔价也。蒲无种，卖者惟于海涨荡地刈薪之人搜买，每薪一檐，可拣箭二斤，得之亦艰矣。而斤价七十五文旧会，展足钱今不过四文。蒲固贱物，一日之力可拣几斤蒲，而拣者可给食耶？本司管下华亭仓织席于祇园局，至其余平江等仓织席于福山局，岁各用蒲二十万斤，共四十万斤，例差近海金山、戚漴、杜浦三寨兵催买于牙人之手，复差华亭两尉司弓手以催督三寨之兵。催督烦苛，人情畏避。牙人旧三十家，今次第逃亡，现存者止四家，曰夏百十、曰孙百一、曰陈亚七、曰夏千四而已。夫以斤数如此之多，价钱如此之少，其出甚难，其催甚烦，而牙人又多逃亡，当毛分司威猛竭泽之余，其事岂易继耶？窃谓天下事已极则当变通。本司弊事已无一不极，若亭民逃亡，盐课折陷，弊亦极矣。提举左司一建台之初，凡民户所欠官司之旧盐尽皆蠲放，凡官司所欠民户之旧钱即与支还，民多复业，课亦旋登，此近事变通之明验也。买蒲虽若甚微，而关系盐事为最切，其亏额虽不若盐课之显见，而积欠官司价钱亦不少。其牙人逃亡，与人户纳数多而价钱少，虽不若亭户受弊者众，人所共知，切计闾阎之疾苦，亦未必不与亭户等。谓宜变而通之，或将往岁积欠无斤两纳到数目而徒费帖匣催督者特赐蠲放。或契勘一岁客人所入袋席窠名钱数，与本司所给买蒲织席钱数，有无可以增添买价。及契勘先来立价七十五文一斤之时会价，必是七十七陌未曾减落会价；既减之后，曾与不曾令客人补添钱数，如无补添，亦合区处。某闻官与民为市，其弊多失于贪。古人一夫不获，如己隐忧。催蒲四十万斤,不获者当不一夫而止。况钞客入钱买袋,官司不过用吾之钱买之民,岂可不持衡于上,使之两得其平等。以政场之道论,则予者乃所以为取。往岁不知变,泄出钱之数虽多,而收蒲之数不足,官司白折此钱,不可复得,其与增价于民何异？官不明增,民亦昏赖,特不以为恩,而以为怨耳。幸今上台清明,事事务从优恤,人人欣若更生。此事若知而不以告,则为坐失良机,后将谁问？备述所得细大,谨一一以闻,取自裁择。买蒲又近,或速得见之施行,庶不误将来官事。

——《黄氏日钞》卷七一《申乞添人户卖盐袋蒲草价钱状》

照对祇园局机户工钱旧欠既蒙支还,今岁正月分钱又即蒙发下,小民幸甚！然尚有小节目合行申明。机户散居华亭、嘉兴、海盐管下,每一引唤,官司颇烦,承唤之人宁免需索。今欲每月织到袋席,必于次月初五日本监申总数到本司,初十日本司发工钱下本监,十五日机户各自到监领钱。本监随将领钱帐申本司照会,立为定例,永远遵守。日下先次备榜三县界首白牛镇张挂,使机户通知,仍帖本监遵照。

——《黄氏日钞》卷七一《申乞散还盐袋机户钱讫再乞立定期限状》

昨准使牒催林松赃钱,已纳者申解,未纳者拘催。及索到元案拖照,逐一审问元行承吏,乃知曲所甚多,有不容不申明者。去岁开庆改元之三月,本司差专吏于正额之外令项买盐,谓之令盐。适不幸遇岁春雨霜霖,盐课绝少,且无正额,安有令盐？偶一得之,彼此争夺,监官既欲占为正额以充数,催吏又欲分为令盐以逃责。催吏则倚分司为重,而监官则檬亭场为先。一日有浦东管下杨葵等共发令盐三斛,监官赵催煎夺而印为正盐。偶毛分司到张泾堰散钱。赵催煎出张泾堰迎接,元印盐专知林仁之子林松为厅子,随直本官分司厅,遂以夺盐事申报,就擒之。既而以正盐、令盐均之归官,不足以深治之也。此场有双灶户,逃亡十七八,课额最亏,改以此事送华亭县狱鞫之。狱具,则逃亡不系其首尾,又不足以罪之也。遂唤艄工浦东亭户问盐场公使诛求常例,旋令入状,判送县狱再鞫之。计以一户曾得若干,总四场合计若干,一岁既计若干,积四岁又计若干,总而为数者至五十万贯,皆是因其一端迤逦展计,即无实赃。本司亦疑其太甚也,行下止拘纳赃钱五万贯,事已恕矣,而林松亦无可纳。有一体厅子戚文林,仅冒罝同罪,亦系监纳之数。戚文林尝入赘本场衙前市户胡千二之女,既而仳离之,仇恨方新,遂相与妄通此钱寄胡千二家,胡千二不胜其冤也。遍行搜访此三吏亲戚相识,称自系元寄某人等家,皆是得之传闻,初不知其实迹。厄会参凑,冤结牵联,凡平日初不识此三吏,及元不曾面接胡千二者,又从而过脚转注,半岁之间,巡尉之追捕无虚日,一境之内,人户之骚动无宁刻。除邻保官连外,今照计以欠钱挂名案内者尚七十五家,闻其方监纳之日,械系满庭,鞭挞无算,所催犹不及数而止。盖盐场厅子些少食利，随得随用，以了口食，安有积岁数万在家之理？亦安有田园细软寄附在外之事？今以一事贯伯之常例，而推算至于数万；以一吏冤仇之妄通，而枝蔓近于百家，事皆凿空，势已筑底。故虽以毛分司之威猛，亦不能不中止于此。正犹先朝韩中丞详定放欠，谓待家业荡尽，方理欠数。毛非住催，无可催也。今使台布行新政，并已放免虚挪，而停住分司，正欲扫除烦扰。况此事名虽有欠，实皆无辜。元申之数虽存，元监之人已放，家之破者尚哭，人之痛者未瘳，其人岂可复追，其钱岂可复得？上司未知因依，固宜再此行下。某既以考见终始，岂容不据实申明？所有毛分司元监到钱，已于二月十一日就寄库钱数内申解讫。田三百二十四亩，数内惟胥浦乡六保奚四七兄弟所种二十七亩系林松田，余皆妄通，并无着落。其监到什物元系妄通，本无其物，被通人旋于市上收买旧币，姑以充数，见系毛分司封留在库，合与不合申解，或就此估卖。其未监钱二万六百余贯，元案虽是厅子林松一人，而挂欠却是百姓七十五家，不独冤枉，委无追理。区区欲望台慈明榜免监，一方幸甚。

——《黄氏日钞》卷七一《申乞免监赃钱状》

窃照天下官事成于以实相与，坏于以虚相欺。以实相与者官所以办公，以虚相欺者吏所以谋私也。华亭盐仓去岁并无颗粒存在，但得施招新钞以待新盐，不啻足矣，他复何说？此实也。今案吏搜寻屡岁不足之钞数，节节不住行下，必求客人招足。如果欲招足屡岁未足之钞，必先追足屡岁不足之盐。今新盐尚不足以应新钞，欲将以何盐与之，而令补往岁之钞耶？此不过案吏观望，为此虚言无实，故纸世界求计置耳。今岁正月之钞皆某二月内招到，此旧岁已为增额。二月十七日又带补正月分一百七十五袋矣。二月之钞虽以最高租额四千袋分三限，每限一千三百袋坐下。若论去岁实数，不过二千六百袋，又系广陈钞项数，本监无之。某遂斟酌作每限一千袋包数招诱，初十日头限按期申发一千袋钞数讫。第二限系在二十日，已预期于十六日招到，于十七日申发一千袋钞号讫。凡此无非以实管干公事，欲免虚文督促，使客人乐然就招也。奈何案使以不遂其私，头限申一千袋，硬改五百袋作正月数，以规新欠，尽多为诛求张本。第二限到二十日方当限，过限方合检举行下。今十七日预申之数方发，当日午牌检举之匣已下，至申酉间，催钞之专吏萧大昌又接踵而至，又以十七日到县，便令以十七日当限，中以深文，令其必受罚。此非案吏观望，驾此虚文而何？若以实论，则见今预招已申之钞尚有一千五百余袋无盐可支，追补已往，皆是虚文，专差吏人，亦成何用？况煎盐者亭户，官司当优恤；买盐者钞客，官司亦当善诱。循环往复，彼此不可胥废，皆官司利源之所从出也。向来本系五千一大招钞，正因上司不体实情，强抑虚数，逃归形势之家，官司虽一袋无与任责。近方得邵卫太接续，官司幸无阙事，岂可遽忘前日之弊而不虑将来耶？此来欲乞台慈详察，将去岁十二月以前应干积岁已无盐货虚存补钞之数尽行住催,截自今岁正月以后,将一岁合招钞数勒令邵卫太作四限分搭包足,每三月一次,要见足数,庶晴雨月分递缺内偶有最亏,无偏受责罚之日,偶有最高,无将来引例之患,忠厚之至,公私两便。其常常招诱,使常有余钞,以待支打,则专委支买官。或客人恃顽,支买官无预招到数,须从支买官申讫,方就本司行下帖催,舍此则非泛行移,一切并免。上执其要,下任其详,体统亦顺。所有今来萧太昌赍到催牒两纸,未敢遵禀,谨用缴纳见到。

——《黄氏日钞》卷七一《申乞免追钞客旧钞状》

【注释】

[1] 殿中丞:文阶名。北宋前期京朝官本官阶。有出身转太常博士,无出身转国子博士。元丰三年九月新订《元丰寄禄格》,以阶易官,其官易为奉议郎阶。

[2] 迪功郎:选人阶官名。北宋徽宗政和六年十一月,由将仕郎阶改名,为选人新阶第七阶。从九品。

[3] 左藏:古代国库之一,以其在左方,故称左藏。晋有左右藏令,属少府。北齐、隋属太府寺。唐代左藏掌钱帛、杂彩、天下赋调。宋初诸州贡赋均输左藏。南宋又设左藏南库。

[4] 封桩库:监当局名。北宋乾德三年三月,太祖于讲武殿后置内库,号"封桩库",掌岁终国用赢余钱物,以备北伐军用与饥荒。太平兴国三年十月,太宗改封桩库为景福内库。

[5] 亭户:古代盐户之一种。唐乾元元年(758)第五琦定盐法,将制盐民户编为特殊户籍,免其杂役,专制官盐。因煮盐地方称亭场,故名。宋代京东、河北、两浙、淮南、福建、广南海盐产区中,专指向政府领取本金产制正盐(额盐)归公的盐户。

常 平

环吴会为邑者百数,以华亭为大;诣铨曹注令者千数,以华亭为难。琴堂常虚席莫敢就,有就者世辄目以奇材。余行四方,闻某县蠲某赋,某县革某弊,昔难而今易者往往有之,而华亭之难自若。盖竭一县财粟尽输之州,通天下之县皆然也,至于学也,仓也,与社稷并而不敢废,虽甚凋陋犹存其名,惟华亭并常平义仓之名而废之。噫,其难至是欤!余姚杨君瑾奉玺书,绾铜墨,境内称治,上下信伏。君喟然曰:"吾儒者也,受子男之封,任刍牧之寄,讵可以善事上官、不得罪巨室为职业乎?去岁夏五民苦贵籴,邑无粒粟,敛于诸豪,吾心愧焉。"会常平使者曹公幽修旧法,太守赵公与簹奉新书,岁留米五千石于县,华亭于是乎有义仓。君曰:"二公所以惠我县者至矣,然敛散之权令不得专,吾将有以辅之。"取樽节余钱一万缗,籴三千石,规县东为屋五楹别储之,华亭于是乎有平籴仓。昔王介甫尝恨士大夫不能讲先王之意以合于当世之故,余每叹其言之善而又病其太高。夫常平创于汉,义仓昉于隋,士大夫不能讲汉、隋之法以合诸当世者有之矣,况远而及于先王之意欤!顾壮哉县生齿之繁,贵豪之众,水旱凶荒之备一日不可阙者,相承百年,莫过而问,必待下有贤令,上有贤监司、太守而后举行,然则民之望治不其愈难欤!君既在端平循吏之目,涤华亭难治之谤,荐墨交上,有旨升擢,期月之间,绩状如此,使尽其材而究于用,其可书者何止一仓,余又将秉笔以俟。

——《后村先生大全集》卷八八《华亭县建平籴仓记》

官　税

　　公讳必大,字子充,一字洪道,世为郑州管城县人。大旱,求退甚力。上曰:"方赖卿等协赞,若舍朕而去,谁与共此?"又请依庆历中例,降秩一等,亦不许。遍祷群望,下诏求言,遂奏:"实惠及民,莫若宽减夏税。施德当自近始。会稽和买诡避至多,请权免一年,徐议厘正。"秀州乞权减大军总制钱二万余缗,吏拟勘当。公曰:"此岂勘当时耶?"奏蠲之。上方笃意救荒,其所以赞宽仁之政,不可胜纪。

　　　　　　——《攻媿集》卷九四《少傅观文殿大学士致仕益国公赠太师谥文忠周公神道碑》

　　绍兴二十九年五月己未,中书门下省[1]奏,江、浙四路所起折帛钱:平江府、湖、秀州四十八万三千余缗。

　　　　　　——《建炎以来系年要录》卷一八二

　　淳熙五年闰月庚戌,蠲秀州民折帛钱。

　　　　　　——《宋史》卷三五《孝宗纪三》

　　淳熙十四年秋七月辛丑,权减秀州经、总制籴本钱半年。

　　　　　　——《宋史》卷三五《孝宗纪三》

　　臣窃闻今年浙东、西州郡间被水患,陛下至仁恻怛,即降睿旨,分命监司赈给。遂使数州之民,左餐右粥,如岁丰时,无转徙之患。隆恩厚泽,浃洽霶霈,何有纪极!然臣得之道涂,谓湖、秀诸州,犹催积欠,督责甚急,百姓颇复不堪,皆言圣天子轸念我曹,济之以食,而官司不能推广德意,乃追积年逋税,名色既多,何所从出?欲望圣慈特赐处分,两浙路监司州县,将今年以前民间所欠逐色科名税物,除官户公人及二等以上户外,其余或与一切蠲免,或与权行倚阁,至来年秋成起催。如敢违戾,许人户越诉,及委御史台弹劾取旨,重寘典宪。仍令转运司遍榜晓示,庶使斯民家至户到,皆知陛下所以哀矜元元之诚意,而州县之吏不敢奉行灭裂。取进止。

　　　　　　——《于湖居士文集》卷一七《乞不催两浙积欠札子》

　　嘉泰二年乾道七年,改左宣教郎、知袁州分宜县。县负郡欠十万缗,公请蠲除于上司。

会丁母忧,后令许枢密及之申前说,时公以在言路为之助,并秀之华亭县月椿重额皆得减免。

——《平园续稿》卷二八《朝议大夫工部尚书赠通议大夫谢谔神道碑》

榦昨所申解本库合干人蒋润,及拍户钱九一、钱福、私役人钱七等冒占官拍户发卖私酒事。榦属以烝烧事冗,未及躬诣台屏,不审已蒙严施行否。窃念犒赏诸库虽属版曹[2],而领在计台;虽属计台,而隶在州县。如附疣县赘,虽有痒疴疾痛,人莫有怜者。所谓版曹、计台、州郡,尤漠然相辽绝,独有使县相去密迩,幸遇贤百里。榦厕之属吏之末,则卒有缓急,尤可以呼号赴愬耳。今兹之恳非可以常事比,岂有拍户既不行打酒,而反私立拍户?岂有官酒既不发卖,而反自卖私酒?岂有官司地界而为己私属?岂有官司之人而为己私役?区区小吏固不足道,岂有百里之内久沐德化,乃有奸豪一至于此,今纳去地图一纸,凡墨书者属本库,凡朱书者皆钱福所占卖私酒之地也。欲望牒尉司追上钱九二及小拍户沈十八根究施行。

——《勉斋先生黄文肃公文集》卷二七《申崇德县乞追究钱福札子》

榦一介小官,不足比数,然其所以趁办系是户部犒赏钱物,其所统属系是本路使者提领,虽于贵县若无干预,然弊库辱在治封,无异属吏,贵县趁办版帐,何异弊库?事体既已不殊,利害所宜相恤。今有拍户钱福不赴库打酒,其罪一;私下造酒,其罪二;多置拍户,其罪三;本库使人告谕不从,反装论诉本库,其罪四。情理明白,不待智者知其不可。今诉之巡尉,贵县人吏反移文巡尉,不为施行;诉之州郡,贵县人吏反蔑视州郡,不为追逮,却称本县寄居为之芘护。夫寄居贤者耶,必不肯芘此无状之人;不贤耶,贵县不当受不贤之嘱。今观所称寄居,邑人皆称其贤,则是必无此事;而贵县人吏欲以势相恐吓,而为钱福求免也。今不得已而诉之运使、提领,已蒙行下贵县追人根究。切望勿为吏辈所欺,则不待片言而狱可折矣。榦衰晚小官,为贫仰禄,不过以勤易饱,以廉易安,此外无所顾望。若贵县肯为施行,则尚可俛首趁办国课;若使如前付之吏辈,漠然不顾,则乞径申使所,将干对移放罢,以快钱福之意。不然,干亦当径申使司,乞回避钱福,不得复为贵县属吏矣。岂有本库自有界分,乃出门东望,环数十里,为一拍户钱福所占,贵县不为追理,而可以安坐受耻,苟升斗之禄乎?

——《勉斋先生黄文肃公文集》卷二七《申崇德县乞追究钱福札子》

【注释】

[1] 中书门下省:南宋建炎三年四月二十九日,中书省、门下省合为一省。乾道八年二月罢三省长官之后,三省不废。

[2] 版曹:宋代户部左曹的别称。因职掌版籍,故称。亦借指户部。

灾 害

乾兴元年正月戊戌,秀州言积水为灾,民艰食。诏本州秋税残欠悉倚阁之。

——《续资治通鉴长编》卷九八

乾道元年八月,湖、秀州、上虞县水,坏民田庐。

——《宋史》卷六一《五行志一》

乾兴元年二月庚子,诏苏、湖、秀州民饥,贷以廪粟。

——《宋史》卷八《真宗纪三》

明道元年三月戊子,颁天圣编敕。戊戌,以江、淮旱,遣使与长吏录系囚,流以下减一等,杖笞释之。

——《宋史》卷十《仁宗纪二》

皇祐二年十一月丁酉夜,秀州地震,有声自西北起如雷。

——《文献通考》卷三〇一《物异考七》

嘉祐中,(郑獬)上疏曰:"臣过秀州,见赤地千里,蝗蝻蔽天,私怪其故。已而见就逮者累累,道路不绝。"

——《续资治通鉴长编》卷二一三

轼顿首上书门下仆射相公阁下:轼近上章,论浙西淫雨飓风之灾。伏蒙恩旨,使与监司诸人议所以为来岁之备者。谨已条上二事。轼才术浅短,御灾无策,但知叫号朝廷,乞宽减额米,截赐上供。言狂计拙,死罪死罪!

八月之末,秀州数千人诉风灾,吏以为法有诉水旱而无诉风灾,拒闭不纳。老幼相腾践,死者十一人,方按其事。由此言之,吏不喜言灾者,盖十人而九,不可不察也。轼既条上二事,且以关白漕、宪两司,官吏皆来见轼,曰:"此固当今之至计也,然恐朝廷疑公为漕司地,奈何?"轼曰:"吾为数十万人性命言也,岂恤此小小悔吝哉?"去年秋冬,诸郡闭粜,商贾不行。轼既劾奏通之,又举行灾伤法,约束本路,不得收五谷力胜钱。三郡米大至,施及浙东。而漕司官吏,缘此愠怒,几不见容。文符往来,僚吏恐悚。以轼之私意,其不为漕司地也审矣。力胜之免,去岁已有成法,然今岁未敢举行者,实恐再忤漕司,怨咎愈深。此则轼之疲懦畏人,不免小有回屈之罪也。伏望相公一言,检举成法,自朝廷行下,使五谷通流,公私皆济,上以明君相之恩,下以安孤危之迹,不胜幸甚。

——《苏文忠公全集》卷四八《上吕仆射论浙西灾伤书》

神宗熙宁元年,秀州蝗。

——《文献通考》卷三一四《物异考二十》

始,公(李余庆)以叔父任,起家应天府法曹参军,遇事辄争之,留守者不能夺也,卒荐公改太常寺太祝,知湖州归安县。其后通判秀州。州近监,公作华亭、海盐二监,以业盗贩之民,岁入缗钱八十万。又为石堤,自平望至吴江五十里,以除水患,人至今赖之。其所至处,利害多如此。然非公大志所欲以就名成功者,故不悉著,著其利于民尤大而能以久者云。

——《临川先生文集》卷九四《朝奉郎守国子博士知常州李公墓志铭》

元祐五年九月十七日,龙图阁学士左朝奉郎知杭州苏轼状奏:今年灾伤,实倍去年。但官吏上下,皆不乐检放,讳言灾伤。只如近日秀州嘉兴县,因不受诉灾伤词状,致踏死四十余人。

——《苏文忠公全集》卷三一《相度准备赈济第二状》

元祐五年十一月壬申,殿中侍御史岑象求言:"秀州嘉兴县民数千诣县诉水灾,知县王岐、主簿王瓶不为收接,因此百姓喧闹,致蹈杀四十七人。本州又减数申监司,仍庇护令佐,归罪百姓。"诏王岐、王瓶先次冲替,并秀州干系官,并令本路提点刑狱司取勘具案以闻。

——《续资治通鉴长编》卷四五〇

政和五年,平江府、常、湖、秀州水。

——《宋史》卷二一《徽宗纪三》

宣和六年秋,秀州大水,田不没者什一,流冗塞路,仓府空虚,无赈救策。洪忠宣公皓时为司录事,白郡守以荒政自任,悉籍境内粟,留一年食,发其余粜于城之四隅。升损市直钱五,戒米肆揭价于青白旗上,巡行无时,抶其旗靡者,皆无敢贵籴。不能自食者为主之,立屋于东南两废寺,十人一室,男女异处,防其淆伪,涅黑子识其手,东五之,南三之,负爨樵汲有职,民羸不可杖,有侵牟斗嚣者,乱其手文逐之,皆帖帖畏伏。借用所掌发运名钱,钱且尽,会浙东纲常平米斛四万过城下,公遣吏锁津栅,谕守使截留。守噤不肯,曰:"此御笔所起也,罪死不赦。"公曰:"民仰哺当至麦,今腊犹未尽,中道而止,则如勿救,宁以一身易十万人命。"讫留之。居亡何,廉访使者王孝竭至郡,曰:"平江哀号诉饥者旁午,此独无有,何也?"守具以对,即延公如两寺验视,民肃然无出声,孝竭曰:"吾尝行边,军政不过是也,违制抵罪,得为君脱之,且厚赏。"呼吏草奏,公曰:"免戾幸矣,安所赏。但食犹未足,公能终惠,复得二万石乃可。"孝竭以闻,米如请而得。至来秋,民相携以归,前后所活者九万五千余人。州人既不死凶年,公出,无不以手加额,呼为"洪佛子"。

——《自警编》卷八《救荒》

泗州[1]普照寺僧伽塔,建炎戊申二月二日灾。秀州华亭普照寺亦以是日焚。其塔亦甚雄盛,可亚于泗上也。

——《墨庄漫录》卷四《泗州秀州普照寺同日遭焚》

绍兴元年十月丁未夜,秀州华亭县大风电,雨雹,大如荔枝实,坏舟覆屋。

——《宋史》卷六二《五行志》

绍兴五年十月丁未,秀州华亭风雷,雨雹激射,疾于箭弹,坏舟覆屋。

——《文献通考》卷三〇五《物异考十一》

绍兴九年六月丁丑,临安府、秀州旱。

——《建炎以来系年要录》卷一二九

绍兴二十三年秋七月壬辰,诏平江府、湖、秀州实被水贫乏下户,未纳夏税,并权住催理。俟秋成日输纳,用户部请也。

——《建炎以来系年要录》卷一六五

绍兴二十年四月,秀州海盐县海洋有巨鳅,群虾从之,声如讴歌。抵岸偃沙上,犹扬鬐拨刺,其高齐县门楼,其长百丈。县民脔肉,转鼍压死十数人。领骨长二丈五尺,与前孽同占。

——《文献通考》卷三一三《物异考十九》

绍兴二十八年秋七月癸未,三省言:平江、绍兴府、湖、秀州被水。欲除下户积欠,恐侵岁计。乞令户部开具。上曰:止令具数,使于内库[2]拨还。朕平时无妄费,内库所积,正欲备水旱耳。本是民闲钱,却为民闲用,复何所惜邪。

——《建炎以来系年要录》卷一八〇

隆兴二年,平江府、常秀州饥,华亭县人食秕糠。行都及镇江府、兴化军[3]、台、徽州亦艰食。淮民饥流江南者数十万人。乾道元年春,行都、平江、镇江、绍兴府、湖常秀州大饥,殍徙者不可胜计,州县为糜食之。

——《文献通考》卷三〇一《物异考七》

孝宗乾道三年八月,上虞县、湖、秀州水,坏民田庐。时积潦至于九月,禾稼皆腐。

——《文献通考》卷二九七《物异考三》

隆兴七年春,江东西、湖南北、淮南、浙婺、秀州皆旱,至于夏秋,江洪筠潭饶、南康兴国临江尤甚,首种不入。

——《文献通考》卷三〇四《物异考十》

乾道元年春,湖、常、秀州大饥。

——《宋史》卷六七《五行志》

乾道七年春,江西东、湖南北、淮南、浙婺秀州皆旱。

——《宋史》卷六六《五行志》

淳熙三年八月癸未,行都大雨水,坏德胜、江涨、北新三桥及钱塘、余杭、仁和县田,流入湖、秀州,害稼。

——《宋史》卷六一《五行志》

淳熙十四年七月,秀州饥,有流徙者。上念郡国赈恤未至,诏部使者、守令谨行荒政,收哺遗幼,免临安绍兴庆元镇江府、常湖秀州、江阴军夏赋而赈之粟。

——《文献通考》卷三〇一《物异考七》

(淳熙十四年七月)窃见本路州县阙少雨泽,其间旱伤分数随处不同,内临安府盐官县、秀州海盐县被旱严重,民间目下便已乏绝,渐有流移。所有两县人户合纳夏税、和买、役钱及以前年分积欠官物,乞自第三等以下且令住催,候将来丰熟日送纳。

——《宋会要辑稿》食货五八之一七

绍熙五年春,浙东、西自去冬不雨,至于夏秋,镇江府、常秀州、江阴军大旱。

——《宋史》卷六六《五行志》

绍熙五年七月乙亥,行都大风拔木,坏舟甚众;绍兴府、秀州大风驾海潮,害稼。

——《文献通考》卷三〇六《物异考十二》

(黄灏)除太府寺丞[4],出知常州,提举本路常平。秀州海盐民伐桑柘,毁屋庐,荸殣盈野,或食其子持一臂行乞,而州县方督促逋欠,灏见之蹙然。时有旨倚阁夏税,遂奏乞并阁秋苗,不俟报行之。言者罪其专,移居筠州,已而寝谪命,止削两秩,而从其蠲阁之请。

——《宋史》卷四三〇《黄灏传》

绍熙五年七月乙未绍兴府、秀州大风驾海潮,害稼。

——《宋史》卷六七《五行志》

庆元三年秋,浙东萧山山阴县、婺州,浙西富阳盐官淳安永兴县、嘉兴府皆螟。

——《宋史》卷六七《五行志》

照对本县元行劝分,止粜有钱籴米之家,应水坏庐舍荡析流离,死亡相枕者,全不曾念及。某近准提刑司差来救荒,目击饿殍满途,县无粒米分文可以救之。上户因劝分之初,减价太甚,粜数且不肯认,无缘可更创出名色,令其白出米斛赈救。某一时作急,尽出己俸倡率煮粥,兼出下俚之计,效尤浮屠家,作疏头缘化,请学职以化士夫人家,请寺僧以化街坊市户,且揭榜通衢,救得一人是一人,救得一日是一日,不可过虑将来,自坏善心,以立视吾天民之死。随荷人心响应,见已夹截空寺,铺芦席稻草,分男女堂,止宿六七百人。元初虽说救一日是一日,若救不到头,其实何补。就食渐众,来日方长,凛然后忧,叫地号天,别无门路。仰惟提举判府国史吏部视饥由己,全活一路,华亭乡落贫民亦曾受惠赈米八千石,独此等流落饿夫不在本村,未沾颗粒。敢沥危忱,仰干大造,乞赐那拨义仓米二百硕,分拨华亭兴圣、南禅两寺粥局,接续救活,且使人心感动,乐施者众,则继自今,凡活一命以上,皆上台之赐。某无任激切俟命之至!

——《黄氏日抄》卷七一《权华亭县申今司乞米赈饥状》

【注释】

［1］泗州：北周大象二年(580)改东楚州置，治宿预县(今江苏宿迁市东南)。隋大业初改为下邳郡。唐武德四年(621)复名泗州，开元二十三年(735)移治临淮县(今江苏洪泽市西洪泽湖西岸)，天宝元年(742)改为临淮郡，乾元元年(758)复为泗州。辖境相当今江苏省洪泽县洪泽湖西岸、泗洪、泗阳、宿迁、涟水、灌南、邳州、睢宁等县市及安徽省泗县、五河等地。

［2］内库：宋内藏库、封桩库、内杂库的总名。

［3］兴化军：北宋太平兴国四年(979)改太平军置，治兴化县(今福建仙游县东北古邑)，八年移治莆田县(今莆田市)。属两浙西南路，后属福建路。辖境相当今福建省莆田、仙游等市县。元至元十四年(1277)升为兴化路。

［4］太府寺丞：元丰新制后为职事官，参领太府寺事，并专掌书押交引库钞引。崇宁至宣和三年增置寺丞一员，专行点检京师七药局事。

历任职官

知　州

父恕,后唐时童子及第,开宝中,知秀州。

——《宋史》卷三〇四《王济传》

忠献韩王赵普,字则平,幽州蓟县人。曾祖吴国公冀,三河令。思文,左藏库[1]副使,子希杰,奉议郎、知秀州,孙珪,武翼大夫、知茂州。

——《建炎以来朝野杂记》乙集卷一二《赵韩王六世小谱》

(景德)二年,(刘师道)以郊祀恩,起为工部郎中、知复州,换秀州。

——《宋史》卷三〇四《刘师道传》

天圣二年,(叶清臣)还为光禄寺丞,集贤校理,通判太平州、知秀州。

——《宋史》卷二九五《叶清臣传》

柳植字子春,真州人。少贫,自奋为学,从祖开颇器之。举进士甲科,为大理评事、通判滁州。迁著作郎、直集贤院、知秀州。

——《宋史》卷二九四《柳植传》

公讳籍,字醇之。其先出于周之毕公,因邑命氏。章献太后临朝,用中旨求之者以十数,执政患之,谋曰:"得孤寒中有声望才节可以服人者与之,则中旨可塞矣。"乃以公名进,太后果从之,仍改服银绯。久之,出知秀州事。

——《司马公文集》卷七六《太子太保庞公墓志铭》

鲁宗道,《东都事略》云:为秀州海盐县令。**王存**,历秀州嘉兴簿。**苏为**,《题名记》苏为、庞籍皆为守,而无年月。**庞籍**,尝知秀州。明道中,召入为殿中侍御史。出《温公集》。**宋昭年**,宣和二年,盗发睦州之淳安,知州宋昭年谓吾州次当受敌,于是因其圮坏而更筑之。城成三日,贼入杭州,明年正月直抵其下。知州与民乘城自固。贼留三日,无敢傅城者,后五日,而贼大溃。上嘉其功,增秩进职以宠之。**朱良**,建炎四年,敌分兵寇海盐,县尉朱良率射士百余拒之,遂力战以死。良,吴县人,光禄光绰孙也。《系年录》。**李纲**,为华亭尉。创阁,人呼相公阁。**赵士䃟**,建炎四年,金人宗弼过秀州,权州事邓根留本州,都监赵士䃟乘城拒敌,城陷,士䃟为流矢所中而死。后赠武翼大夫,官其二子。**唐尧封**,金华人。《系年录》云:"绍兴二十七年,户侍王师心奉诏举秀州教授唐尧封,蚤以文行著于乡评,四任教官,恬静有守,除军器监簿。"**洪皓**。《系年录》云:宣和六年秋,秀州大水,仓库空虚,无赈救策。州司录洪皓以荒政自任,会浙东纲常平米斛四万过城下,公遣吏锁津栅,谕守使截留。守喋不肯,曰:此御笔所起也,罪死不赦。皓曰:宁以一身易十万人命。讫留之。廉访使者王孝竭至郡曰:违制抵罪,得为君脱之,且厚赏。皓曰:免戾幸矣,安所赏?公能终惠,复得二万石乃可。孝竭以闻,米如请而得,前后所活者九万五千余人。

——《舆地纪胜》卷三《嘉兴府》

庆历四年三月癸酉,祠部郎中、集贤校理钱仙芝贷命决配沙门岛[2],坐知秀州受枉法赃罪当死,特贷之。

——《续资治通鉴长编》卷一四七

《刘先生谈录》一卷。陈氏曰:知秀州韩瓘德全撰。瓘,亿之曾孙,缅之孙。官二浙,道睢阳,往来必见刘元城,记其所谈二十一则。

——《文献通考》卷二〇〇《经籍考三十七》

罗拯字道济,祥符人。第进士,历官知荣州。州介两江间,每江涨,辄犯城郭,拯作东西二堤除其患。选知秀州,为江西转运判官、提点福建刑狱。

——《宋史》卷三三一《罗拯传》

(熙宁九年十月辛丑)太常博士、馆阁校勘、权判刑部朱明之权知秀州。

——《续资治通鉴长编》卷二七八

元丰六年五月辛巳,诏前两浙路监司苏獬、胡宗师、朱明之各罚铜二十斤,坐不举发知秀州吴安世赃罪故也。

——《续资治通鉴长编》卷三三五

元丰八年,(沈季长)迁奉议郎。今天子即位,恩迁承议郎,又迁朝奉郎,权发遣南康军。为政简便不扰,御史上言:"沈某久以清修,有重望于时,名在谪籍,人皆知其冤,乞以元坐付有司议除其罪。"下其奏,御史因取太学诸坐罪者条奏,乞除其辜有差。于是同时之人尽获昭雪,而士皆意公必且复用。居两月,被召至阙,除少府少监,改权发遣秀州事。卒于官舍,实元祐二年十月十二日也,享年六十有一。

——《王魏公集》卷八《故朝奉郎权发遣秀州军州兼管
内劝农事轻车都尉借紫沈公墓志铭》

哲宗皇帝登极之明年,公(王蘧)解鄢陵。会朝廷议结市易局,而户部画旨以公为在京市易务点检官。未几,公以背疽抗章谢仕。已而疮愈。居数年,吏部尚书苏公颂、钱塘太守林公希等数人举公再仕,朝廷将例市易同列之赏,擢公寺监,行且贵公,而公雅有江山兴,诣都堂自列,不愿留京师,乃除知秀州。

——河北省邢台市临城县文物保管所藏《宋故中奉大夫提举杭州洞霄宫上柱国
临城县开国伯食邑九百户赐紫金鱼袋王公墓志铭》

敕某(张琬):有司进退多士,必以资考为之铨次。尔入官虽久,而法当为邑。擢守嘉禾,出于异恩。其克临民以宽,勿为苛亟;驭吏以严,勿为姑息,思所以答奖用之意。可。

——《栾城集》卷三〇《张琬知秀州告词》

元祐五年九月乙酉,诏知秀州章衡、知庐州杨汲并为集贤殿修撰,衡知襄州,汲知徐州。

——《续资治通鉴长编》卷四四八

楼异字试可,明州奉化人。进士高第,调汾州司理参军,徙永兴虞策幕府,监在京文绣院[3],知大宗正丞,迁度支员外郎。以养亲求知泗州,复为吏部右司员外郎、左司郎中、太府鸿胪卿,除直秘阁、知秀州。

——《宋史》卷三五四《楼异传》

蔡京谋取青唐,遹助成其议。会籍元祐党,遹以为多漏略,给事中刘逵驳之,左转户部侍郎,俄迁工部尚书兼侍读。逾年,以枢密直学士知颍昌府。言者疏其罪,黜为滁州,稍复显谟阁待制、直学士,徙宣州。复为工部尚书,举冯澥自代,谓:"澥趣操端劲,古人与稽,尝建明典礼,忠义凛凛,搢绅叹服。"言者又疏其罪,以待制知秀州;中书舍人侯绶封还之,又夺待制。

——《宋史》卷三五六《钱遹传》

宗良字景弼,历秀州刺史、利州观察使、昭信军留后,奉国、清海、镇东、武宁、宁海军节度使,永嘉郡王,开府仪同三司。

——《宋史》卷四六四《向宗良传》

政和三年,知秀州。阮元《两浙金石志》卷七载《宋安吉县新建东岳行宫碑》,系"朝奉郎、新差权发遣秀州军州管勾学事兼管内劝农事、云骑尉、借绯鱼袋刘焘题额"。据碑文,行宫始建于元符三年庚辰十二月,落成于政和二年壬辰十一月壬申,"政和三年岁次癸巳"立碑。据知政和三年前后刘焘知秀州。

——《宋才子传笺证词人卷》

政和四年甲午,(毛滂)假守秀州,遂移家禾城。修月波楼,秋九月,成;十一月,作《月波楼记》。冬,嘉兴县尉丁某禀告尉舍竹笋合生,为作《双竹赞》,并上表朝廷,加入朝野呈祥报瑞的大合唱。

——《毛滂简谱》

宣和七年夏四月,诏以朝议大夫叶公唐稽知秀州事。

——《北山小集》卷三〇《宋故朝议大夫新知秀州军州事兼管内劝农使武功县开国男食邑三百户赐紫金鱼袋叶公墓志铭》

建炎元年五月癸丑,中书舍人孙觌充徽猷阁待制[4]、知秀州。

——《建炎以来系年要录》卷五

(建炎元年冬十月)初,两浙提点刑狱周格既死,直龙图阁知秀州赵叔近权提刑司事,招杭贼陈通降之。贼闻伏枪手屯秀州界。

——《建炎以来系年要录》卷一〇

建炎元年十二月壬申,直龙图阁知秀州赵叔近罢,仍夺职,以直龙图阁朱芾代之。时叔近即招降杭寇陈通,而言者论其尝受贼金,由是免官拘系于郡。

——《建炎以来系年要录》卷一一

建炎三年二月乙卯,朝奉大夫知秀州叶焕复直秘阁、知越州。

——《建炎以来系年要录》卷二〇

（曾纡）除通判镇江府，会淮南漕渠不通，泗、楚州连数守罢，发运使[5]陈亨伯密奏选公知楚州。公因荒政役饥民，渠通而民活者，不可胜计。以功加直秘阁，与部使者论事不合，移秀州。州岁比版图，前此吏高下其手，民患苦之，公委僚属降登，不使吏预其间。吏怨公入骨，则为书以摇众，人人自危，公立焚其书，州以无事。还朝，除蔡河拨发。

——《浮溪集》卷二八《右中大夫直宝文阁知衢州曾公墓志铭》

程俱，字致道，衢州开化人。以外祖尚书左丞邓润甫恩，补苏州吴江主簿，监舒州太湖茶场，坐上书论事罢归。起知泗州临淮县，累迁将作监丞，近臣以撰述荐，迁著作佐郎。宣和二年，进颂，赐上舍出身，除礼部郎，以病告老，不俟报而归。建炎中，为太常少卿，知秀州。会车驾临幸，赐对。俱言："陛下德日新，政日举，赏罚施置，仰当天意，俯合人心，则赵氏安而社稷固；不然，则宗社危而天下乱，其间盖不容发。"高宗嘉纳之。金兵南渡，据临安，遣兵破崇德、海盐，驰檄谕降。俱率官属弃城保华亭，留兵马都监守城，朝廷命俱部金帛赴行在，既至，以病乞归。

——《宋史》卷四四五《程俱传》

建炎三年二月庚午，命通判杭州赵子崶权两浙路提点刑狱公事，措置垂脚岭。宣义郎王暇充统辖官，控扼常州来路。并量起邻州诸县射士三分之一，以充长兵。仍募土豪，借官资，兵粮器械自备，各赐银帛五百匹两为军费。佑，北海人。与师说、暇皆常守把有劳。为叶梦得所荐也。既而以子崶直秘阁，知秀州。

——《建炎以来系年要录》卷二〇

窃见报状，都省札子备坐六月十六日圣旨指挥，秀州通判朱原系先差下待阙人，邓根系明受元年三月十四日差，合行改正，令朱原赴任，邓根别与差遣。某辄有诚恳，上干朝廷。契勘本州通判邓根先任崇德县令，方陈通之变，亲部弓手，召募射生等人，至杭州城下，追奔获级，及措置把隘，堙掘来路，以制奔冲。后来本县土军结集为乱，根率所领人兵夜半掩击，手杀数人，众乃争奋，贼以殄平，扼杭贼奔突之冲，弭一县涂炭之祸。故吏部刘侍郎珏采于公论，应诏荐根，初不相识。及召至行在，适在三月，崇德之政，人人知之，故庙堂除根通判秀州，以从公论。今秀经去年残破之后，军兵阙少，廪藏空竭；又防秋不远，训练新旧弓手，措置城池，缮治器甲，某虽竭力尽心，以图微效，当得强佐相与维持，庶无败事。（《建炎以来系年要录》卷五二：建炎四年六月壬辰，通直郎邓根知秀州。）

——《北山小集》卷三七《乞留邓根通判秀州状》

绍兴二年三月戊戌,直秘阁知台州秦梓移知秀州。

——《建炎以来系年要录》卷五二

绍兴三年冬十月戊子,起居郎[6]曾统罢为秘阁修撰、知秀州。

——《建炎以来系年要录》卷六九

绍兴四年九月庚午,尚书兵部侍郎赵子画乞补外,罢为徽猷阁直学士、知秀州。

——《建炎以来系年要录》卷八〇

刘宁止字无虞,登宣和进士甲科,除太学录[7]、校书郎。张浚都督诸军,以为行府属。除吏部侍郎,进徽猷阁直学士、知秀州,升显谟阁,提举太平观,卒。

——《宋史》卷三七八《刘宁止传》

公讳子昼,字叔问。五世祖德昭封于燕,是为燕懿王。子曰惟和,永清军节度观察留后[8]、安定郡公,公之高祖也。曾祖讳从审,宁海军节度观察留后、宣城郡公。祖讳世祎,镇海军节度观察留后、北海郡公。父讳令盦,中亮大夫、荣州防御使,累赠少保。绍兴三年冬,虏使李永寿、王诩来,上命公馆伴。时虏使久不至,至是虏情叵测,人以馆客为难。叔问自廷劳燕好至于赠贿,弥缝应对,无不得宜,虏使卒入见,成礼而去。其在朝廷恬旷靖共,无所适莫,思不出位,从容以和。逾年,请外补,以徽猷阁直学士知秀州。明年,移知平江府。其为治安静不扰,循理去甚,不为赫赫名。

——《北山小集》卷三三《宋故徽猷阁直学士左中奉大夫致仕常山县开国伯食邑九百户赠左通奉大夫赵公墓志铭》

绍兴七年闰十月甲戌,左朝议大夫周审言降授左宣议郎,不得与亲民差遣。审言,浦城人,登政和贡士第,为朱勔子婿。以选人进颂改京官,迁直徽猷阁、知秀州。至是以讨论不得调诉诸朝,诏以为左朝散郎,听参选。

——《建炎以来系年要录》卷一一六

绍兴九年,以言者罢,主管台州崇道观。明年,知秀州。转运使檄为他州输御马谷千斛,公(方滋)曰:"郡输有常经,若为他州偿赋,当倍取于百姓,吾以罪去不能也。"漕者遂屈。既而又欲别取二万斛,公亦奏拒之。贷常平米三千斛,以筑华亭御海堰,至今为利。

——《南涧甲乙稿》卷二一《方公墓志铭》

绍兴十一年五月癸亥,左朝请大夫直秘阁刘阜民充秘阁修撰、知秀州。

——《建炎以来系年要录》卷一四〇

绍兴十九年冬十月辛未,左承议郎添差通判临安府郭瑊知秀州。

——《建炎以来系年要录》卷一六〇

绍兴二十五年四月己丑,右朝散郎江南西路安抚司参议官张瑜知秀州。秦熺之过秀也,瑜摄守事,作衮绣堂,绘桧、熺父子象于中。故有是命。

——《建炎以来系年要录》卷一六八

绍兴二十六年八月辛巳,右朝请大夫新荆湖南路转运判官李邦献、直秘阁新知秀州张俦并为两浙路转运判官。

——《建炎以来系年要录》卷一七四

绍兴二十六年八月辛未,右朝奉大夫新知秀州向伯奋言:"臣尝观一州一路之闲,无不以财用为先。催科之急,民大受弊。望特委近臣,取诸路州军每年用度出入之数,稽其失陷,革其妄用。有余者取之,不足者稍蠲以予之。以入制出,皆使粗给。"

——《建炎以来系年要录》卷一七四

绍兴二十六年冬十月丙申,宰执进呈秀州守臣邓根按崇德知县林善问不法科借折帛钱事。诏罢善问,仍取勘。上曰:科借钱若一一在官,犹可,恐因而入己。大抵赃吏最为民害,今后须尽追赃物,不然,自谓虽得罪犹不失为富人,无所惮也。

——《建炎以来系年要录》卷一七五

绍兴二十八年四月乙卯,左正言[9]何溥奏直秘阁知秀州韩膺胄郡事不理,乞罢之。

——《建炎以来系年要录》卷一七九

绍兴二十九年三月丙辰朔,新除度支郎官黄仁荣依旧直秘阁、提点两浙东路刑狱公事,寻改知秀州。

——《建炎以来系年要录》卷一八二

绍兴三十年十二月庚戌,上次秀州,守臣俞召虎、知嘉兴县杜易见于幄殿。

——《宋史全文》卷二三上《宋高宗十八》

隆兴二年八月,诏:"江、浙水利,久不讲修,势家围田,埋塞流水。诸州守臣按视以闻。"于是知湖州郑作肃、知宣州许尹、知秀州姚宪、知常州刘唐燮并乞开围田,浚港渎。

——《宋史》卷一七三《食货志》

擢知常州。时水潦为灾,衡发仓为糜以食饥者。或言常平不可轻发,衡曰:"储蓄正备缓急,可视民饥而不救耶?"疫大作,衡单骑命医药自随,遍问疾苦,活者甚众。檄晋陵丞李孟坚摄无锡县,有政声,衡荐于上,即除知秀州。上之信其言如此。

——《宋史》卷三八四《叶衡传》

乾道二年六月,知秀州孙大雅代还。

——《宋史》卷一七三《食货志》

徐葳,字子礼,林子。由进士初命知饶州,以居吴去亲远,奏易旁小州便养。乾道初,改知江阴军。三年,改浙东提举常平。五年,知秀州。葳尤善汉隶书。

——康熙《苏州府志》卷五九《人物列传》

乾道七年三月四日,诏直宝文阁、权知秀州沈复直龙图阁、两浙转运副使。(《杨万里集笺校》卷六二:沈复之为秀州,盖尝以献羡余而进,自此而得枢密矣。)

——《宋会要辑稿》选举三四之二五

乾道六年七月壬辰,平明入和宁门,对于后殿次堂。次过六部,遍谒长贰郎官。次至虞相、梁参府。晚赴张钦夫、吕伯恭会,同坐新秀州守曾原伯逢。

——《乾道庚寅奏事录》

淳熙二年六月癸亥,诏自今宰臣、侍从除外任者,非有功绩并不除职。在朝久者,特与转官。其外任人,非有劳效亦不除授。于是曾逮以权工侍出知秀州,不带职,用新制也。

——《宋史全文》卷二六上《宋孝宗五》

太子尹临安,骙谓:"储宫下亲细务,不得专于学,非所以毓德也。"太子矍然,亟辞。崔渊以外戚张说进,除秘书郎兼金部郎,骙封还词头。未几,出知赣州,易秀州。(《宋会要辑稿》职官六二之五二:淳熙三年四月八日,新知秀州陈骙。)

——《宋史》卷三九三《陈骙传》

麋师旦字周卿，吴县人，绍兴十八年王佐榜进士出身，治诗。二年八月除，(淳熙)四年三月知秀州。(《夷坚志》：癸丑岁，为嘉禾守。)

——《南宋馆阁录续录》续录卷八

淳熙五年，知秀州。

——《宋史》卷二四七《赵颜逾传》

淳熙六年二月庚寅，参政钱良臣以失举茹骧改官，自劾。诏："良臣所奏，乃欲以身行法，国有常宪，朕不敢私，可镌三官。"癸巳，诏户部侍郎陈岘、待制张宗元、新知秀州徐本中饶州居住，赵磻老各降三官。以保举茹骧，坐失举也。

——《宋史全文》卷二六下《宋孝宗六》

丘崈字宗卿，江阴军人。隆兴元年进士，为建康府观察推官。丞相虞允文奇其才，奏除国子博士。孝宗谕允文举自代者，允文首荐崈。有旨赐对，遂言："恢复之志不可忘，恢复之事未易举，宜甄拔实才，责以内治，遵养十年，乃可议北向。"时方遣范成大使金，祈请陵寝。崈言："泛使亟遣，无益大计，徒以骄敌。"孝宗不乐，曰："卿家坟墓为人所据，亦须理索否？"崈对曰："臣但能诉之，不能请之。"孝宗怒，崈退待罪，孝宗察其忠，不谴也。迁太常博士，出知秀州华亭县。捍海堰废且百年，咸潮岁大入，坏并海田，苏、湖皆被其害。崈至海口，访遗址已沦没，乃奏创筑，三月堰成，三州舄卤复为良田。[《杨万里集笺校》卷六《江湖集》：辛卯(乾道七年)五月，送丘宗卿太博出守秀州。《吴中水利全书》卷一八："乾道七年，秀州守臣丘崈奏修华亭新泾堰，捍御咸潮，从之。寻诏特转丘崈左承议郎。"《江南通志》卷五七《河渠志》："乾道七年，知秀州丘崈修华亭濒海十八堰。"《宋会要辑稿》选举三四之二六："(乾道)八年二月一日诏：权发遣秀州丘崈除直秘阁，以本路运使奏崈本州和籴不扰而办，故有是命也。"]

——《宋史》卷三九八《丘崈传》

姚宪字令则，父舜明，仕至徽猷阁待制，别见。兄宏、宽，皆以博学知名。宪以父任补承务郎[10]，监临安府粮料院、秀州海盐县丞。历衢州龙游、宣州宣城县丞，知临安府仁和县。知秀州。

——嘉泰《会稽志》卷一五

吕正己，字穆叔。嘉定《镇江志》："淳熙四年八月，吕正己以朝请大夫直显谟阁知镇江府,明年除浙西提刑,依旧权知府。"

——弘治《嘉兴府志》卷一一五《知秀州军知嘉兴府》

淳熙六年十月十六日,新知鄂州周极放罢。先是,极知秀州,自带私家坐船于本州酤卖私酒,为酒务辖下人所捕,极忿,怒其人,诬以行劫,绷拷有致死者。大理寺鞫得其实,先诏追三官勒停,至是起废。中书舍人[11]郑丙言其为恶不悛,愈益恣横,故有是命。

——《宋会要辑稿》职官七二之二五

(赵善悉)通判临安府,敏绝为一府冠。孝宗知之,故令以事至殿中者再,瞻相良久,喜动色,擢知秀州。金字牌[12]忽夜下,上亲札曰:"海盐地高病旱,岂有水利可兴乎?"河成,至今为腴田。还朝,命除郎。

——《水心文集》卷二一《中大夫直敷文阁两浙运副赵公墓志铭》

绍熙二年正月十五日,诏知秀州章冲与知信州张棱两易。

——《宋会要辑稿》职官六一之五六

赵师䨮字从善,系出燕懿王。光宗初,擢太府少卿、知秀州,改淮南运判。时郡铁钱不行,盐商弗至,师䨮请发度牒,出仓粟,以收铁钱,盐利遂通。

——《宋史》卷二四七《赵师䨮传》

敕具官某:"尔守临汀,政最彻闻。擢之嘉兴,尤号办治。理财则不扰而集,御吏则不恶而严,民甚安之。湖在近辅最剧,就以畀汝。近岁皇族人才辈出,尔宜在政事之科。益勉所长,为诸郡率,朕将有以表异之。可。"(《永乐大典方志辑佚》:"赵充夫。绍熙元年四月二十七日,以朝散郎知,三年五月二十二日除秀州。")

——《攻媿集》卷三五《知秀州赵充夫改知湖州》

开禧元年正月,(程卓)差充礼部贡院点检试卷官。五月,以堂兄太府寺丞准亲嫌,改差监行在都进奏院。九月,除宗正寺[13]簿,转奉议郎。二年五月,除司农寺丞。十二月,以亲老抗疏请外补,差知嘉兴府。

——《新安文献志》卷七四《大宋故正议大夫守同知枢密院事致仕新安郡开国侯食邑一千三百户食实封二百户赠特进资政殿大学士程公卓行状》

吏部侍郎许奕以言事去国,(王)介奏曰:"陛下更化三年,而言事官去者五人,倪思、傅伯成既去,其后蔡幼学、邹应龙相继而出,今许奕复蹈前辙。此五臣者,四为给事,一为谏大夫,两年之间,尽听其去。或谓此皆宰相意,自古未有大臣因给舍论事而去之者,是大臣误陛下也,将恐成孤立之势。"疏奏,乞补外,以右文殿修撰知嘉兴府。(真德秀《西山文集》卷四六《宋集英殿修撰王公墓志铭》:未上,再入为秘书郎、度支郎官。罢,再奉祠。江淮荆浙福建广南路都大提点坑冶铸钱,召除侍左郎官,兼右司,兼太子舍人,兵部郎官,兼权礼部郎官,国子司业,兼太子侍讲,兼国史院编修、实录院检讨,国子祭酒,充金国贺生辰接送伴使,秘书监,兼太子右谕德,宗正少卿,兼权中书舍人,起居舍人,除右文殿修撰、知嘉兴府,集英殿修撰、知襄阳府、京西安抚,改知庆元府、兼沿海制置。以疾奉祠,遂致仕。公之外赋政也,以化俗兴民、忧贫安富为先务,于刑唯恐伤人,于讼先教化而后争夺,于赋役度不可蠲者,期会于民行之,备水旱荒饥甚具,虽有不为灾。持大体,不求显显名。故在广德,民得为良民,士得为良士大夫。公疾,阖郡为祷祠,曰无使我慈父去。去而人怀之。其治嘉兴也,如治广德,为庆元,又推而大之,减耗剩折价分三等,汰横江宿亳屯驻两指挥,罢生酒局,戢豪家据海岸渔盐之利,至今为便。)

——《宋史》卷一五九《王介传》

赵与訔,字中父,号菊坡,居婺州兰溪(今浙江兰溪)。秦王德芳九世孙,希戭子,孟俯父。以荫补饶州司户参军,历浙西提刑司干办公事,知萧山县,通判临安府,知嘉兴府。

——《宋史》卷一九《宗室世系表》

璘遂力丐外,疏七上,授广西运判,改知嘉兴府,寻改江东运判。

——《宋史》卷四〇九《唐璘传》

杨璘字德翁,台州宁海人,开禧元年毛自知榜进士出身,治诗赋。三年二月除,绍定元年五月除知嘉兴府。

——《南宋馆阁续录》卷七《官联一》

公讳卓,字从元,徽休宁人。开禧二年除司农寺丞,十二月以亲老抗疏请外补,差知嘉兴府。(《后乐集》卷十八《故特进资政殿大学士程公墓志铭》:公字从元,徽休宁人,望阀甚远,三世褒叙。执政以才荐,入为诸军粮料院,以嫌改进奏院,宗正寺簿。奏言:"郡帑别储以给公费,有定制也。今恣其侈用,显赂私饷,崇侈无厌,宜裁约以纾民力。异骏名骓,隶在亲卫,有常数也。今齿色岁减,新纲续拨,才足相补,宜课息以壮戎备。"

迁司农丞,知嘉兴府。)

——《泉南杂志》卷下《宋显谟阁学士泉人傅伯成状前嘉兴守程公行实》

钟必万字君禄,岳州巴陵人,淳熙五年姚颖榜进士出身,治《春秋》。六年九月除,嘉泰元年十月知嘉兴府。

——《南宋馆阁续录》卷七《官联一》

吴昌裔字季永,中江人。授秘阁修撰,改嘉兴府。

——《宋史》卷四○八《吴昌裔传》

吴潜字毅夫,宣州宁国人。授秘书省正字,迁校书郎、添差通判嘉兴府,权发遣嘉兴府事。

——《宋史》卷四一八《吴潜传》

潘墀字经之,婺州人,乙未进士,治《春秋》。三年五月以太府少卿兼国史院编修官、实录院检讨官兼太子侍读除,十二月除右文殿修撰,差知嘉兴府。

——《南宋馆阁录续录》卷七《官联一》

敕具官某(何处久):士君子任于时,入仪九列,出殿三辅,通显矣。矧建惟月之儋,冯扶风之轼,而为王人。尔守故家之学术,熟昭代之典章,色庄辞毅,争是非于殿陛间不少讪。用之郡国,何奸萌之不戢,沴气之不弭哉。因南徐惜其去之早,知槜李恐其来之暮。就乘夏缦,趣布藩条,徒得君重,毋薄淮阳也。可。

——《平斋集》卷二三《何处久太府卿兼知嘉兴府制》

孙奉议郎权发遣嘉兴军府兼管内劝农事岳珂编进。嘉定著雍摄提格岁橘淦初吉,珂谨序。

——《鄂国金佗稡编校注》《鄂国金佗稡编序》

先府君讳在,字叔敬,姓朱氏。己卯,转承议郎,差知湖州。力辞,乞宫观,改知信州。庚辰,趣奏事之任,又改除浙西仓。辛巳,除右曹郎官,暂兼嘉兴府。

——安徽省博物馆藏拓片《宋故太中大夫焕章阁待制建安郡开国侯食邑一千一百户赐紫金鱼袋朱府君圹志》

乔行简字寿朋,婺州东阳人。学于吕祖谦之门。登绍熙四年进士第。历官知通州,条上便民事。主管户部架阁,召试馆职,为秘书省正字兼枢密院编修官。升秘书郎,为淮西转运判官,知嘉兴府。改淮南转运判官兼淮西提点刑狱、提举常平。

——《宋史》卷四一七《乔行简传》

霅川之政,方以最闻,避宠引嫌,毅然求去。勉从雅志。爰锡明纶。以尔(赵希墍)公族之英,安恬有守,甫登朝列,出典辅藩,节用爱人,正身率下,丝毫无扰,田里相安。剡奏丐闲,已尝谕旨,俾令终秩,云胡不留?需次嘉禾,以全高节,益培远业,庸副予知。

——《东涧集》卷六《赵希墍改知嘉兴府制》

陈振孙　振孙,字伯玉,号直斋,安吉县人。端平中,仕为浙西提举,改知嘉兴府。尝著《书录解题》。

——《宋诗记事》卷六五

刘良贵字贵德,温州人,淳祐元年徐俨夫榜进士出身,治书。三年四月以知嘉兴府待次,准省札令赴都堂禀议,未至除,仍兼权司封郎官。

——《南宋馆阁续录》卷七《官联一》

孙梦观字守叔,庆元府慈溪人。宝庆二年进士。调桂阳军教授、浙西提举司干办公事,差主管吏部架阁文字,为武学谕。轮对,言:"人主不容有所惮,尤不容有所玩,惮则有言而不能容,玩则虽容其言而不能用。"力请外,添差通判严州,主管崇道观,召为武学博士、太常寺丞兼诸王宫大小学教授,大宗正丞兼屯田郎官、将作少监。知嘉兴府,仍旧班兼右司郎官、将作监。

——《宋史》卷四二四《孙梦观传》

公讳(张)管,字子律,宁州真宁县人。乃知嘉兴府。中贵人蓝氏,殖产于崇德县,名田过制而役不及,有钟淳者纠之。蓝迫期去产以规免,官吏欲许之。公判曰:"两家物力,相去远甚。而蓝又白脚,必如法乃可。"一郡称快。

——《渭南文集》卷三八《朝奉大夫直秘阁张公墓志铭》

皮龙荣字起霖,一字季远,潭州醴陵人。淳祐四年进士。历官主管吏部架阁文字,迁宗学谕,授诸王宫大小学教授兼资善堂直讲。入对,请"以改过之实,易运化之名,一过改而一善著,百过改而百善融"。迁秘书郎,升著作郎。入对,因及真德秀、崔与之廉,龙荣曰:"今天下岂无廉者,愿陛下崇奖之以风天下,执赏罚之公以示劝惩。"帝以为然。兼兵部郎官、差知嘉兴府。

——《宋史》卷四二〇《皮龙荣传》

谢子强字强学,永嘉人,登嘉定第,由州县升朝著。历太府丞、工部、刑部郎,出守嘉兴,复以秘书监兼左谕德、除起居郎。寻奉祠召为兵部侍郎,出守潭、广、越、明四州,以贤称。

——《万历温州府志》卷十一

钱可则,承议郎,以直宝章阁于景定元年六月十八日到任,二年十二月准省札升直华文阁权任。三年四月八日升直敷文阁知嘉兴府,五月一日除尚左郎官,十一日升直徽猷阁,除浙东提举,六月初八日替。

——《景定严州续志》卷二

嘉禾郡去天咫尺,素称乐土,今岁又大有年。然田里之愁叹者未销声,流徙者未复业,朕思得良二千石以劳来安集之。尔(吴君擢)久椽省闼,知朕德意,尝典畿辅,知民疾苦,其佩左符以往。昔唐人览春陵行之篇,曰得结辈十数公,可使万物吐气。彼乃荒远小县,能行其志如此,况尔所莅乃右扶风十万户之州乎?宜布教条,以镇雅俗。可。(《宋史》四三八《黄震传》:"浙东提举常平王华甫辟主管帐司文字。时钱庚孙守常,朱熠守平江,吴君擢守嘉兴,皆倚嬖幸厉民。")

——《后村先生大全集》卷七一《吴君擢直焕章阁知嘉兴府》

亲贤并用,古之制也。尔(谢奕恭)生相门而嗜学,联戚畹而好修,可谓亲且贤矣。嘉禾调守,朕以尔昔典州有嘉绩,今立朝有媺誉,其寓直妙阁,往佩二千石印绶。勉之哉!布宣宽大,培养根本,使畿甸之民以安,则玺书且下矣。可。

——《后村先生大全文集》卷六三《谢奕恭华文阁知嘉兴府》

嘉禾郡比右扶风,今乐土也,仕者争欲得之。不选于贵介而选于书生,不属之凡品而属之魁彦,可以见朕志矣。尔(方逢辰)昔奉对,剀切鲠亮,有九成、十朋之风。朕念久不见生,方将前席而问,倏来忽去,怅然惜之。起家二千石,虽小迟次,然凝香之地,去天尺五,其视自汉廷而江都、自江都而胶西者异矣。予渴高论,尔无遐心。可。

——《后村先生大全集》卷六二《方逢辰知嘉兴府制》

赵景纬字德父,临安府於潜人。以直敷文阁知嘉兴府,辞,仍乞奉祠,皆不许。咸淳元年至郡,首以护根本、正风俗为先务。三乞辞,不许。

——《宋史》卷四二五《赵景纬传》

德祐元年六月庚子朔,知嘉兴府余安裕坐闻兵求去,贻书朝中,语涉不道,削一官送徽州。

——《宋史》卷四七《瀛国公纪》

【注释】

[1] 左藏库:受纳四方财赋收入,以供中央与地方经费开支,及文武官吏、军兵俸禄与赐赉等。左藏东库储钱币,左藏西库储金银丝纩。

[2] 沙门岛:即今山东省长岛县西北大黑山岛。五代置沙门寨。宋时尝流放罪人于此。

[3] 文绣院:监当局名。北宋隶少府监。北宋崇宁三年三月八日始置。职掌刺绣服饰、法物,以供皇帝以下至宾客、祭祀之用。编制绣工三百人。

[4] 徽猷阁待制:大观二年(1108)二月十三日始置。从四品,序位在显谟阁直学士下。

[5] 发运使:北宋时掌水陆联运(通过转般仓过渡)淮南路、江南东西路、两浙路、荆湖南北路六路七十二州岁供京师所需粮粟六百万石,年籴储一千二百万石。所存六百万石,以备荒年,不至供乏。且可视诸路凶、丰而平其籴,不至伤农。兼制东南诸路茶盐、财货之政,及刺举官吏之事。

[6] 起居郎:宋前期无职守,为文臣迁转叙禄官阶,元丰寄禄易为朝散郎。元丰新制,为职事官,职掌记皇帝言动,得侍立殿下;并将朝中大事,用编年体的形式,则按日记事,按月系日,按年列月,标出朔日,纪以甲子、乙丑等干支,以供史官。

[7] 太学录:佐太学正纠察学生之不守规矩者,季考后十日考校学生一次。品位正九品。班位在国子正、太学正、武学谕、国子录之下、律学正、太医局丞之上。

[8] 节度观察留后:无职事,用作武阶官,授武臣、宗室。宋初,唯宗室、国戚当叙迁;外任武臣,唯马、步军都指挥使方除。徽宗朝以后,内侍官也除。

[9] 左正言:宋前期为阶官名,端拱元年初置时为职事官,后仍为阶官,及元丰新制正名,为职事官,任言责。元丰新制,编制为一人。

[10] 承务郎:文散官名。隋朝尚书省二十四司有承务郎(即唐之员外郎),职事官。唐因其名,列入文散官。宋沿置,为北宋前期文散官二十九阶之第二十五阶。从八品下。

[11] 中书舍人:宋前期无职事,为文臣所迁官阶。寄禄阶易为通议大夫。元丰新制,为职事官,舍人六员轮直草拟诏命,并分工签押本省吏、户、礼、兵、刑、工六房文书,如发现事有失当或除授非妥,许封还词头。

[12] 金字牌:宋代驿传中以最快的速度发送文件的"急脚递"所悬的木牌。因其为朱漆黄金字,故名。

[13] 宗正寺:掌宗室名籍,修纂牒、谱、图、籍,宗室赐名定名,奉宗庙、诸陵寝、园庙荐享等事;徽宗崇宁后提举诸王宫大小学;仁宗景祐三年建大宗正司前,并管皇族事务。

县　令

嘉兴县

朝奉郎、尚书屯田员外郎[1]、通判杭州军州兼管内劝农事、上轻车都尉[2]、赐绯鱼袋、赠刑部尚书李公，讳陟，字符升。驿召见，除大理寺丞[3]、知汉州什邡县，改殿中丞、知秀州嘉兴县。

——《临川先生文集》卷八九《尚书屯田员外郎赠刑部尚书李公神道碑》

敕具官冯平等：朕顷因考绩之文，增以荐材之法。夫累日月以叙进，则患贤愚之不分；因举类而观能，则虑奔趋而求誉。知人选士，其难若此。惟材茂而业广，既久而自彰者，不亦优哉！尔宜不懈其勤，以求诸己。可。

——《欧阳文忠公集》卷八〇《比部[4]员外郎知眉州冯平转虞部[5]员外郎太常博士知秀州嘉兴县胡昉转秘书丞制》

（周）公讳沆，字子真。举进士，一上中第，除胶水县主簿。初试吏事，精敏如素习，上下称其能。徙诸城主簿，用蔡文忠公荐，迁镇海军节度推官，知勃海县。滨州大吏恃府势筑室鄣民居，害其出入，民诉县以十数，前令莫敢直。公立表撤室，收吏抵罪，豪猾惕息。岁余召入，改著作佐郎，县民诣转运使杜祁公请留。祁公为奏，诏许之。会公以母老疾，求监青州税，寻以忧去职。服除，知嘉兴县。赵元昊扰西陲，诏近臣举可通判陕西诸州者，富丞相时知制诰，以公名闻，擢通判凤翔府。

——《司马公文集》卷七八《户部侍郎周公神道碑》

敕具官某（蔡准）：三岁一考吏治绩状，有材廉之称，无失缪之举者，从而迁之，所以勖励来者。以尔业文中科，佐著作局，历官清白，嘉有能最，即丞旧省，仍莅大邑。勉隆政迹，以荷褒宠。

——《蔡忠惠集》卷一〇《著作佐郎知秀州嘉兴县蔡准可秘书丞差遣依旧制》

（李）君讳某，字某。其先自博平徙魏，占籍内黄。祖守澄，开封府襄邑县尉；父珣，赠殿中丞，皆有行义，著于邑里。改殿中丞，徙秀州嘉兴县。

——《乐全集》卷三九《朝奉郎尚书屯田员外郎通判杭州军州兼管内劝农使轻车都尉赐绯鱼袋赠尚书礼部侍郎李君墓志铭》

秀州嘉兴令陶象有子得魅疾,巫医莫能治,师咒之而愈。越州诸暨陈氏女子心疾,漫不知人,父母以见,师警以微言,醒然而悟。

——《栾城后集》卷二四《龙井辩才法师塔碑》

兄门生有施大任,尝知秀州嘉兴县。始视事,讼牒逾千指,大任皆不问,独摘其无理者得七八十,皆科罪。是日决挞至暮,其不尽者,明日又行之。自后妄告状者往往皆屏迹。

——《北窗炙輠录》卷下

陆元光,字明远,一字蒙老。湖州长兴人。熙宁六年余中榜进士。尝知常州晋陵县、秀州嘉兴县事,官至河北转运使。能诗。

——《宋诗纪事》卷四一

绍兴二年六月丁巳,左奉议郎、知嘉兴县施巨为御史台主簿。

——《建炎以来系年要录》卷五五

(刘)公讳黄中,字师厚,河中人也[6]。其先汉安平厘侯习之后,世家于安平。曾王父节。王父赠司空延,始徙居于蒲。父绅,赠左骁卫将军[7]。公明悟,有志行。初任许州单镇,次吉州,皆以监酒税,有羡课。用知秀州嘉兴县事。秀为道冲,而嘉兴居州治下为剧邑,常得有才令则为之粗治。公从容燕笑,谈客满坐,若无事于县者,而职事无所不修。去,知楚州盐城县。

——《长兴集》卷二五《开封府推官金部员外郎刘君志铭》

君讳盅,字困明,明之定海县人。曾祖慎微,赠宣教郎。祖实,赠奉议郎。曾祖妣袁氏,祖妣闵氏、黄氏,皆赠太孺人。父朝散郎,建宁府通判。君既升朝,累赠中奉大夫。妣太宜人。乾道三年,君以中奉致仕恩补将仕郎。明年铨试上等,授迪功郎,为平阳主簿。次调江陵令,遭内艰。淳熙九年循从政郎,监行在赡军激赏酒库[8]。十五年,以举者改宣教郎,知秀州嘉兴县。既书再考,引亲嫌,改知福州长溪县。

——《攻媿集》卷一〇六《朝请大夫曹君墓志铭》

绍兴三十一年十二月庚戌,上次秀州。守臣右朝请大夫俞召虎、左宣教郎知嘉兴县杜易见于屋殿。

——《建炎以来系年要录》卷一九五

绍兴三十二年三月辛丑,左宣教郎新主管官诰院杜易依旧知嘉兴县。

——《建炎以来系年要录》卷一九八

霍篪字和卿,丹徒人。少力学,敏慧过人。年二十,首乡贡,一上,擢隆兴进士第,授扬州泰兴簿,以才称。秩满辟淮南节度推官[9]。召对改秩,知秀州嘉兴县。

——《京口耆旧传》卷二

(黄)公讳度,字文叔,越新昌人。曾祖巽,祖惠之。父仁静,朝奉大夫致仕,上为光宗寿,特赐大夫紫衣金鱼。公隆兴元年中进士第,任瑞安县尉,教授处州。母潘夫人卒,教授隆兴府。改平江府,知嘉兴县。召监登闻鼓院,国子监主簿。

——《水心文集》卷二〇《故礼部尚书龙图阁学士黄公墓志铭》

乙巳,淳祐五年,服阕,部授嘉兴府嘉兴县。通理考满候代间,奉使王畴迎合当路意,峻行括田之令,欲以嘉兴县管下上供经界苗田,强抑本县供括,作殿司天荒草荡围田,以为己功。(莫)子文谓此事欺君害民,断不敢从,文移到县,一切不行。畴即婪斐于田使,以子文抗拒朝命,降授宣义郎,时丁未十一月也,淳祐七年。

——《石湖志》卷四《莫子文自撰墓志》

圹记太安人方氏,句章慈溪人,家世长者。父固,母严氏。太安人以宣和癸卯岁二月初九日生,及笄,归故修武郎、台州兵马都监赵公伯拜,封孺人。晚以子遇锡类恩,加今封。孙男二十三人:希泊,成忠郎、前添监绍兴府支盐仓;希滂,成忠郎、添监高邮军都税务;希勃,贡礼部,早卒;希崀,第进士,修职郎、新嘉兴府嘉兴县。

——《烛湖集》卷一二《太安人方氏》

【注释】

[1] 屯田员外郎:尚书省工部屯田司员外郎简称。宋初为文臣迁转官阶,属后行员外郎,不治本司事。元丰新制,其阶易为朝奉郎,屯田司员外郎为本司副司长,参掌屯田司事,正七品官。

[2] 上轻车都尉:勋级名。西汉武帝时有轻车将军、轻车校尉。唐武德七年,采旧名,置上轻车都尉。宋沿设。为北宋勋官十二转之第八转。正四品。

[3] 大理寺丞:宋初,大理寺丞由京官兼充,称详断官,参议断刑。咸平二年罢兼丞,径称详断官。宋前期,大理寺丞无职事,为文臣迁转官阶,元丰新制,其阶易为宣德郎。

[4] 比部:宋前期无职事,凡职事统归三司勾院、磨勘理欠司。元丰新制,三司勾院、三司磨勘理欠

司职事仍归比部司,掌会计审核内外帐籍,追查百司侵吞经费,催索场务、仓库负欠帐物。

[5]虞部:宋前期无职事。元丰新制正六部二十四司之名,掌山林湖泊物产开采、猎取、废置等政令和事务。

[6]河中:府名。唐开元八年(720)以蒲州升置,治所在河东县(今山西永济县西南蒲州镇)。后又降为蒲州,乾元三年(760)复升为河中府。

[7]左骁卫将军:武官名。隋炀帝时设置。唐左右骁卫各置二人,为本卫副长官,佐大将军掌本卫之事并领军兵宿卫。

[8]赡军激赏酒库:行在赡军激赏酒库,系南宋军兴以来所创置的,供给军中赏赐的大大小小二十二座酒库的总名,各有管库官,而其总管理机构称"点检行在赡军激赏酒库所",与诸库有别。故,凡带"所"者,其前当冠以"提领""点检""主管"之类,此"行在赡军激赏酒库所"即为"点检行在赡军激赏酒库所"之简称,隶浙西安抚使司。

[9]节度推官:幕职官名。编制一员。与本府幕职官分治案事、佐理府政。由选人充。从八品。

华亭县

苏钥　商庆余咸平五年　刘唯一景德元年　孟虚舟大中祥符元年　李释回大中祥符三年　董抗大中祥符五年　尚迋大中祥符九年　塞利涉天禧元年　张贻庆天禧二年　李衡乾兴元年　张铸天圣元年　王举直天圣二年　田庆远天圣三年　李宏天圣五年　向绎天圣七年　杨备天圣十年　唐询明道二年　钱括景佑三年　丁诩宝元二年　钱贻范康定二年　谢景温庆历四年　宋宜庆历六年　章拱之皇祐元年　吴及皇祐四年　杨惛至和元年　胥元规嘉祐二年　聂仪仲嘉祐五年　袁晋材嘉祐七年　胡定之治平二年　张若济熙宁元年　上官汲熙宁四年　邵奇熙宁七年　卢乘元丰元年　周衮元丰四年　陈谧元丰七年　陶镕元祐二年　刘鹏元祐五年　章景遇元祐七年　黄佖绍圣元年　俞结绍圣三年　贾泰元符元年　孙植元符三年　左离建中靖国元年　杨子方崇宁元年　章玫崇宁二年　杨光弼大观元年　徐思安大观三年　章懿文大观四年　姚舜明政和元年　黄昌衡政和七年　胡侃宣和元年　鲍贻愿宣和三年　陈球靖康元年　许知微建炎二年　吕应问绍兴元年　张公绂绍兴三年　詹尧可绍兴六年　林衡绍兴九年　杨寿亨绍兴十三年　赵伯虎绍兴十六年　陈祖安绍兴十九年　吴犯惇今上御名,仁绍兴二十二年　龚相绍兴二十三年　王崧绍兴二十五年　周允闻绍兴二十六年　周极绍兴二十九年　蒋思祖绍兴三十二年　张昉乾道元年　雷槃乾道元年　侍其铨乾道二年　堵观乾道五年　陈峋乾道八年　刘俣淳熙元年　赵汝讄淳熙三年　徐安国淳熙六年　杨樗年淳熙九年　叶仲英淳熙十二年　刘壁淳熙十三年　柳懋淳熙十六年　杨潜绍熙元年　张颖　张抃　徐民瞻　樊湛　钱闾嘉泰元年　赵汝章嘉泰四年　汤诜开禧元年　汪立中开禧二年四月到任,十一月磨俳。三年九月磨勘转奉议郎。　滕珂嘉定元年　徐晞稷嘉定二年　楼镛嘉定四年　陈遇嘉定五年　陆三省嘉定六年　李百寿嘉定七年　钱德谦嘉定八年　陈鋀嘉定十一年　张孝闻嘉定十三年　陈奇之嘉定十五年　王琮嘉定十七年　詹騂宝庆三年　黄崖绍定

元年　程熹绍定三年　韩曾绍定六年　杨瑾端平元年　宋良才嘉熙元年　韩识嘉熙四年　蔡朴淳祐二年　施退翁淳祐四年　郑南淳祐七年　陈叔弼淳祐八年

——《绍熙云间志》卷中《知县题名》

天圣八年,应书判拔萃科[1]者凡八人,仁宗皇帝御崇政殿试之,中选者六人:余襄公、尹师鲁、毛子仁、李惇裕,其二则失其姓名。时襄公除将作监丞、知海阳县;师鲁武胜军掌书记[2]、知河阳县;子仁镇东军推官、知宣城县;惇裕大理寺丞、知华亭县,皆以民事试之也。

——《独醒杂志》卷一

(沈)辽字叡达,幼挺拔不群,长而好学尚友,傲睨一世。久之,以太常寺奉礼郎监杭州军资库[3],转运使摄华亭县。他使者适有夙憾,思中以文法,因县民忿争相牵告,辞语连及,遂文致其罪。下狱引服,夺官流永州,遭父忧不得释。

——《宋史》卷三三一《沈辽传》

熙宁五年八月戊子,歙州军事推官陈郓、知秀州华亭县张若济并与光禄寺丞,赏修水利之劳也。

——《续资治通鉴长编》卷二三七

仪州废,华亭县改格之始,居人未安。府命(陈)公权华亭。逾月,潘原民索公归,华亭民愿留。两县之众,争于帅前。即命以归。察访官过县,民遮诉,留公再任,质之诸司,保任如一语,遂以状上闻,得再任。

——《永乐大典》卷三一四五《朝奉大夫致仕陈公墓表》

熙宁六年九月癸卯,以前权江阴军判官邵奇为太子中允、知秀州华亭县。奇召对称旨,诏迁合入官,与差知两浙有水利县,王安石荐之也。安石初言奇有才略,欲令赴熙河准备差遣。至是,乃言恐奇不肯为朝廷振举法令,姑尝试之,乃命以此。

——《续资治通鉴长编》卷二四七

近闻营造第宅,尽令属邑科买材木,赃污不法,一方之民,咸受其弊。昌衡、棠皆奴事朱勔[4]。昌衡顷知秀州华亭县,抑勒人户,依等第科买白鹤,每只至有百余千者,自秀至苏,花石珍禽,络绎不绝,遂就除本州通判,益肆掊取,东南之民,莫不愤怨。

——《庄简集》卷八《论曾纡等札子》

建炎元年,(赵)安僖为秀州嘉兴县丞,孝宗寔生于官舍。安僖生不及进用,殁有追封赐谥之宠。寻又筑祠堂于行在所,建园庙于茔域,如濮安懿王故事。又升秀州为嘉兴府,所以宠赉之极矣。王其长子也。安僖被服儒雅,由舍选擢宣和元年贡士第,交游皆一时名公。王在髫龄,有成人风。十三年,安僖薨,王号恸哀毁,见者陨涕。有旨令秀州应办,王倾囊以襄事,一毫不取于公家。十八年,授迪功郎、秀州华亭县尉。邑苦多盗,王周行境内,以五家为甲,一家警盗,则四家应之;一家容奸,则四家同坐,盗无所容焉。有盐铁塘自金山海口属郡城二百里而近,岁久淤塞,盐运不通。王建议疏凿,卒赖其利。齐国之丧,以承重解官。

——《攻媿集》卷八六《皇伯祖太师崇宪靖王行状》

(黄)公讳瑀,字德藻,其先世居福州长乐县青山下,后乃徙家郡城之东,为闽县人六世矣。权秀州华亭县事,岁恶民饥,公白常平使者,请发廪以赈焉。使者以当俟奏报难之,公曰:"民命在朝夕,苟可以生之,虽重得罪不悔。"退即发常平廪粟之在县者,全活万计,而使者亦不能有以罪也。吏部侍郎汪公应辰、侍御史汪公澈交章荐公材中御史,除御史台检法官。

——《晦庵先生朱文公文集》卷九三《朝散黄公墓志铭》

唐丕远,字了猷。登进士第。崇宁五年,除右正言。子尧谟、尧可。尧可知华亭县,有声,后知房州[5]。

——《经外杂钞》卷之二

乾道二年,诏:"秀州华亭县张泾闸并淀山东北通陂塘港浅处。"

——《宋史》卷一七三《食货志上一》

公讳楞年,字茂良,世居镇江之丹徒。……公谢不受。除丧,知秀州华亭县。华亭赋重,加以岁饥,民不堪命,乃尽蠲赋入之无艺者,以私帑代输。县承提点刑狱司檄,系强盗十余,实平民,公得其情,即释之。吏请须报,公曰:"民以盗系,少稽则生理荡矣。吾宁以故纵违戾,毋宁使吾民之及此也。"境多黄雀,醢之以媚贵要,岁且百万。公至即严采捕之禁。其它如修学以养士,开河以利农,为梁以济涉,往往县计不足则以俸入继之。慈惠之政毕举,亦时厉威严以济其偏。逋逃之卒出没海滨,民被其扰,公得其尤者,断手以令,余悉奔散。戍期未尽一月,使者过听,摭细故论罢,邑人冤之。御史陈公贾、谏议大夫谢公谔交章讼其事,有旨擢通判扬州。

——《漫塘集》卷三三《杨提举行述》

淳熙十四年十四年七月十九日,诏宣教郎、知秀州华亭县刘璧特转一官,候任满赴都堂[6]审察。

——《宋会要辑稿》食货六一之一三三

绍熙癸丑仲冬旦日,奉议郎、特差知秀州华亭县、主管劝农公事、兼兵马都监、兼监盐场、主管堰事、借绯杨潜谨序。

——《绍熙云间志·序》

具位臣杨:本司近准淮南转运司牒,勘润州百姓翟忠盛因分擘伯父翟日荣家财,累经官司依公勘证,其人辄更罔昧朝廷,进状指论官司干谤台省行遣不当,致烦朝旨下淮南路勘鞫,委不合再分伯父贮产。又检会昨有秀州华亭县户陆华,经省部诬告本县知县承议郎陶镕取受捕鱼人等钱银仅千余贯,又有常州裴宗元止因争理姓产,于进状诬毁本路转运副使孙昌龄曾有干涉,行遣不公。

——《无为集》卷一五《申明诬告官员罪犯疏》

龚颐正字养正,本名敦颐,其先历阳人。元祐党人兵部侍郎原之曾孙,祖澈,通判江宁府[7],父相字圣任,知华亭县,甚著声绩,遂家吴中。

——正德《姑苏志》卷五四

黄震为华亭知县。

——《黄氏日抄》卷七一《权华亭县申嘉兴府辞修田塍状》

一登文石陛,立拜紫泥书。省户方通籍,弦歌想下车。飞凫来不远,唳鹤听何如?莫作陶彭泽,田园与世疏。

——《彭城集》卷一二《送邵中允知华亭县》

【注释】

[1] 书判拔萃科:宋太祖建隆三年(962)设,选人有格未至而能试判三道者,可请文解应试。成绩分五等,上二等可非次拔擢,第三等以下或超资授官,或依资授官,或放选授官,或放选赴冬集。宋仁宗天圣七年(1029),重定试法,应试选人录所撰判词三十道传流内铨,词理优长者赴京考判词十道,合格者许赴殿试。景祐元年(1034)罢。

〔2〕掌书记：唐代外官之一，景龙元年置。为观察使或节度使的属官。宋代亦置此职。

〔3〕军资库：监当局名。宋代州、府、军、监均置，为一州、一府、一军、一监税赋民财出纳之所。其监临官称监某州（府、军、监）军资库。

〔4〕朱勔：北宋苏州（今属江苏）人。媚事蔡京而得官。投徽宗花石之好，取奇石异卉进献。政和中置应奉局于苏州，搜夺花石水运至京师，号"花石纲"。东南州郡长吏多出其门，鱼肉人民，时谓东南小朝廷。肆虐二十年，为六贼之一。靖康之变后，削官放归田里，旋编管循州，不久被杀。

〔5〕房州：隋开皇十八年（598）改罗州置，治竹山县（今属湖北）。唐贞观十年（636）移治房陵县（今湖北房县）。辖境约当今湖北省房县、竹山、保康、竹溪等县地。

〔6〕都堂：唐尚书令厅称都堂，因尚书令多不除人，令厅遂成为议事之所。北宋沿用。政和二年九月，改都堂为公相厅。宣和二年十一月九日改公相厅为都厅。南宋时仍称都堂。

〔7〕江宁府：五代南唐昇元元年（937）改金陵府置，治上元、江宁二县（今江苏南京市）。北宋开宝八年（975）改为昇州，天禧二年（1018）复为江宁府。南宋建炎三年（1129）改建康府。

海盐县

德昭[1]有亲王子思，知海盐县。视事之初，其讼牒亦如大任时，子思不问，独摘一无理者，对众痛杖之。杖讫，子思往入宅堂去，乃令一吏传教云："知县已饭，诸讼者饭罢指挥。"其无理者遂用钱抽取其牒去。及子思饭罢出，已失其半矣。由是言之，为政不可无术。

——《北窗炙輠录》卷下

范世京字延祖，龙图公之子。登皇祐五年进士第，调应天府柘城簿、和州历阳令。时龙图公出守四明，公亟走膝下，曰："人子者事亲之日少，而事君之日多，岂忍旷年失定省邪？"既而龙图公捐馆，扶丧归乡，垢面跣足，昼夜哀号不绝，行道之人莫不嗟恻。服除，知秀州海盐县，劝民孝友睦姻及耕桑之事，治声动浙右。

——《中吴纪闻》卷四《范秘丞》

秀州海盐县有贤宰太常博士[2]李君，爱养其民，而为之兴利，又教其敦本节用。既去，其民思之。有吴承润、潘彦昌者，与众纪君自始至及去，烂然见于成绩，藏于群心，称于众口之事，诣余求为文词，以信当世云。濒海之民，其生不勤，有川不潴，有田不耕。若岁屡雨，四野为澜，而注于海，旋时微旸，则无所溉，坐视赤地，携手流徙者众矣。故十年之耕，稔无一二。君初即事，人方频饥，转入山海，持茗与盐，以给衣食，而君皆权宜弗禁。乘春可耕，而室无稻粱之种，君曰："天有其时而民无其力，咎将谁执？"会运使元公绛行郡，君持告身敕文数通，乞置郡帑，假官钱三百万贷民籴种及粮，元公嘉许之。岁终，民赖以稔。先是,唐有贤令李锷,通邑凿泾凡三百有一,岁久以塞。君曰:"沟川不浚而望岁,犹气血之竭,求为无病,不可得也。"于是作劝书一篇二百余言,布告于民。始命之积贮慎啬,以养生送死;卒诏其具畚锸,随所占田,人自浚治,因土为塍,以御水旱。提宪张公师中察其能,即以上闻,求赐奖书,以劝能吏。久之不报。君曰:"浚泾,利之略耳,我功未完,宜其朝廷之不与也。"已而岁亦小歉,君乃大劝民为横塘,堰旁植木为闸,长水、永泰、开济乡已下皆为乡底堰几三十所,以迄一时之利。凡前后兴作,命令一下,民知以佚道用其力,未尝不老幼相告语,劝从之惟恐后,不戒不扑而告备。戊戌仲冬,吴中雨,迄于己亥之仲夏而后已,旁州接畛,辐员千里,皆被水患,独君之邑有堤防疏决之备。而君则去矣,以是民之思君也尤甚。噫,古者劭民务农,而为之开地利,以当天时,于政为最先。是以周有司勋,掌六乡赏地之法,而民功为庸。在汉若杜诗、召信臣之属,始能当之。以君视之,奚其愧哉!君之政,大略其刑以宽,其令以简,其分争辩讼,皇皇焉惟恐不能尽其情。其视一夫不获,腼然愧于面目。宜其居则劝以至治,去则久而益思也已。予尝陪君为别头主试官,知君有文行。嘉兴之亲旧又能为予道其实,悉如来告者之言,故不愧为之辞,以俟史氏之掇摭。君名惟几,字景纯,嘉祐元年四月受署,四年四月代还。其年六月乙亥,嘉兴陈某记。

——《都官集》卷八《海盐李宰遗爱碑记》

何执中,字伯通,处州龙泉人。知海盐县,为政识后先,邑人纪其十异。

——《宋史》卷三五一《何执中传》

政和中,吴朱氏以花石[3]幸。浙江之西,一花一石,不问何人之家,朱氏苍头排闼而入,以黄纸封之,戒主人曰:"善护御前物。"其横甚于唐之五坊小儿。于是高邮乔君宜知秀州海盐县,朱氏苍头入县坊僧,将尽封僧舍之花石,僧徒谁何之,苍头呼其党棰击之。

——《高峰文集》卷一〇《书乔君宜治朱氏事》

蒙恩授前件职,准《令》节文"侍从官授讫,三日内举官一员自代"者。右,臣伏见左修职郎、前秀州海盐县令凌哲,禀性纯明,饬躬廉慎,问学博而知要,词章蔚有可观。考其吏能,尤识治体,举以自代,实允公言。谨录奏闻,伏候敕旨。

——《华阳集》卷一八《除给事中举凌哲自代状》

绍兴二年二月丁丑,秀州海盐县令徐百禄、敕令所删定官莫儗并罢。百禄,秉哲子。儗,俦兄。殿中侍御史江跻以为言,故罢。

——《建炎以来系年要录》卷五一

绍兴二年六月甲申,右从事郎知海盐县欧阳兴世、庐陵人。修曾孙也。刘光世言其考第举并已应格,乞就任改官。许之。

——《建炎以来系年要录》卷五五

蒋氏本阳羡人,梁普通初,涣为永嘉守。涣弟湛,以西华奇山也,留居不归,武帝贤而官之,命后守即庐授焉,故乡名建牙。至公曾祖锡、祖扶、父赠中大夫惇及上五世,皆家郭南。公讳行简,字仲可,学不为举子,达于世用,器度凝审,登绍兴庚午进士第。房亮且反,公请"调丹阳弩手三千守清流关,副之州兵,滁可保也"。主兵官笑不应,公遽令远斥候。房既大入,滁人徐渡江,僮妾不逃,器用无丧。又督运于天长,传言"房兵至矣",令尉欲弃刍茭而逝,公曰:"姑止,急燔之,毋为盗资。"房不敢进。有以擅焚粮请劾公,制置使刘锜曰:"此真知兵也。"乃已。监明州市舶务。舶船至,即日抽擎,亲自评量,随粗细立尽,老侩束手。蕃客跪公前,昂其首,加手于额,拊地以谢。秀安僖王叹曰:"天下安有如此好监官!"诸司相谓,不旬月举员毕。知海盐县。太守告公曰:"县坏久,欠州用经总数巨万,得材令,庶补足乎!"公正色拒之。已而新钱有余,旧欠亦补,及季年,余钱一万一千。倅行县知之,促公使具钞,公曰:"此夏税钱,代者事尔。"倅曰:"使君方以善理财荐公,何必留钱为后人耶?"公缩舌骇曰:"善理财,岂美名欤?"倅惭而止。还朝,裒平生著书五十篇,号《枢言》,上之。

——《水心文集》卷一八《朝议大夫知处州蒋公墓志铭》

(刘)公讳铨,其先闽人,避五代乱徙温之乐清。曾祖某、祖某,咸有潜德。父某,赠右承事郎。刘在邑为著姓,世衍于财。至承事公易以诗书,所交皆一时闻人,笃于教子。明年同擢进士第,后六年,镇亦登科,乡人荣之,目曰三刘。公初调台州临海尉,秩满丞越之嵊。未及考,丁父忧,终丧,注泰州如皋令。改宣教郎,知秀州海盐县。今天子即位,覃恩转奉议郎,赐银绯[4]。

——《梅溪王先生后集》卷二九《刘知县墓志铭》

(姜)公讳浩,建炎、绍兴间来寓四明。至十年岁在庚申,公之弟涛以流寓名荐书。十二年,遂登进士第。女六人:长适故朝奉大夫、知泰州司马伋,次适武节郎[5]、新东南第四副将绍兴府驻札董璆,次适奉议郎[6]、知嘉兴府海盐县事史弥谨。

——《攻媿集》卷一〇八《赠金紫光禄大夫姜公墓志铭》

东南财用,大抵资煮海之饶。海滨斥卤,牢盆相望,而关市有征,未能去也。自郡邑外,每因大聚落而置官司,或至于兼二,则其责弥重,来者难之。澉浦为镇,隶秀之海盐,鲍郎在焉。自盐场兼镇税,课额日广,居官者救过不给。宣城胡君应云之来,会疆事适殷,屯戍随增,兵民杂居,其难视异时数倍。乃从容其间,庀事无阙,经入有羡,于以补偿旧政宿逋,裕如也。行且满考,部内稚耋相帅,上其治状于郡,使者于台、于省,欲借留之而不能得。君淳熙丁未进士一第,二十年忧患屏居。及是始筮仕,未尝作滞淹之叹,而以平时讲画者次第出之。廉以律己,勤以莅官,事不付之吏手,薄征以惠行旅,与亭户期约,不失信义,宜其上下相孚,彼此交举如此。然则为政者,岂不在人哉!君受代有日,询访昔之官守者,得一十九人,列其姓氏而刻之石,俾余书其端。惟褚与君共登慈恩,且居是邦,因纪所见以告来者云。君名从龙,应云其字也。嘉定九年四月望日,年末朝散郎、宗正丞、兼江淮创制置大使司参谋官常褚记。

陈南美　左文林郎,绍兴二十一年到任,至二十五年满。

李格　左从政郎,绍兴二十五年到任,至二十七年丁忧。

林极　右文林郎,绍兴二十七年到任,至三十年满。

袁藻　右迪功郎,绍兴三十年到任,至三十一年罢。

姚廷襄　左迪功郎,绍兴三十二年到任,至乾道二年满。

沈大卿　左迪功郎,乾道二年二月到任,至五年六月满。

蔡兴世　右修职郎,乾道五年六月到任,至八年八月满。

魏衡　右迪功郎,乾道八年八月到任,至淳熙二年六月替。

林楠　迪功郎,淳熙六年十月到任,五年三月替。

赵师名　迪功郎,淳熙六年四月到任,至九年八月满。

吴仁表　修职郎,淳熙九年八月到任,至十二年满。

高文庆　修职郎,淳熙十二年八月到任,至十五年满。

王子洪　从事郎,淳熙十五年到任,绍熙二年八月替。

叶樾　文林郎,绍熙二年十二月到任,至庆元元年二月满。

周焯　迪功郎,庆元元年二月到任,至七月丁忧。

吴华国　承直郎,庆元元年十二月到任,至五年十月满。

王显世　迪功郎,庆元六年到任,至嘉泰二年十月满。

曾晏　修职郎,嘉泰二年十月到任,至开禧元年四月满。

胡从龙　从事郎,开禧元年四月到任,至嘉定元年四月满。

詹騛　从职郎,嘉定元年闰四月到任,四年满。

刘三畏　迪功郎,嘉定四年七月初三到任,五年二月丁忧。

葛挺之　迪功郎,嘉定六年二月廿八到任,九年满。

徐之纪　儒林郎,嘉定九年四月十七到任,十一年七月丁忧。

贾岳　迪功郎,嘉定十一年六月初九到任,十四年十月满。

——《澉水志》卷七《澉浦镇题名记》

宝祐二年,宣城胡君用虎调尚书,署澉浦司舶,揖里人常棠曰:"先君子昔领是镇,兼鲍郎盐场。先大夫采访前任名氏,目濡耳染,经始记石。兹辑旧记,则在盐场碑阴。累政莫纪,半途已税,是大阙脱诠次。幸今镇尹张君焯,政通人和,振华扬德;勉续窊坠,嗣文替锐,吾辈责也。"棠曰:"惟嘉定初元,先正视镇事,余先君考叙题名,余叔祖实肇厥记。十一年,廷绅请分二共,即镇廨为盐场,翻碑阴以志岁月。镇则或僦民庐,或寓萧寺,玩偶简陋。绍定六祀,四明罗叔韶始相基殖庭,勤涂暨茨,门厅宾堂,鸾鹄停峙。明年,钱塘张思齐踵至,外庭内庑,扑斫丹雘,东创西辟,跂翼寝奥。微二君,则爰处靡宁其所。然齐瓜戍代,犹乏纪勒。越岁十九,今张君甫克勇遂。先是,胡君下车,摩挲旧记,仅二十四人。会省帅漕,列局废置,镇征艰重,事力筑底,欲勉蒇请继,嗫嚅久之。张君闻而叹曰:'余检余俸且不给。伏腊琐细,远取诸家,必伺公帑以办,此无时而可为矣。'乃捐己书石。捃摭未纪者十有二政,前后附丽,并镂新珉。不肖幼稚胡君,重建有幸,今得相与继志述事,张君赐也。噫!贤如张君,使是镇之财赋弗减畴昔,于光斯曜,必有可观,岂止一题名而已!"是岁二月朔,竹窗常棠记并书。

朱俊之　迪功郎,嘉定十四年十月到任,十五年五月岳祠。

史濆　文林郎,嘉定十六年四月到任,宝庆二年九月满。

赵潜夫　从事郎,宝庆二年九月到任,三年忧卒。

张广年　承直郎,宝庆三年十月到任,绍定三年三月满。

罗叔韶　修职郎,绍定三年二月到任,五年转文林郎,六年四月满。

张思齐　儒林郎,绍定六年四月到任,至端平三年六月满。

赵沭夫　文林郎,端平三年六月到任,嘉熙二年十一月满。

曾群　文林郎,嘉熙三年十一月到任,三年三月满。

傅朋寿　儒林郎,淳祐三年三月到任,六年四月满。

朱嗣立　从事郎,淳祐六年四月到任,七年转承直郎,九年四月满。

赵汝泅　从事郎,淳祐九年四月到任,十二年八月满。

张焯　承直郎,淳祐十二年八月十二到任,宝祐三年十月十五日满。

周之纲　从事郎,宝祐四年十一月到任。

赵孟若　迪功郎,开庆元年十月廿二到任。

胡沫　修职郎,景定五年五月到任。

徐衍祖　承直郎，咸淳三年四月廿九到任，五年十月准吏部符，不候替职离任。

李兴宗　迪功郎，咸淳六年八月二十到任。

——《澉水志》卷七《澉浦镇题名记》

【注释】

[1] 德昭：即赵德昭，宋太祖次子，字日新。开宝六年(973)，为兴元尹、山南西道节度使。太平兴国元年(976)，改京兆尹、永兴军节度使。四年，从太宗攻辽，军中夜惊，因不知太宗所在，有谋立之者，太宗闻而不悦。及归，请行平定北汉之赏。太宗怒斥曰："待汝为之，赏未为晚！"退即自刎。追封魏王。

[2] 太常博士：北宋前期京朝官本官阶。元丰三年九月新订《元丰寄禄格》，以阶易官，其官易为承议郎阶。

[3] 花石：花石纲。北宋徽宗喜爱奇花异石，1105年，他以朱勔主持苏州应奉局，负责搜刮、运送异石到东京(今河南开封)，运送的船队叫花石纲。凡民间一石一木可供观赏者，便直入其家，破墙拆屋，抢夺而去。

[4] 银绯：银鱼袋和绯色衣服。借指官位或有官职的人。

[5] 武节郎：武阶名。属诸司副使八阶列。北宋政和二年九月二十五日，由庄宅副使、六宅副使、文思副使改。绍兴厘定入品武阶五十二阶之第三十八阶，位次于武显郎。从七品。

[6] 奉义郎：寄禄官名。北宋元丰三年九月，由太常、秘书、殿中丞、著作郎阶改。为文臣寄禄官三十阶之第二十四阶。正八品。

崇德县

天圣元年十一月癸卯，诏吏部流内铨[1]，自今转运使举选人[2]为京官者，更增举主一人。先是，两浙转运使任皋举崇德县令向昱为京官，上令中书俟再有荐者乃擢之，因著为令。

——《续资治通鉴长编》卷一〇一

熙宁四年冬十月丙辰，枢密院[3]编修《经武要略》，秘书丞[4]、馆阁校勘王存，著作佐郎、馆阁校勘陈侗，大理寺丞刘奉世，前秀州崇德县令苏液，并检详枢密院诸房文字。

——《续资治通鉴长编》卷二二七

元丰七年四月，先是晋州[5]奏据雄州防御推官[6]、知秀州崇德县事充州学教授陆长愈状。

——《历代名臣奏议》卷二七四

南丰元丰中还朝,被命独修五朝史实,许辟其属,遂请秀州崇德县令邢恕为之。用选人已非故事,特从其请。而南丰又援经义局辟布衣徐禧例,乞无已检讨,庙堂尤难之。

——《老学庵笔记》卷七

公讳彝,字子有,姓蒋氏,常州宜兴人。公幼嗜学,不妄交。弱冠,以大夫遗表恩授太庙斋郎[7]。调润州金坛簿,迁开封府陈留丞。未赴,丁祖母仁寿县太君陈氏忧。服除,为秀州崇德令,达官部使者才之。

——《北山小集》卷三十《朝散郎直秘阁赠徽猷阁待制蒋公墓志铭》

绍兴戊寅三月,未几,浙水西部使者邵公辟(黄)世永秀州崇德县令,时某令者待崇德次三年矣,适及期而辟书下,世永执章力辞,士大夫义之。或者曰矫也,见义则不懦于避,见利则勇于不避,此或者之所贤也,世永得辞其矫哉!

——《诚斋集》卷四五《黄世永哀辞》

绍兴二十九年正月甲寅,右从政郎黄文昌言,近蒙浙西提刑邵大受辟充崇德县令。契勘已差下范彤。三年于兹。行且赴上。若以监司辟官之故。遂令本人无故改替。决为狼狈。兼未曾到官。安知其非廉吏。伏望改正前命。令范彤赴仕。庶几文昌获安廉耻之分。诏文昌别与差遣。

——《建炎以来系年要录》卷一八一

(范)君名机,字纯之,其先幽州人,徙毗建,又徙延平。君乾道初以父任为建宁府瓯宁主簿,历抚、池二州司法参军、福州怀安丞、知秀州崇德县、岳阳军节度推官、知潭州宁乡县、湖广总领所干办公事。嘉定八年,以通直郎致仕。

——《西山先生真文忠公文集》卷四三《宋通直范君墓志铭》

(乾道六年六月三日)午后,至秀州崇德县,县令右从政郎吴道夫、丞右承直郎李植、监秀州都税务右从政郎章湜来。

——《入蜀记》卷一

【注释】

[1] 吏部流内铨:宋初沿唐制,存吏部尚书铨,掌七品以下京官铨选。自吏部尚书张昭致仕,京官以

上无铨选,而代之以吏部流内铨掌选人常调事。其时在建隆三年。元丰三年八月十四日,改名为尚书吏部;五年五月,元丰新制改为吏部侍郎左选。

[2] 选人:文臣京朝官以外的低档寄禄官阶。选人之制始于唐。唐中叶以来,藩镇自辟召官属,不经朝廷除授,号假板官,即选人。意谓候选之官。

[3] 枢密院:唐枢密院为出纳帝命之司,由宦官充任。五代枢密院备顾问、参谋议,由士人充使。宋朝枢密院与中书号称二府,掌兵符、武官选拔除授、兵防边备及军师屯戍之政令。

[4] 秘书丞:宋前期为文臣迁转官阶,无职事。元丰正名,其阶易为奉议郎。

[5] 晋州:春秋时属晋,战国时先属韩,后属赵。秦为河东郡地,曹魏置平阳郡、平阳县。北魏孝明帝改唐州置,治所在白马城(今山西临汾市)。北齐废。唐武德元年(618)又以平阳郡改置晋州,治所在临汾县(今临汾市西南)。五代时移治今临汾市。

[6] 防御推官:幕职官名,阶官名。元丰新制正九品,元祐后从八品。其系衔冠以所在州名。如"瀛州防御推官""和州防御推官"。

[7] 太庙斋郎:遇祠祭,或太庙行五大享礼等,斋郎为行事官,赴殿行应奉侍斋祭等。

进 士

陆德舆,字载之,贯嘉兴府,治《春秋》,童子举,丁丑吴榜。

莫光朝,字谦仲,嘉兴府崇德(今浙江桐乡西南)人。淳熙十六年进士。

胡林卿,嘉兴府华亭(今上海松江)人,淳熙十四年进士。

李昌宗,嘉兴府海盐(今浙江海盐)人,绍熙元年进士。

卫价,字藩叟,嘉兴府华亭(今上海松江)人。嘉定元年登进士第,绍定、端平间通判建康府。仕至军器监丞[1]、知宝庆府[2]。

莫泽,字润卿,嘉兴府崇德(今浙江桐乡西南)人。绍熙四年进士。

——《南宋馆阁录续录》卷八《官联二》

大中祥符五年徐奭榜　闻人侃甲科

天禧三年王整榜　闻人建甲科　吕谔

天圣二年宋庠榜　吕询

景祐元年张唐卿榜　吕评

宝元元年吕溱榜　闻人安道

庆历六年贾黯榜　陈舜俞　韩洞

皇祐元年冯京榜　沈中复　王照　钱长卿

嘉祐二年章衡榜　胡阊　吕全

嘉祐六年王俊民榜　朱伯虎弟伯熊

嘉祐八年许将榜　戴显甫　朱巩

治平二年彭汝砺榜　潘景纯　朱伯熊兄伯虎　郭琢子三益

熙宁三年叶祖洽榜　张仲元　闻人琫　闻人琳　吴公美

熙宁六年余中榜　梅贡父灏　吕奎　梅灏子贡

元丰二年时彦榜　钱着　徐之纯　廖汉卿　柳庭俊弟庭杰　章粹

元丰八年焦蹈榜　倪直侯探花　杜植　崔友直

元祐三年李常宁榜　吕益柔榜眼　陆周　张徽言　郭三益父琢

元祐六年马涓榜　朱绂榜眼,弟纮　富开　朱之纯

绍圣元年毕渐榜　柳庭杰兄庭俊　吕佶

绍圣四年何昌言榜　张天材

元符三年李釜榜　钱随

崇宁二年霍端友榜　朱纮兄纨　吴䤲

崇宁五年蔡薿榜　王篪　张甸　吕少蒙　鲁詹弟訾、督,子可对　陈裴忱

大观三年贾安宅榜　柳约兄庭俊　闻人宏　姚焯　张昭　陆友谅　陈之元　周纲　董之邵　周公彦　卫上达　黄子服

政和二年莫俦榜　范逊

政和五年何㮚榜　卫闫　黄镕兄镇　谢处道　黄镇弟镕　张康朝

政和八年李嘉玉榜　董蒋　韩闻　陈确　罗彬　赵士坦子不愚　孙善毅

宣和元年王俊乂榜　卫肤敏

宣和二年祖秀实榜　朱炎

宣和三年吴焕榜　闻人颖立上舍,子符　富说

宣和六年沈晦榜　沈晦状元　范闶

建炎二年李易榜　黄铨甲科　张睿　蔡宿　黄楪

绍兴二年张九成榜　孙彦朝

绍兴五年汪应辰榜　任尽言甲科,兄质言　朱冠卿　樊光远省元　任质言弟尽言　鲁訾子可宗　钱宏祖政,侄万中　鲁督子可简　葛温卿

绍兴八年黄公度榜　陈琦　陆之渊弟之望　董天民

绍兴十二年陈诚之榜　周澄　陆之望兄之渊　潘旦　鲁艺

绍兴十五年刘章榜　潘璋甲科　张康　徐琪　陈伯达　鲁可简父督　太史洵武　张图南　赵师涣

绍兴十八年王佐榜　林公望　张伟　张然　俞光巘子建　王允恭　柳仲永

绍兴二十一年赵逵榜　钱万中　鲁弟璠　丁三畏　张廷均父昭　郑闻省元　陈骈

绍兴二十四年张孝祥榜　徐浚　卫稷　钱良臣　陈禹锡　张潜　杜申　唐铎　徐锐

绍兴二十七年王十朋榜　闻人符父颖立　林宗显　周谨思　樊抑父光远　朱俏　闻人阜民　孙仲修　陈师正子允　赵汝能　赵师文　赵彦深

绍兴三十年梁克家榜　许克昌以有官允榜眼　盖经甲科　鲁可封父詹,叔督、訾　沈揆侍从　李芳　莫若晦　樊广父光远　林洲　柳大雅　王明弼　赵希仁弟希杰、希仰　卜回　赵不愚父士坦,子善毅、善䔲　钱闻礼　张伯垓　陈梦鹏　侯持国

绍兴三十二年寿皇登极上舍释褐　钱闻诗

隆兴元年木待问榜　张序　陈之方　莫抃　赵善洙　赵汝明　邵褒然　张子泳　鲁可宗　吕旦

乾道二年萧国梁榜　朱泽之甲科　吴伯凯　徐玠　吴机政　孔彰　王静　赵善调

周益　陈登　陈师尧　柳梓　徐元莫

乾道五年郑侨榜　王观国　陆峻　郭甍　林廷瑞　赵希仰兄希仁、希保　孙孟坚　赵彦琇弟彦琥　鲁璠兄车讷　钱文

乾道八年黄定榜　陈允父师正　徐纲　常浚孙弟衍孙　陈伯撰　张橐　赵善绳　任岩叟　莫元中

淳熙三年詹骙榜　卫藻　丁大举　赵伯瑱　赵彦珫兄彦琇　鲁开祖督、父可简、兄珏　丁大声　徐晟　莫若冲

淳熙五年姚颖榜　赵师慓　张之德　赵彦清兄彦深、弟彦济　沈明远　赵彦济兄彦清

淳熙八年黄由榜　陈之纯　莫茹拙子秀谦　蔡开弟辟　朱端常　柳说　陈之纲弟之纯　闻人纲

淳熙十一年卫泾榜　卫泾状元、弟洙　叶时甲科　言阳　俞建甲科，父光疑、兄速　俞远　石辰之　莫似之

淳熙十四年王容榜　胡林乡甲科，子琚　徐逢父浚、兄远　常绪　沈伦　赵彦时祖尚之、兄彦伸　莫及　徐年　周云　莫光朝

淳熙十六年光宗登极上舍释褐　林至子革

绍熙元年徐复榜　陵埈甲科　林大章甲科　赵希倧兄希仁　许兴裔　赵汝澄　徐昂　徐迈　鲁珏父可、兄开　赵彦伸　赵彦琳兄彦珫　赵崇尧　赵善毅父不愚　赵彦沧　李昌宗

绍熙四年陈亮榜　莫泽　赵师粺父伯瑱

庆元二年邹应龙榜　姜辉甲科上舍　钱抚　侯允　陈保中内舍　孔抡　周日严父去　鲍璋内舍　陶大章内舍

庆元五年曾从龙榜　凌次英　鲁秀颖　蔡辟兄开　沈忱婆子应高　徐伻德

嘉泰二年傅行简榜　徐远父浚　张淡　张涣臣

开禧元年毛自知榜　陈之经兄之纲　干易　赵汜夫　唐梦符　陶洪

嘉定元年郑自诚榜　卫洙兄泾　娄体仁别院省元　辅大章　陆镰　潘振子忠恕　王用亨　鲁铎　计朋　鲁策　刘元晋

嘉定四年赵建大榜　陶大甄　棠衍孙　沈禾

嘉定七年袁甫榜　赵汝郴　鲁文若弟文伯　王尚辅　赵崇璋

嘉定十年吴潜榜　陆德舆童科《尚书》　赵时倚父汜夫　陈华　鲁文伯　赵汝玠　赵崇穑父汝玠　杨元绩

嘉定十三年刘渭榜　陈煃甲科　张琥　孙一飞　潘忠恕省试经魁　赵汝擢　方树　赵与生父希、兄与理、弟与积　赵汝训弟汝弼　胡琚父林卿　林革父至

嘉定十五年庆宝上舍释褐　王熙载

嘉定十六年蒋重珍榜　平东　沈应元　沈既济　鲁之大　赵汝弼兄汝训　赵希庸

宝庆二年王会龙榜　沈炎政　胡宗儒　陈铸　赵与翊　赵时勇　赵与橡　赵垈夫　赵孟坚　赵㵢夫　赵瀜夫　赵彦秘　赵泮夫　赵硕夫　赵与机　赵孟敏　赵希栒　赵与时　赵崇洽　赵善犇　赵崇溰　赵崇愈　赵崇昔　赵汝堂　赵与曹　赵崇诚　赵汝耀　赵与善　赵崇侑　赵窥夫兄宛夫

绍定二年黄朴榜　赵与桐　沈元　赵必棣　俞仕檀内舍　徐闻诗　黄英发　赵孟握　赵汝衡

绍定四年庆寿上舍释褐　李景勉

绍定五年徐元杰榜　赵若炳甲科,弟若辉　莫之御　赵若辉兄若炳　莫季谦父若拙　赵时档　赵时樒　赵时榟　赵汝橪　杜从龙　蔡直方　宋正礼

端平二年吴叔告榜　吕重庚　赵时祝　赵与理弟与生　平章

嘉熙二年周坦榜　赵与积甲科,兄与生、与理　闻人仲修　赵时喆　赵必高　沈应高父楽　钱宜之　钱廙之　周光龙

淳祐元年徐俨夫榜　焦炳炎探花　赵孟议上舍　蔡广上舍　赵时昴上舍

淳祐四年留梦炎榜　唐震龙　赵孟圭

淳祐七年张渊微榜　叶隆礼　常㮱别院赋魁　鲁鼎卿　林子善

淳祐十年方逢辰榜　陆梦正　郭晦　朱宗强子安国　洪应辰　吴闳　赵崇筹　陵浚　鲁森　娄应元

宝祐元年姚勉榜　钱拱之　郭圭　赵孟逮　赵必燧上舍　赵崇穆　娄应新省试经魁　吕翊龙　娄应庚　朱鹏飞　平昌　潘应大

宝祐二年赐进士出身　李曾伯

宝祐四年文天祥榜　赵若谊上舍　沈寝龙　唐天麟太学　吴英发　冯梦桂　沈達可

开庆元年周震炎榜　王允之　金鳌　叶汝舟　柳正孙　郑拊翼

景定三年方山京榜　钱梦炎甲科　张汉抚太学　鲁天麟　闻人珏

咸淳元年阮登柄榜　赵孟安子由漳　赵孟葆祖希傺　赵孟华兄孟葆　赵孟祖希傺、父与曾　沈起岩太学　赵由漳父孟安　沈应子兄应发　朱安国父宗强　赵必穗　赵与鼎　赵必弼　赵崇昆　赵孟秋兄孟珊　赵崇恁　赵汝悫　赵时秘　赵若埱　赵崇睱

咸淳四年陈文龙榜　徐硕甲科　张伯淳父琥　沈应发　赵孟珊原学前廊,弟孟林

咸淳七年张镇孙榜　张应玥

咸淳十年王龙泽榜　翁自道太学　曹应符　赵良淤宗学　赵奭燧　徐梦得

——至元《嘉禾志》卷十四《宋登科题名》

华亭壮邑，业儒者众。今访之耆旧，及考诸登科记，自天禧三年，迄于绍熙四年，凡一百七十有七年，登进士第者，凡八十有八人。其间魁多士，冠南宫，入政府，登从班者，盖不乏人，亦云盛矣。陈舜俞登庆历六年第，再中嘉祐四年材识兼茂、明于体用科。按国史：舜俞，湖州人。知山阴县时，青苗法初行，不奉令，上疏自劾。谪南康酒税，弃官而归，居秀之白牛村，自号白牛居士。虽湖人，不得不载也。崇宁五年，朱季资以内舍[3]辟雍录[4]，试于中书，赐第。绍兴四年，吕元亮以布衣被荐，召对，出官。皆非常科，兹不载焉。至若特恩，则无题名可考。姑摭耳目之所见闻者，附云。

天禧三年王整榜　　吕谔

天圣二年宋庠榜　　吕询

景祐元年张唐卿榜　　吕评

庆历六年贾黯榜　　陈舜俞字令举，嘉祐四年直言极谏科第一人

嘉祐二年章衡榜　　吕全用开封贯

嘉祐六年王后民榜　　朱伯虎用开封贯，字才元，第五甲第二人，太子少师

嘉祐八年许将榜　　戴显甫一姓钱　　朱巩用开封贯，字宏道，伯虎从父

治平二年彭汝砺榜　　朱伯熊用开封贯，伯虎之弟，字才翁，宣奉大夫

熙宁三年叶祖洽榜　　吕公美用开封贯

熙宁六年余中榜　　吕奎用开封贯

元丰二年时彦榜　　柳庭俊工侍　　章粹用建宁贯

元祐三年李常宁榜　　吕益柔用开封贯，甲科第二人，刑侍，字文刚　　张徽言

元祐六年马涓榜　　朱绂改名谔，甲科第二人，右丞伯虎从子　　富开　　朱之纯用开封贯

绍圣元年毕渐榜　　柳庭杰庭俊之弟　　吕犯桓，钦宗御讳

绍圣四年何昌言榜　　张天材改名卿才

崇宁二年霍端友榜　　朱纮改名谠，用开封贯，绂之弟，第三甲第一人

崇宁五年蔡薿榜　　王篪　　张甸　　吕少蒙用开封贯

大观三年贾安宅榜　　柳约户侍庭俊之弟　　姚縠改名焯　　张昭　　陈之元　　卫上达改名仲达，礼书字达可　　黄子服

政和五年何㮚榜　　卫开八行宣教郎　　黄锾镇之弟　　黄镇　　张康朝

政和八年嘉王榜　　卫阗字致虚，泾之祖。朝奉大夫、赠太师魏国公

宣和元年贡士王俊义榜　　卫肤敏甲科第三人，礼侍閟从子，字商彦

宣和三年何涣榜　　富说开之子

建炎二年李易榜　　黄铨甲科

绍兴二年张九成榜　　孙朝彦用开封贯

绍兴五年汪应辰榜　任尽言用眉州贯,甲科,质言弟,字符受　朱冠卿　任质言用眉州贯　葛温卿用开封贯

绍兴八年黄公度榜　陈琦用泰州贯　董天民

绍兴十二年陈诚之榜　潘旦

绍兴十五年刘章榜　潘玮甲科,改名纬,字仲宝　陈伯达　张图南

绍兴十八年王佐榜　张伟字书言,新江乡道成里人　林公望字叔山,崧宅里人　柳仲永用镇江贯,字德修

绍兴廿一年赵逵榜　张廷筠昭之子　郑闻省元用开封贯,参知政事

绍兴廿四年张孝祥榜　卫稷仲达仲子,处州教授　钱良臣参政,字友魏　徐锐

绍兴廿七年王十朋榜　朱俏

绍兴三十年梁克家榜　许克昌用拱州贯,字上达,状元　盖经用开封贯,字常父,甲科,户侍　卫博字师文,稷从弟,枢密院编修　柳大雅用临安贯　张伯垓尚书　吕篆用平江贯　陈梦鹏用湖州贯

绍兴三十二年木待问榜　陈之方用建州贯　张序　张子泳一姓朱,又作隆兴元年　赵善洙玉牒

乾道二年萧国梁榜　朱绎之用湖州贯,兵郎中,甲科,字贵言　吴伯凯用开封贯　赵善调玉牒　徐玠用镇江贯　周益　柳梓

乾道五年郑侨榜　王观国用开封贯　林廷瑞用平江贯　叶昉

乾道八年黄定榜　任岩叟用通州贯

淳熙二年詹骙榜　卫藻字德章,仲达仲孙,朝奉大夫

淳熙五年姚颖榜　赵师㦖玉牒　张之德

淳熙八年黄由榜　朱端常用湖州贯,绎之子,尚书　柳说用临安贯

淳熙十一年卫泾状元,闿之孙

淳熙十四年王容榜　胡林卿用平江贯,甲科　王正纲用泰州贯

淳熙十六年上舍魁释褐　林至字德久,官秘书省,师朱晦庵

绍熙元年余复榜　赵汝澄玉牒

庆元五年曾从龙榜　赵汝诒

嘉泰二年傅行简榜　张淡　张涣臣

嘉定元年郑自诚榜　卫价用镇江贯,仲达曾孙,字藩叟　卫洽泾弟　卫洙右司郎中

嘉定四年赵建大榜　赵汝䠖玉牒,又作七年袁甫榜

嘉定十三年刘渭榜　孙一飞　胡琚林卿之子　林革至之子

嘉定十六年蒋仲珍榜　张益臣

开庆元年周梦炎榜　叶汝舟　柳正孙

景定三年方山京榜　钱梦炎

咸淳元年阮登炳榜　曹应符字泰叔,衢州司户参军　赵崇嘏　咸淳乡贡进士陆霆龙字伯灵,礼记郡魁　谢国光字观夫

绍定二年黄朴榜　黄英发

绍定五年徐元杰榜　杜从龙

嘉熙二年周坦榜　钱宜之　钱廙之

淳祐十年方逢辰榜　洪应辰

宝祐元年姚勉榜　钱拱之

布衣被召赐第　朱季贤内舍　吕元亮　卫谦字有山,仲达六世孙,宋末登第,未详何年

特奏名附凡三十一人

章枳　詹奕　卫仲远　卫稹　陈圣任　郑滩第二名　吴正邦　陈世德　朱宗卿　叶简　王鼎　姚端方　钱九韶　叶昺　朱振　张伯起　章移忠　郑丙　林一飞　曹元鼎　柳梗　柳大韶　戚简　黄裳　朱端复　朱伯龙　朱彦直　朱端礼　朱澥　朱闻　朱允

——《绍熙云间志》卷中《进士提名》

【注释】

[1] 军器监丞：唐武德初置武器监丞。开元三年,改称军器监丞。北宋神宗熙宁六年六月二十七日置军器监,其属有丞。

[2] 宝庆府：南宋宝庆元年(1225)以理宗潜藩升邵州置,治邵阳县(今湖南邵阳市)。辖境相当今湖南省安化县、邵阳市间的资水流域。

[3] 内舍：太学内舍生。太学生之中等。北宋庆历四年建太学,皇祐三年置内舍生二百人。由官府供给食钱(月支三百文)。熙宁四年十月行太学三舍法,内舍生则处于上舍生之下、外舍生之上的第二等。内舍生升上舍生。元丰二年后,内舍生与上舍生比例大致保持三比一。如元丰二年内舍生三百人、上舍生一百人,崇宁元年内舍生三百人、上舍生一百人,绍兴十五年内舍生一百人、上舍生三十人。内舍生两年赴一次上舍试,成绩入优等、平等,并根据监学官所校定的行艺分数升至上舍生。

[4] 辟雍录：学官名。北宋崇宁元年建外学时置。宣和三年二月二十日。佐辟雍正纠察外学生之不如规者,及考校学生以告正。编制五人。

释 老

师名法成,秀州嘉兴县人,姓潘氏。自为儿时,谨重不敖戏。尝夜行失道,有僧异相,携置空舍若佛寺者,黎明则资圣禅院也。主者惊问状,更叹异之,皆曰是子当为佛法中人耳。十七出家,事本觉法真守一禅师。落发受具戒已,即从一公问安心法,参究累年,至忘寝食。去之四方,初抵庐山罗汉英公,执侍久之,历东林觉照、泐[1]潭真净、翠岩新、沩山喆、云盖本、夹山龄公之室,盖十有九年。最后至随州大洪山。时芙蓉道楷禅师道誉闻天下,师亲炙累月,根尘迥脱,大用现前,如朗月,空了无证取。于是命师唱导西堂,衲子接迹。楷公他日叹曰:"会禅者多,悟道者少。吾宗不坠,是子亲得矣。"会芙蓉师住持净因,师从以来,助扬佛化,如大洪时。大观元年,始从汝州之请,传法香山。政和二年,诏以师住持左街净因禅院。时楷去未几,德范在人,而师之名称固已高远,士夫缁素,望风信仰。由净因住潭州大沩、密印、道林、广慧,韶州之南华、宝林、镇江焦山、普济,所住皆天下名刹。师解装敷坐,无所施为,而山林增重,四众云集矣。建炎二年二月,方退居东归。壬寅,舟次无锡。晚与门人侍者经行河滨,顾瞻山川,从容乐也。夙兴,盥颒易衣而坐,如入三昧,即示灭云,实二月二十五日也。嗣法弟子韶山长老慧能适在平江,与比丘信士具威仪迎致平江之能仁寺,郡人瞻礼如市。危坐三日,肤色莹泽,俨然如生。乙巳入龛,越三月庚寅,荼毗于阊门之外,送者万计。薪尽火灭,得五色舍利不可胜数,骨色珂雪,僧俗争取顶戴供养,至不可遏。其徒亟奉师灵骨舍利归焦山之南馆,以是月己酉建塔于石公山之阳。师报年五十八,僧夏四十一。嗣法弟子法云等十有五人,受业弟子思慎等一百四十人。其徒以余宿与师游,以铭为请,义不得辞。余尝论之,自菩提达磨初入中土,传无所传,唯一心法。六承而后,代有宗师。云门正真、临济慧照、洞山悟本,皆出大鉴。如狮子吼,无异音声;如大虚空,岂有封畛。而末学道听,妄见立知,派别支离,坚若墨守。苟惟深彻源底,则亦泯尔相忘矣。百年以来,禅学滋盛,雪窦、天衣广云门之曲,慈明、黄龙据临济之关,灯灯续然,龙象继出,奔走四海,辉曜一时。洞山中微,芙蓉楷公最为后出,实际履地,不立丝毫,回彼狂澜,径超空劫。至于忍力不动,建无畏幢,孤风绝人,又为卓尔。而师亲承密记,常坐道场,寂照兼忘,去来不二,可以知其道矣。铭曰:

惟芙蓉师,峰峻壁立。超然物初,化度无极。是普证老,摄衣从之。彼固无示,师亦何为。如彼枯木,千尺无枝。开敷妙华,郁密离奇。大洪之颠,香山之下,净因铁牛,大沩木马。息驾襄阳,在晦弥闻。潭人挽之,宴坐道林。舍筏曹溪,脱屣海门。昔未尝住,今岂非存。是孤绝处,云涛晓昏。潮音海照,万劫犹新。

——《北山小集》卷三二《宋故焦山长老普证大师塔铭》

李鼻涕,绍兴初,刘延仲寓居秀州,常有道人过门,或从求药,则以鼻涕和垢腻为圆与之,因曰为李鼻涕。刘延与坐曰:"今日适无酒可以为礼,奈何?"道人笑曰:"床头真珠泉一尊,何不出以待客。"刘大笑,呼童取尊。道人曰:"不必取,但将一空瓶来亦得。"瓶至,索纸覆之,少焉香溢于外,成美酒矣。坐者皆醉。明日,刘有他客,乃出所谓真珠泉者启之,印泥俨然,而中空无涓滴。得市人钱,即掘土窟瘗于路侧,小儿伺其去发土探取,亦不复有存。一日诣刘,别问所须,只觅鞋一双,云后二十年某月某日当于真州相见。至期,刘死于真州。

禅月罗汉,刘康判家藏禅月贯休所画十六罗汉像,经兵火散亡,仅存两轴在秀州。时梦二僧形模古怪,来求一清净处安泊,许为祷精严寺僧正法聪假小合处之。二僧感激云:"如是则大好。"以语妻,妻曰:向启影匣见一罗汉像杂其中,得非崇奉不虔,致此示现耶?且而取视,与梦所见无少异。方谛玩瞻敬间,法聪适至,云夜梦二僧求挂搭。刘大惊,即举二轴施于寺,聪实之合上,画卷皆题南岳闲人贯休笔。

(师夏氏)[宝安禅师],嘉兴县精严寺五台院,自宝安禅师住北岳五台观,亲运土石以立之。(师夏氏)[宝安禅师],苏州常熟人,寿八百一十八岁,不衣丝缕,寝卧乱草,深明宗旨,终后其肉身不坏。

尊胜和尚,居嘉兴县精严寺五台[院],一室三径,四十载不履寺门,先辈名儒咸礼之。

律师光范,唐《沈亚之集》[2]云:律师光范为童子时,事师曰灵佑,师与其曹为状喻之语,律师侍侧,辄达其至,学通经记,言语应引,老师不能对。初居吴之嘉兴空王寺,更居灵光寺,与其徒讲赞,微言百流会归之说,自吴南北郡邑,缁衣咸果受,人人自得,若濡露然。又著《会释章句》十五卷。律师字楷,吴之昆山人。

僧文偃,嘉禾人,得道于雪峰禅师。国朝太宗皇帝谥号大慈云康真洪明禅师,至今云门一宗遂传。

楞严大师,名子璇,始以能讲《楞严经》,听者云集。夏文庄公奏于朝,号楞严大师。

朱泾船子禅师,华亭人。名德诚,参澧州药山洪道禅师张天觉。有诗云:"苇萧萧江岸秋,长天独月向西流。离钩三寸无人道,笑倚兰桡自点头。"

僧清辩,《温公集》云:秀州真如草堂,僧也为法堂,嘱堂中之人,告之曰:"三子苟能究明佛书,为人讲解,吾且南向坐而师。审或不能,将取于四方之能者。"伏谢不能,然后相率抵精严寺,迎沙门道欢而师之。又嘱曰:"三子肇自今以及于后相与协力同志,堂倾则扶之,师缺则补之,金石可弊,山渊可平,而讲肆之声不可缺也。"

船子和尚,《冷斋夜话》云:华亭船子和尚有偈曰:"尺丝纶直下垂,一波才动万波随。夜静水寒鱼不食,满船空载月明归。"丛林盛传,想见其为人。

准高僧,法喜寺在海盐县西南三十里。有准高僧抛袈裟于空中自定。今袈裟作一塔以藏之。

——《舆地纪胜》卷三《嘉兴府》

鸟囚不忘飞,马系常念驰。静中不自胜,不若听所之。君看厌事人,无事乃更悲。贫贱苦形劳,富贵嗟神疲。作堂名静照,此语子为谁。江湖隐沦士,岂无适时资。老死不自惜,扁舟自娱嬉。从之恐莫见,况肯从我为。

——《苏辙诗集》卷六《秀州僧本莹静照堂》

有僧访我携诗卷,自说初成净照堂。求得篇章书壁素,不论尘土渍衣黄。故山别后成新岁,归梦春来绕旧房。看取盈编定何益?客来无语但循墙。

——《苏辙集》卷三《秀州僧本莹净照堂》

秀州罗汉院愿昭禅师,钱塘人也。依本部西山保清院受业,自灵隐发明,众请出世。师上堂曰:"山河大地是真善知识,时常说法,时时度人,不妨诸上坐参请。"无事,久立。僧问:"罗汉家风,请师一句。"师曰:"嘉禾合穗,上国传芳。"曰:"此犹是嘉禾家风,如何是罗汉家风?"师曰:"或到诸方,分明举似。"师后住杭州香严寺。僧问:"不立纤尘,请师直道。"师曰:"众人笑汝。"曰:"如何领会?"师曰:"还我话头来!"

——《景德传灯录译注》卷二六《秀州罗汉院愿昭禅师》

秀州本觉寺一长老,少盖有名进士,自文字言语悟入。至今以笔砚作佛事。所与游,皆一时文人。

——《苏文忠公全集》卷七二《秀州长老》

秀州兜率寺僧师豫,能医术,而酷嗜弈棋,与人赌赛,品格甚低,然好之,穷日夕不厌。乾道九年染疫疾,死而复生,言:"被追至官府,立庭下,有大井当前,王者曰:'误追汝。汝既是僧,能诵多功德经否?'对曰:'受性愚懵,不知有此经。'曰:'乃世间所谓《金刚经》者是已。'对曰:'此则固能之。'王者顾左右取经,即于井中汲出以相付。诵至数分,王者及一府人皆稽首作礼。既毕,命一吏送还,过廊下,吏语之云:'此亦有可观览处,宜相从一行。'遂到一室,案上列棋局,两奁贮黑白子,而大小极不等。吏曰:'师能此乎?'应之曰:'甚爱之,正以太低为苦。'吏曰:'吾为尔作计,但吞一子,则进乎技矣。'吾欲取白而大者,吏不可,探一黑而小者,使吞焉,随即惊悟。"明日病愈,常时对弈者来视之,索局较艺,果顿增数等。

——《夷坚志》支乙卷第五《秀州棋僧》

绍兴五年冬,秀州市上有贫道者,衣裳极蓝缕,而颜采腴泽。人问之,则以右手撮地,若取物状者数四,元未尝丐钱,往来但指以为笑。忽揖吕德卿兄弟曰:"无事时来我道堂中吃茶。"吕不暇即往,然意非凡流。明日访其居,已去矣。

——《夷坚志》支丁卷第三《嘉兴道人》

蜀萨先生者,寓于泉州,以道术著名,从之游者数百辈。福唐有刘、黄二道人,亦其徒也,黄年长,刘呼为兄。淳熙五年,将同往访之,刘行至江南,忽称疾,黄诮之曰:"汝扞格如此,何以入道?我今自为计。"刘曰:"平生碌碌,无尺寸工夫。又不见先生而逝,恐沦下鬼。"黄曰:"凡学道者,未必一世可成。苟有可就舍,且权寄托,俟来生修持,当符所愿。"越二日刘死,黄焚其尸。后两夕,宿于旅邸,刘不见形而诉骂于左右曰:"为汝所误,鬼录未肯受。今去留俱无所附,为之奈何?"黄曰:"何不寄止于人耶?"曰:"吾已为鬼,将安往?"遂追随三昼夜。殊遭辱挠,乃曰:"有一家颇丰,吾送汝去。"于是还福州。初,郡富民郑氏,待黄生甚异。妻有妊将孕,黄夜扣其扉曰:"适有急干,故冒夜入城,愿假一宿而去。"因扣郑妻免身之日,曰:"未也。"黄密语刘曰:"可矣。"及明旦,妻诞男子。复六年,黄复至郑馆,冬寒拥炉,婴儿亦坐其傍,忽笑曰:"黄哥记得与我在秀州打化时事否?"黄为之色变。郑父闻而大呼曰:"吾儿何为谵语?"乃不复言。庆元丙辰,十有九岁矣,动作语默,全类道流。而黄乃以呕血下世。

——《夷坚志》支戊卷一《刘黄二道人》

秀州华亭船子德诚禅师,节操高邈,度量不群。自印心于药山,与道吾、云岩为同道交。洎离药山,乃谓二同志曰:"公等应各据一方,建立药山宗旨。予率性疏野,唯好山水,乐情自遣,无所能也。他后知我所止之处,若遇灵利座主,指一人来,或堪雕琢,将授生平所得,以报先师之恩。"遂分携。至秀州华亭,泛一小舟,随缘度日,以接四方往来之者。时人莫知其高蹈,因号船子和尚。一日,泊船岸边闲坐,有官人问:"如何是和尚日用事?"师竖桡子曰:"会么?"官人曰:"不会。"师:"棹拨清波,金鳞罕遇。"师有偈曰:"三十年来坐钓台,钩头往往得黄能。金鳞不遇空劳力,收取丝纶归去来。千尺丝纶直下垂,一波才动万波随。夜静水寒鱼不食,满船空载月明归。三十年来海上游,水清鱼现不吞钩。钓竿斫尽重栽竹，不计功程得便休。有一鱼兮伟莫裁，混融包纳信奇哉。能变化，吐风雷，下线何曾钓得来。别人只看采芙蓉，香气长粘绕指风。两岸映，一船红，何曾解染得虚空，问我生涯只是船，子孙各自赌机缘。不由地，不由天，除却蓑衣无可传。"道吾后到京口，遇夹山上堂。僧问："如何是法身？"山曰："法身无相。"曰："如何是法眼？"山曰："法眼无瑕。"道吾不觉失笑。山便下座，请问道吾："某甲适来，只对这僧话，必有不是，致令上座失笑。望上座不吝慈悲！"吾曰："和尚一等是出世未有师在？"山曰："某甲甚处不是，望为说破。"吾曰："某甲终不说，请和尚却往华亭船子处去。"山曰："此人如何？"吾曰："此人上无片瓦，下无卓锥。和尚若去，须易服而往。"山乃散众束装，直造华亭。船子才见，便问："大德住甚么寺？"山曰："寺即不住，住即不似。"师曰："不似，似个甚么？"山曰："不是目前法。"师曰："甚处学得来？"山曰："非耳目之所到。"师曰："一句合头语，万劫系驴橛。"师又问："垂丝千尺，意在深潭。离钩三寸，子何不道？"山拟开口，被师一桡打落水中。山才上船，师又曰："道！道！"山拟开口，师又打。山豁然大悟，乃点头三下。师曰："竿头丝线从君弄，不犯清波意自殊。"山遂问："抛纶掷钓，师意如何？"师曰："丝悬渌水，浮定有无之意。"山曰："语带玄而无路，舌头谈而不谈。"师曰："钓尽江波，金鳞始遇。"山乃掩耳。师曰："如是！如是！"遂嘱曰："汝向去直须藏身处没踪迹，没踪迹处莫藏身。吾三十年在药山，只明斯事。汝今既得，他后莫住城隍聚落，但向深山里、镢头边，觅取一个半个接续，无令断绝。"山乃辞行，频频回顾。师遂唤"阇黎"！山乃回首，师竖起桡子曰："汝将谓别有。"乃覆船入水而逝。

——《五灯会元》卷五《船子德诚禅师》

秀州长水子璇讲师，郡之嘉兴人也。自落发诵楞严不辍。从洪敏法师讲至"动静二相，了然不生"，有省。谓敏曰："敲空击木，木一作竹。尚落筌蹄。举目扬眉，已成拟议。去此二途，方契斯旨。"敏拊而证之。然欲探禅源，罔知攸往。闻琅邪道重当世，即趋其席。值上堂次，出问："清净本然，云何忽生山河大地？"琅邪凭陵答曰："清净本然，云何忽生山河大地？"师领悟，礼谢曰："愿侍巾瓶。"琅邪谓曰："汝宗不振久矣，宜厉志扶持，报佛恩德，勿以殊宗为介也。"乃如教，再拜以辞。后住长水，承禀日顾众曰："道非言象得，禅非拟议知。会意通宗，曾无别致。"由是二宗仰之。尝疏《楞严》等经，盛行于世。

——《五灯会元》卷一二《长水子璇讲师》

秀州本觉若珠禅师，僧问："如何是道？"师举起拳，僧曰："学人不会。"师曰："拳头也不识。"上堂："说佛说祖，埋没宗乘。举古谈今，淹留衲子。拨开上路，谁敢当头。齐立下风,不劳拈出。无星秤子,如何辨得斤两?若也辨得,须弥只重半铢。若辨不得,拗折秤衡,向日本国与诸人相见。"

——《五灯会元》卷一二《浮山远禅师法嗣》

秀州资圣院盛勤禅师,僧问:"如何是正法眼?"师曰:"山青水绿。"问:"四威仪中如何履践?"师曰:"鹭鸶立雪。"曰:"恁么则闻钟持钵,日上栏干。"师曰:"鱼跃千江水,龙腾万里云。"曰:"毕竟如何?"师曰:"山中逢猛兽,天上见文星。"上堂:"多生觉悟非干衲,一点分明不在灯。"拈拄杖曰:"拄杖头上祖师,灯笼脚下弥勒。须弥山腰鼓细即不问你,作么生是分明一点?你若道得,无边刹境总在你眉毛上。你若道不得,作么生过得罗刹桥?"良久曰:"水流千派月,山锁一溪云。"卓拄杖,下座。

——《五灯会元》卷一五《资圣盛勤禅师》

秀州崇德智澄禅师,上堂:"觌[3]面相呈,更无余事。若也如此,岂不俊哉!山僧盖不得已曲为诸人,若向衲僧面前,一点也着不得。诸禅德,且道衲僧面前说个甚么即得?"良久曰:"深秋帘幕千家雨,落日楼台一笛风。"

——《五灯会元》卷一六《崇德智澄禅师》

秀州本觉寺守一法真禅师,江阴沈氏子。僧问:"如何是句中玄?"师曰:"昆仑骑象藕丝牵。"曰:"如何是体中玄?"师曰:"影浸寒潭月在天。"曰:"如何是玄中玄?"师曰:"长连床上带刀眠。"曰:"向上还有事也无?"师曰:"放下着。"上堂,举拂子:"三世诸佛,六代祖师,总在这里,还见么?见汝不相当。"又为说法云:"无二无二分,无别无断故。还闻么?汝又不惺惺,一时却往上方香积世界去也。"撼拂子曰:"退后退后,突着你眼睛。"上堂:"折半列三,人人道得。去一拈七,亦要商量。正当今日,云门道底不要别,作么生露得个消息?"良久曰:"日月易流。"

——《五灯会元》卷一六《本觉守一禅师》

秀州华亭观音和尚,僧问:"如何是佛?"师曰:"半夜乌龟火里行。"曰:"意作么生?"师曰:"虚空无背面。"僧礼拜,师便打。

——《五灯会元》卷一六《华亭观音和尚》

秀州资圣元祖禅师,僧问:"紫金莲捧千轮足,白玉毫辉万德身。如何是佛?"师曰:"拖枪带甲。"曰:"贯花千偈虽殊品,标月还归理一如。如何是法?"师曰:"元丰条,绍兴令。"

曰："林下雅为方外客,人间堪作火中莲。如何是僧?"师曰："披席把碗。"

——《五灯会元》卷一六《资圣元祖禅师》

熙宁七年,嘉兴僧道亲,号通照大师,为秀州副僧正。因游温州雁荡山,自大龙湫回,欲至瑞鹿院,见一人衣布襦,行涧边,身轻若飞,履木叶而过,叶皆不动,心疑其异人,乃下涧中揖之,遂相与坐于石上,问其氏族、闾里、年齿皆不答,须发皓白,面色如少年,谓道亲曰:"今宋朝第六帝也,更后九年当有疾,汝可持吾药献天子。此药人臣不可服,服之有大责,宜善保守。"乃探囊出一丸,指端大,紫色,重如金锡,以授道亲曰:"龙寿丹也。"欲去,又谓道亲曰:"明年岁当大疫,吴、越尤甚,汝名已在死籍,今食吾药,勉修善业,当免此患。"探囊中取一柏叶与之,道亲实时食之,老人曰:"定免矣。慎守吾药,至癸亥岁自诣阙献之。"言讫遂去。南方大疫,两浙无贫富皆病,死者十有五六,道亲殊无恙。

——《梦谈笔录》卷二〇

释皓端,姓张氏,嘉禾人也。九岁,舍家入灵光精舍,师授经法,如温旧业焉。年登弱冠,受形俱无表。于四明阿育王寺遇希觉律师,盛扬南山律,端则一听旋有通明,义门无壅。寻投金华云法师学名数一支并《法华经》。后受吴兴缁伍所请讲论焉。两浙武肃王钱氏召于王府罗汉寺演训,复令于真身塔寺倡导。于时有台教师玄烛者,彼宗号为第十祖,端依附之,果了一心三观,遂撰《金光明经随文释》十卷。由是两宗法要,一径路通。忠献王钱氏借赐紫衣,别署大德,号崇法焉。后誓约不出寺门,慕远公之不渡虎溪也。高尚其事,仅二十余年,身无长衣,口无丰味,居不施关,坐唯一榻。以建隆二年三月十八日,坐灭于本房,容貌犹生。三日,焚之于城西,得舍利于煴烬之末。俗年七十二,僧腊五十二。凡著述传录记赞七十许卷,学得其门者止八十余人。

端性耿介,言无苟且。一坐之间不谈世论,唯以佛法为己务,可谓傅翼之象王矣。秘书监钱昱尝典秀郡,躬睹端之标格,为著行录焉。

——《宋高僧传》卷七《大宋秀州灵光寺皓端传》

州遑禅师,方五岁,秀气蔼然,母异之,令往资圣出家,遍历禅会乃还,而秀郡未有禅居待来者,亦有所阙,师乃一更其院,如十方禅规主之。

——《人天宝鉴》

大沩智禅师,号大圆叟,居秀州青镇之西庵。时参政陈公去非,相与过从,讲道为乐。因问以"寂然不动时如何?"智曰:"千圣不能觅其踪。"又问:"感而遂通,又作么生?"智曰:

"万化不能覆其体。"公欣然以谓闻所未闻,作小诗呈似于智以见意,曰:"自得安心法,悠然不赋诗。忽逢重九日,无奈菊花枝。"一日,普净院范钟成,盛集缁素赞喜,公率智与焉。公曰:"老僧首安能着语而击哉,西庵老人不可吝法布施。"智遂操鲸曰:"长子罗睺罗,遵受如来敕。撞钟发大机,阿难圆信入。我今撞此钟,见闻获大益。上彻三千界,下透无穷极。尘劫迥寥寥,太空常寂寂。息苦与停酸,皆承此恩力。"于是四众欢呼,为非常佛事。智常举三世诸佛不知有,狸奴白牯却知有,而拈曰:"三世诸佛,既不知有。狸奴白牯,又何曾梦见?灼然须知向上,知有底人始得,且作么生?是知有底人。"又继以颂发挥之曰:"吃官酒,卧官阶。当处死,当处埋。沙场无限英灵汉,堆山积岳露尸骸。"其提唱又如此。智出世而齿少,虽作略不让,雄于诸方,其奈抠衣者走大声。及居大沩,则年运往矣,是致道不克行,而为有识所叹。然参政为序语要,谓其持临济宗,自任以斯道之重者。亦可谓知己也哉。

——《罗湖野录》卷三

禅师疾病,予自杭往问医药,尝顾谓曰:"我老且病,是必已矣。死且累子坎而撵之,为我志其嗣法。"遂授其所以然。余还杭未几,果溘然而化。学者不悉,即焚其丧,卒不得而塔之,故列其名迹于影堂,命今长老憨师勒石以传之。禅师讳庆暹,其先建阳人也,姓范氏。范氏世为士族,其父、大父皆仕,不复书也。始,禅师因父宦,生于会稽。及其父官死海盐县,即与母治产居秀。至是禅师方五岁,而秀气蔼然。其母异之,命从净行子昭出家于今资圣精舍。逾十岁落发,纳戒于灵光寺,习《楞严》《圆觉》于讲师居素。又十岁,经明。明年,即广游方外,遍参禅要,又十岁且还。初,秀郡未始有禅居,待来者亦有所缺。然禅师既归,乃一更其院,务与众处。谕其属,即如十方禅规主之。院稍治,遂结庐独处于园林,笃为杜多之行,不出不寝,更十九年。虽恶衣恶食,自视宴如也。居无何,会故雪窦清禅师至其庐,曰:"善乎,仁者乃至是哉!"因尽示其所证之法,而清禅师大韪之,卒亦承于清师。至天圣中,郡太守张公几圣高之,命复方丈,使举行禅者故事。速故翰林学士叶公道卿以中允领郡,见而益喜,遂尊为长老,命传其法,垂二十年,竟以此物故。呜呼!其世寿已七十六,而僧腊六十二。禅师治兹院,自壮及耄凡四十六载。于人甚庄,处己至约,饮食资用,必务素俭,与时俗不合。以故其徒称难,而少亲附。唯士大夫重其修洁,不忍以荤酒渰其室。先时,吴中僧之坐法失序,辄以势高下,不复以戒德论。禅师慨然,尝数以书求理于官。世人虽皆不顾其说,而禅师未始自沮。及叶公道卿转运吴越,而禅师复致其书,而叶公然之,遂正其事于所部。既而秀众果推禅师于高座。方再会,即谢绝,踵不入俗殆十五年,然亦天性公正,切于护法耳。昔尝与余语曰:"吾不能以道大惠于物,德行复不足观,以愧于先圣人矣。苟忍视其乱法,是益愧也。"予即应之曰:"不必谦也。曹溪宗门,天下之道妙也,而学者罕至;十二头陀,出世之至行也,吾徒之所难能;为法而奋不顾身,亦人之难能也。是三者师皆得而行之,又何愧乎?"师曰:"此吾岂敢也。虽然,予庸以是而称之于吾人,盖欲其有所劝也。"禅师之迁化也,至是皇祐之己亥,实五载矣,悲夫!

——《镡津文集校注》卷一五《秀州资圣禅院故暹禅师影堂记》

绍兴二十七年,岁在丁丑,径山妙空佛海大师讷公,持钵诣秀州华亭县。县人朱飞卿者闻师名,具伊蒲之馔,卜日驰书以请公。以十一月二十六日至其家,据坐说法。缁素咸会,有僧出,膜拜问生死根命,公酬对,语未卒,举拂扣床,一击而逝。道俗奔赴,空巷相登,赞叹作礼,如佛灭度。于是其徒具舟载归山中,则已有治命矣。七日而敛,举体如生,以十二月十四日葬公全躯于寺之白云庵。呜呼,死生之变亦大矣!子路问死,而孔子不以告。彼上人者,常住真心,如入涅盘正路。而四大无常之身,视如弃屣,一弹指顷危坐而寂,斯亦奇矣。靖康初,余守历阳,被召过仪真,公时住天宁寺,营僧伽一塔高数百尺,又建一大轮藏,壮丽甲于淮海。余叹曰:"公才吏用,不下澄观,方时多故,而隐于浮屠中,可惜也。"其后五住灵岩,筑一室于方丈西偏,余榜曰"五至",赋诗刻之。至是,公之高弟大梅山长老德最过余,泣曰:"公,佛海三十年之旧,且厚善,宜得铭,公其勿辞。"遂授以铭。公名智讷,姓夏氏,秀之崇德县人。方在母,梦一妇人着黄衣,寘一儿盆中,举而授之。生而颖异,年甫四岁,事其兄慈相师道孜。十四得度,器质不凡,追营香火,练习戒律,已如成人。久之悟,叹曰:"吾修无上道而求之文句中,是刻舟也。"即舍去,学禅于桐川天宁寺。一日,度涧有文书出流水中,公揽取视之,即《心经》也。读至五,蕴皆空,恍然若有契于心。当是时,姑苏瑞光寺净照师崇信,以道学为一时所宗,公往从之。净照曰:"宿世沙门也。"未几,净照徙住真州长芦寺,会学去来率数百人。公学成行尊,齿其高第,淮人敬爱之,曰:"有如讷公而不坐道场,可乎?"延住天宁禅寺,恩赐"妙空大师"。仪真,三江三吴舟车之会,檀施大集,鼎新一刹,几至万础。建炎初,住杭州灵隐。昭慈圣献皇后车驾临幸,诏公升座,赐号"佛海"。明年,金人陷钱塘,公被执至军中,大酋解缚,置一榻尊事之。比去,饬十骑送还。咸安王韩公世忠表请平江灵岩为功德院,荐先福,命公主其院。已去复留,凡五更住持,前后二十余年。最后奉诏住径山能仁禅院,遂示寂。公仪状奇庞,容止端默,虽行出世闲法,而以营塔庙,修斋供,作佛事,金帛之施,岁一出之,囊中无留蓄。在仪真时,州民王氏妇病没,后配孟氏又病,一日,其姑诵经佛室中,闻扣壁声,问之,曰:"王氏也。我有遗囊簪珥之属,尽归孟氏,可斥卖一二,召天宁讷公说法,使我解脱,舍汝家而去,孟氏亦复无恙。"家人即日驰告公,公至,王氏凭附一女子立公侧。说法竟,王氏欢踊跪谢如生。后数日,见梦曰:"我已别受后身矣。"而孟氏病良已时。徐俯师川书其事为记。在灵岩时,平江大姓胡氏设大斋,耆宿皆会。前一夕,梦人告曰:"诘朝有骑赤马、衣黄褐衣至者,辟支佛也。"黎明,物色求之,而公裘马如梦所告者。胡氏举室迎拜,一坐尽惊。灵岩寺据绝顶,而井饮不给,盖数百年矣。公择地庀工,伐石凿井,出泉清甘,人不病汲,今号"佛海泉"云。公又尝筑室十数椽于府城之北,为退休之地。信安王孟公忠厚为请于朝,赐名"庆恩"。公既归白云矣。公没之岁,偶脱一齿,至是群弟子并敛公爪发,琢石为浮图,即庆恩之寝庐瘗之,祠事焉。公寿八十,僧腊六十七。得法净照,为云门六世孙。住丛林四十二年,度弟子三百余人。铭曰:四大无常,名为幻身。矿息已定,奄为空云。性觉妙名,如古井水。一真湛然,不受生死。有大比丘,号佛海师,不起于坐,只履西归。本自不生,今亦无灭。我铭著之,如指摽月。

——《鸿庆居士文集》卷三二《径山妙空佛海大师塔铭》

自吾道不明,而释老之教始行。若藏奂、可交之徒,于其教,不可谓无所得者。揆之吾教,不当书。夷考方志,往住不废其人,故亦得以载焉。

心鉴禅师　《高僧传》:藏奂,姓朱氏,苏州华亭人也。母方娠,及诞,尝闻异香。未冠,礼道旷禅师,出家,诣嵩岳,受具戒。再诣五泄山,入灵默大师室,参授道要。唐大中十二年,洛下修长寿寺,敕奂居焉。明年,归姑苏。再住明州栖心寺。所在,禅者云集。凡入师室者,疑难冰释。咸通七年,示寂,葬于天童山。其徒以行状诣阙,请谥。赐号"心鉴"。塔曰"寿相"。

朱泾船子和尚　《传灯录》:名德诚,入药山洪道禅师室。大明宗旨,与道吾、云岩为道契。自离药山,小舟往来松江、朱泾,以轮钓度日,人号"船子和尚"。时夹山善会禅师住京口鹤林寺,道吾知其所得尚浅,令往参船子和尚。会造朱泾,见诚,大契宗旨。辞行,再四回顾。诚唤会回,立起桡,曰:汝将谓别有耶? 乃覆舟而逝。唐咸通十年,僧藏晖即其覆舟处建寺焉。

聪道人　《灵鉴塔铭》云:姓仰氏,名德聪。初受具戒于梵天寺,参请诸方密契心印。太平兴国三年,结庐于余山之东峰。有二虎大青、小青为侍。有造之者,见挂一书梁间,问之。曰:此佛经也。问:尝读否? 曰:如人看家书,一遍既知其义,何再读为。尝曰:古人贵行,吾何言哉。其他问者,皆默然不对。天禧元年七月,趺坐而逝。阅月容貌如生。

王可交　《续仙传》:苏州华亭人也。以耕钓为业,居松江赵屯村。一日,棹舟入江,方击楫高歌,忽见彩舫漾于中流,有道士七人,中有呼可交者。顷之,不觉舟近舫侧,有呼可交上舫者。道士皆视之。一人曰:"好骨相!合仙。生凡贱间,已炙破矣!"一人于筵上令侍者倾酒饮之,不出;与二栗食之,甘如饴。命黄衣送上岸。觅所乘舟,不可得,但觉风水林木之声。开眼,峰峦重叠,松柏参天,乃在天台山瀑布寺前。僧迎问之,曰:"今早离家,盖三月三日。"僧言:"九月九日,已半年余矣。"僧设食。可交厌闻食气。自后绝谷,挈妻子,住四明山,不复出。今人时有见之者。

——《绍熙云间志》卷中《仙梵》

【注释】

[1]泐:会意兼形声字。从水,从阞,阞亦声。《说文》:"泐,水石之理也。"王筠句读:"非谓水与石皆有理……石之脉理曰泐。"按:《说文》"水石之理也","水"为动词。盖石之纹理形成每与水之作用有关。泐之本义为"石之脉理","水"为意符,示其成因。

[2]沈亚之:字下贤。吴兴(今浙江湖州)人。元和五年赴京应试,屡黜于有司。七年下第东还,李贺作歌以送行。至十年始登进士第。泾原节度使李汇辟为掌书记。入朝为秘书省正字。长庆元年,登贤良方正、能直言极谏科,调栎阳尉。沈亚之工诗善文,尤长于传奇小说。其诗善感物态,工于情语,有名当时。李贺称之为"吴兴才人"。胡震亨谓其诗"意尚新奇,风骨未就",与殷尧藩、张祜、徐凝、杜牧相唱和。李商隐曾有《拟沈下贤》诗,可见其影响之大。张为《诗人主客图》列为广大教化主白居易之升堂者。

[3]觌:《说文新附》:"见也,从见,卖声。"为相见、探望、问候意。

附录：盐官县

建　置

县　置

两浙路

临安府，大都督府，本杭州，余杭郡。淳化五年，改宁海军节度。大观元年，升为帅府。旧领两浙西路兵马钤辖。建炎元年，带本路安抚使[1]，领杭、湖、严、秀四州。三年，升为府，带兵马钤辖[2]。绍兴五年，兼浙西安抚使。崇宁户二十万三千五百七十四，口二十九万六千六百一十五。贡绫、藤纸。县九：钱塘、仁和、余杭、临安、富阳、於潜、新城、盐官、昌化。绍兴中，七县并升畿。

——《宋史》卷八八《地理志四》

杭州，余杭郡，宁海军节度。

上。盐官。州东一百二十九里。六乡。长安一镇。一盐监。有金牛山。

——《元丰九域志》卷五《两浙路》

仁和县

倚郭。《临安志》云："本钱塘、盐官二县之地。钱武肃王始割二县置钱江县，时朱梁龙德二年也。"《寰宇记》云："唐麟德三年，析钱塘、盐官二县之地置钱江县于州郭。国朝太平兴国三年平江东，改为仁和县。"

——《舆地纪胜》卷二《两浙西路》

盐官县

在府东一百二十九里。《西汉地里志》："会稽有海盐县。"《舆地广记》云："吴王濞煮海为盐，在此有盐官。"沈约《宋志》云："汉旧县也。"三国六朝并属吴郡，故《晋志》《宋志》吴郡下有盐官。隋隶杭州余杭郡。《唐志》云："武德四年，割隶东武州。七年，省并入钱塘。贞观四年复置。"又康定元年，苏梦龄撰《盐官县记》云："斯县初曰汉昌，汉孝武世置榷盐之官，乃更是名。"象之谨考之，《汉史》止于海盐县下武原乡有盐官之名，初未置县也，与苏梦龄之说不同，当考。

——《舆地纪胜》卷二《两浙西路》

隋平陈，废郡，改为钱塘县，又省陈留为绥安县，割吴郡之盐官、吴兴之余杭，合四县置杭州，在余杭县，盖因其县以立名。贞观四年分钱塘置盐官县。元领县八。今十：钱塘、仁和，新置。於潜、余杭、富阳、盐官、临安、昌化、新城、南新。盐官县，东北一百三十里。旧二十二乡，今九乡。本汉海盐、由拳二县之境。《汉志》云"海盐县有盐官"，此地也。《吴录·地理志》云："盐官，本名海昌，时改为盐官，属吴郡。"沈约《宋书·州郡志》云此说非也，盐官本汉之旧县。予按《吴志》："孙权为将军，陆逊始仕幕府，出为海昌屯田都尉，并领县事。县连年亢旱，逊开仓以赈贫民。"权为将军，汉建安五年也。《太康地志》云"汉盐官也"。

——《太平寰宇记》卷九三《江南东道五》

城周四百六十步，高二丈。唐永徽六年，筑濠，阔五丈，深四尺。《祥符旧志》。古城在县西北四十一里，周六百步，高八尺。隋大业十三年筑，今废。《祥符旧志》。

——《咸淳临安志》卷一八《疆域三》

旧在县北二里，今徙于县北一里半。政和二年，令欧阳珣修筑记文。欧阳珣记："古者，建国设都先立社稷，其意以谓民非谷不食，谷非土不生，立其五土五榖之种而祀之，示不忘本也。考之成周司徒、宗伯之官，或设其壝，或掌其礼，其事可谓至详。而临祀之时，令执事者，又有封人之职，故每岁春秋，祈报俎豆一设，神必顾歆，丰年之屡，盖出于此。仰惟国家自扫除妖氛，长民之官皆得修社稷之祀，肆我主上聪明睿智、灼见遐迩，尚虑海邦、山邑小大之吏，务在于簿书期会，罔知祀以称吾事神之意，故洒书诏书增崇社稷之制，列为图以颁正。盐官虽穷陬僻左，而旧坛具存，荒秽不治，诏下之日，鸠工度材，即其蕢而新之。社坛居其左，稷坛居其右，就社稷之左右，别为坛祀，雷、雨、风师则用之。而又设燎坛于其东，建斋厅于其北，直北为一门。自门之左右，皆立垣墉以为卫，居无事时，则扃其门而钥之。前祭之日，执事者造而启焉。其它陛级之数，广狭之度，率按图而为之。稽诸礼经，若合符契，自是岁时献荐之吏，升降俯仰，莫不祗肃。呜呼，韪哉！夫先王之典礼，莫重于祭祀；而祭祀之所先，莫重于社稷，且社稷坛壝苟简于数千百年，而缮修于今日，岂非典礼之行，自有时耶？明天子承治定之余，慨然以礼文为意，故其制作有及于此，古人云："礼莫大于圣王。"斯言信哉。"

——《咸淳临安志》卷十八《疆域三》

【注释】

[1] 安抚使：宋初，以诸路遭灾害或因边境用兵，特遣安抚使措置赈济、或抚平边衅等，事毕即罢。宋真宗景德朝以后，安抚使始为一路帅臣，掌抚绥良民，察治盗贼、奸宄。南宋初，帅府路安抚使总一路兵

政,许便宜行事;遇朝廷调发军马,则负责措置办集,以授副总管,率管内州郡副钤辖、副兵马都监,总兵出征。

[2]兵马钤辖:初为将帅之职,行营统兵出征,受本路都部署(都总管)节制。屯泊则掌禁旅驻屯、守御、训练之政令。神宗朝行将兵法后,路分钤辖于有帅司去处(安抚司、都总管司等),佐帅臣总辖本路军马;其余诸路,管辖本路不系将屯驻、驻泊、就粮禁军,训练、教阅、赏罚,并与知州同共商量、签书行遣军马公事。

盐官县

县治太平兴国四年建。政和七年,令王晛重建县厅。绍熙元年,令陈恕重修鼓楼。

清爱堂

题咏郭知运《清爱堂诗》:"清爱堂前竹色佳,留烟带月翠横斜。日长吏散庭空后,风景萧萧对渝茶。"

平政堂

锦香亭

仰高亭

丞厅在县东五步,元符元年建。淳熙四年修,有挺立轩芸香亭。

主簿厅在县东五十二步,元丰八年建,绍兴十三年徙于县西五十步。尉司在县东一十五步,雍熙三年建,大中祥符二年重修,淳熙五年增修题咏。梅尧臣《送刘少府诗》:"我祖南昌尉,时危隐去仙。刘郎从宦日,天子治平年。燥茗山中火,熬波海上烟。吴民不为盗,惟此挠君权。"

——《咸淳临安志》卷五四《官寺三》

上管巡检司寨,在盐官县界。元额管土军一百二十人。赭山巡检司寨,在仁和盐官两县界。元额管土军一百二十人。黄湾巡检司寨,在盐官县界。元额管土军一百二十人。硖石巡检司寨,在盐官县界。元额管土军一百人。许村巡检司寨,在盐官县界。元额管土军共一百人。

——《淳祐临安志》卷六《城府》

政和元年七月二十六日,详定九域图志何志同奏:"《地理志》有赤,有畿,有望,有紧,又上、中、下之等,其法自唐始。后周因之,以三千户以上为望,二千户以上为紧,千户以上为上,五百户以上为中,不满五百户为下,亦各一时之制也。建隆初,从有司所请,递增千户,不满千户为下,仍三年视诸道户口为之升降。逮今百五十余年,其数倍于前矣,而县之第名仍旧。若齐州应城户九千七百,今为紧;临邑万七千户,乃为中;杭州临安户万二千,今为望;盐官户二万四千,乃为上。乞命有司参酌旧制,量户口多寡之数,以为诸县升降之法,使县之第名常与户版相应。"从之。

——《宋会要辑稿》方域七之二七、二八

（乾道）五年二月五日，权发遣临安府周淙言："乞令盐官知县带兼兵马都监事，如有盗贼，庶有统辖，可以擒制。"从之。

——《宋会要辑稿》职官四八之三九

乡　镇

县市。在县西北百步。唐正观四年置，开元十一年令路宣远徙于县西南二百五十步。

长安市。在县西北二十五里。

硖石市。在县东北六十里。

长安镇。在县西北二十里。

盐官镇。在县西一百步，唐会昌三年置今废。

——《咸淳临安志》卷一九《疆域四》

盐官县管六乡：

时和乡，管里十：安义、积善、临门、兴平、香花、往义、奉训、社陂、连堆、返哺。

昌亭乡，管里十：贤隐、守义、德政、孝义、义亭、克逊、顺孙、郁义、凤栖、正和。

元吉东乡，管里八：乾福、正斡、灵光、节义、牧化、来苏、击壤、鼓腹。

元吉西乡，管里七：处仁、时和、招福、会山、灵昌、万寿、长宁。

灵泉乡，管里五：嘉庆、修义、承休、乐正、金牛。

长平乡，管里五：择善、清平、庆善、保家、新安。

——《咸淳临安志》卷一九《疆域五》

学　校

盐官县学，在县东二里，记云："故有学，在县治西。绍兴五年，令刁廱撤故老氏宫材，即旧址建学。"胡珵记："淳熙四年，令魏伯恂广之，凿池浩桥。十年，令陈申重建戟门等。"嘉泰四年，令沈纺复新之。钟必万记："宝祐二年，令施溍创屋五间，藏书记文。"胡珵记："杭为东南都会，水陆物产之饶甲天下。阻山带江，人物间出。而盐官邑其穷处，地并海，民逐鱼盐为生，列肆负贩，冠带之俗微矣。自国家承平百七十余年间，士而仕于朝才一二人，何其鲜也！儒有张先生九成者，郡人，遭乱避地，实始来居，而以其徒讲学焉。未几，类试有司居第一，擢进士第，廷中又居第一，而其徒辄第二，邑人惊叹。时丹阳刁廱令盐官，为治尚简靖，察奸不苛，狱讼为衰息。民既信化，思所以作兴善其俗者，召父老庭下，令之曰：'彼张先生亦人耳，一旦及其徒俱成名赫然，岂它道哉，稽古之力也。矧是邑古不无闻人，褚无量苗裔至今大家，而睢阳太守许远庙食固在也。曾谓我宋无一人焉起邑中,窃为父老不取。且天子以万户黔首举属之令,固求有以善之。苟应簿书期会,催科劝课,负弩矢媚部使者,要一胥吏任职可也。四方君子将何以观政?我其乡校是兴,俾若县子弟得相率肄业其中,不亦可乎?'民叩头谢,惟令君命。县故有学在县治西,房人之退也,有司建官府务,一切辇取其材,改作堂居焉。像设风雨,吏玩弗疚,盖五年于兹。邑有废老子祠,昔以奉狂道士号葆真宫者,雝叹曰:'嫚神诬民,吾不忍也。'命毁之,籍其门材,相地筮日,乃七月甲戌,就县故学基以营焉。诸生骧趋,更出力佐工役调,不敛其民一钱。顷之,会礼部试群进士,于是第一人张先生徒也。盖师弟子更以儒学成名显一时,三年之间,磊落相望。邑人益以知令君不我欺,而学之不可已,信也。遂以十月丙午学成,殿屋六楹,堂四楹[1],门四楹,斋馆廊庑庖湢之舍咸在。工即讫功,涓辰奉安,栋宇崇崇,像设巍巍,币牲洁羞,笾豆秩序,拜揖降登,礼备无阙。吏民观瞻,俗用丕变。诸生咸愿刻石纪事,以示来者。雝乃条具本末,书抵张先生请记。于是晋陵胡珵其友也,张先生方以太史氏列职东观,于珵为同舍郎,顾而属之记,辞不获命,则拱乎言曰:请考论先生之学。以舜为之君,而契为司徒,《书》则曰'百姓不亲,五品不逊,汝敷五教在宽'而已尔。三代之学也,《孟子》曰'夏曰校,商曰序,周曰庠,三代共之,皆所以明人伦'而已尔。五品者何?君臣、父子、夫妇、长幼、朋友之节也。为其不逊也,舜则有孝焉。人伦者何?君臣、父子、夫妇、长幼、朋友之节也。为其不明也,三代之王有学焉。然则五品苟逊矣,舜将何求?人伦苟明矣,三代之王亦何求?而于斯知所以学而自得焉,则存乎其人而已矣,虽舜与三王不得与于斯矣。夫以不孝者位中司而创为学法,不忠于君者位宰相,而布其法于天下,人将焉取师?滥觞于元丰,稽天于崇宁、大观,海内学者靡然同波,六经之道诞张。士无特操而诡诈不学成风矣,始诳其上,曰三代洋洋哉,不亦异乎?夫学者之道,夫妇之愚与知焉,至也圣人且有所不知焉;夫妇之不肖能行焉,至也圣人且有所不能焉。如是焉以基之,如是焉以居之,而终焉而不知所以然,非一朝一夕之故也。学而进,斯大矣远矣。欲知张先生之学之传,斯其本矣。至于收科第,取青紫,殆其末也欤。百里之地,果无有人焉乎哉?吾不可以不告。"

钟必万记:"国朝崇尚人文,诏天下郡县立学,视三代则有光矣。盐官学旧在县治西,绍兴中,始徙于东偏。凡五十六年,或葺或否,若传舍然,良可叹也。吴兴沈君纺为县之明年,特因其旧而一新之,属余为记,以诏多士。余窃自念齿发如许,学不加进,朝夕自警且不暇,其何以诱夫人?然自宦游与夫往来于此余二十年矣,士之扣门者日益众,况今求田问舍,欲老于海昌之上,则杖履游从,亦有责善之义焉,故不辞。嗟夫!自命乡论秀之制坏而不复,士病于科举,盖非一日,而今之世为尤甚。父兄之训子弟,朋友之相讲论,朝夕之所从事于文辞者,惟利禄之是计耳,抑不思上之人拳拳教养,所望于尔多士者,果如此哉!圣贤立教,所望于天下后世者,果何在哉?昔者吾夫子不过栖栖一旅人耳,讲道洙泗,固无爵禄可以动学者之心,而群弟子或自齐往,或自宋往,或自卫往,或自他国往,不惮其山川之远,道路之劳,而所慕有甚于爵禄。意者日渐月化,莫非道德性命之蕴,必有出于言意之表;及观耳提面命,则皆孝弟忠信之实,举不离于日用之常;然后知圣人之所以教人,学者之所以用力,盖在此而不在彼也。虽然,事亲从兄,处己待人,莫非事也,而所谓道德性命之蕴,有外于是乎?人惟行之而不著,习矣而不察,终身由之而不知,此所以有待于学矣。学以致其知,又贵于行其所知。千里之行,盖自足下始;足迹不出户庭,而谓乘风驾云可至千里,有是理哉?况夫求之有道,得之有命。通穷得丧举不足以动其心,而后可以言修身,身修而后可以言事君治民。士方未用,利禄横于心;及其即用,谓无既得患失之心,信乎?学者盍亦无歆羡乎其外,而当用力乎其内。事亲有不足于孝,事长有不足于敬欤?推是类而日察之,力行之。由知至而知终,由穷理而尽性至命,如是而后为不负上之人所以教养成就之意。堂名数易,沈君取旧名'明伦'揭之,可谓知教人之本矣。学比旧气象殊胜,主其役者某。"

——《咸淳临安志》卷五六《文事》

坊陌桥梁

节义坊_{双庙在焉}

安化坊_{安化郡王王公禀宅}

忠孝坊_{侍郎杨公出义宅}

状元坊_{张公九成宅}

亚魁坊_{凌公景夏宅}

墨卿坊

仁贤坊

信义坊

宣化坊

曳裾坊

——《咸淳临安志》卷一九《疆域四》

县桥　在县南。

嘉泰桥　在县西南，旧名善见，有唐咸通经幢。

纪家桥　在县北。

庆善塔桥　在县西南。

监桥　在县西南。

徐家桥　在县西南。

醋坊桥　在县西北。

永安桥　在县西北。

传家桥　在县西北。

永兴桥　在县南。

酒坊桥　在县北。

惠康桥　在县东北。

师姑桥　在县东北。

双庙桥　在县西。

延恩寺桥　在县西北。

安国寺桥　在县西北。

胜安桥　在县东，旧名乌鹊。

行春桥　在县西。

社坛桥　在县西南。

海昌桥　在县东南。

长安桥　在县西北。

——《咸淳临安志》卷二一《疆域六》

公廨场务

场

盐官场。南路场。新兴场。上管场。下管场。

新兴以下五场,监煎各一员并摄官,外有西兴、钱清二场,系在绍兴府界。

库

本所钱库,在府治教场内。

转运司

场

抽解竹木场。又名木税场。

——《咸淳临安志》卷五五《官寺四》

义亭驿　在县西北二十五里。唐正观五年置,旧号桑亭驿,八年改今名。

光华亭　在县北一里,淳熙四年令魏伯恂建。

海昌馆　在县北三百五十步,旧名班宣,嘉定元年令潘景夔修,更今名。

海昌亭　在县西北二十五里,长安上闸之傍,自杭循西道行,必于此舣舟,以需启钥。

——《咸淳临安志》卷五五《官寺四》

杭州　在城:八万三千八十六贯一百二十九文;零卖场:四千四百六十贯三百八十六文;范浦场:六十二贯五百六十六文;临平场:二百二十一贯三百四文;盐官场:九百二十三贯三百八十八文。

——《宋会要辑稿》食货二二之一三

绍兴三十一年二月十九日,少师[2]、宁远军节度使、醴泉观使[3]、恭国公杨存中言:"臣有本家买扑酒坊九处,一、临安府:盐官员坊并子坊二处,硖石镇坊四处,石门早林坊并子坊二处,一、湖州:千金坊并子坊四处,新市镇坊并子坊一处,乌墅镇坊、上伯坊。一、秀州：魏塘坊、风泾坊。谨具进纳，望令所属交割。"诏令户部拘收。

三月十九日，知绍兴府宋棐言：准诏：诸暨、枫桥两坊，今绍兴府承买开沽，除认纳名课等钱外，将收到息钱逐坊各每年认发户部息钱二万贯，分四季起发。今来本府恐趁办户部上项息钱不敷，官吏空负罪责，更不敢再行申乞减退息钱承买。乞将逐坊改充户部赡军后批送户部勘当。申尚书省。本部勘合杨存中献纳酒坊，内盐官等七切已承指挥，改作赡军激赏酒库[4]，差官措置开沽，将收到息钱起赴左藏库送纳，应副大军胜食等支用。欲依宋棐所乞事理，将逐坊依临安府盐官县等七处酒库体例，改作赡军激赏酒库。所有合差监官并合干人，及存留旧官应所行事件，并乞依盐官县酒库等体例。从之。

十月二十九日，户部侍郎刘岑等言："杨存中并赵密献纳两浙酒坊七十四处，本部将盐官等九处并改赡军激赏酒库，差官措置开沽，岁收息钱四十余万贯，应副大军支用，其余六十五坊系委两浙转运司检察措置开沽。今照得数内湖州、德清、武康、上伯、和平、秀州、新城、永乐、当湖、平江府、平望、程林、支塘、常州、潘帮、乐社等坊，自来人烟繁盛，系是三万以上场务，赏有未卖煮酒二十余万瓶，欲将德清等一十一坊作八库，并依盐官等九坊体例改作赡军激赏酒库，从本部选差监官前去措置开沽。"从之。

——《宋会要辑稿》食货二一之二

绍兴三十二年六月十日，孝宗即位，未改元。户部言："盐官等九酒库依已降指挥，拘收措置，改作赡军激赏酒库，若置官吏开沽，立定额钱收课息钱，七较赏罚，照得行在酒库点检官催诸库卖酒收息，每及二十万贯，减一年磨勘[5]，计日累赏，所是本部官亦依上件体例推赏，每岁减磨勘通不得过四年。"从之。

——《宋会要辑稿》食货二一之三

乾道元年五月十六日，司农少卿兼措置浙东犒赏酒库陈良弼："乞将管下酒库十四处监官十九员窠阙，尽从朝廷差注，其存留使臣有界内赊欠合拘收，乞更留二年成资，并盐官县库长安子坊及诸暨县库桑溪子坊两处系要闹，酤卖浩瀚，欲各置监官一员。其他诸库子坊更不差官，令所隶酒库召本处土著有抵产人户充募作管干人，每月卖酒钱一千五百贯以上，月给食钱十五贯文省；一千二百贯以上，月给十贯文省；不及一千贯，月给七贯文省，依旧于本库收到五厘杂收钱内支给。"从之。

——《宋会要辑稿》食货二一之五

乾道七年二月二十八日，诏："户部将盐官、乌廓两酒务拨付殿前司，其已拨和平、当湖并乌盆、石浦、张浦五处酒库,却行拘收。"从提领官姚宪请也。

——《宋会要辑稿》食货二一之九

浙西路(盐额):一百一十三万七千一百四十五石六斗七升七勺,淮浙例以五十斤为一石。盐官买纳场:九千一十一石九斗六升七合三勺。

——《宋会要辑稿》食货二三之一三

仓　库

常平仓　在县西一十五步,唐正元十年置。

省仓　在县东南一十步,绍兴八年置。

酒务　在县北三百步,淳化四年置,今改为赡军犒赏所。

税务　在县北一百步。

——《咸淳临安志》卷五五《官寺四》

【注释】

[1] 楹:房屋的柱子,特指厅堂的前柱。

[2] 少师:加官、阶官名。三少官之一。

[3] 醴泉观使:宫观使名、祠禄官名。旧有祥源观,因火焚。仁宗至和二年十二月二十九日重修新观,易名醴泉观。

[4] 赡军激赏酒库:负责支付军队激赏钱的酒库。

[5] 磨勘:铨法名。"磨勘"一词,始见于唐代元和间,其原义为审验查究某种文书真伪、圆备与否的一种手续。宋代磨勘,已成为一种主要的铨法制度,即文武官员的"考绩法"。磨勘内容有两项,一为审核资历,一为稽核功过。

山　脉

紫薇山　在盐官县。《海昌志·重修宫宇记》云:"县有紫薇山,以为之镇。"

金牛山　在盐官东八十三里。《舆地志》云:"吴楚之间,金牛出自毗陵,奔此山而没。"

——《舆地纪胜》卷二《两浙西路》

金牛山　在县东八十三里,高三百丈,周回一十九里。《太平寰宇记》:"昔吴楚间,金牛自毗陵奔此山而没,因名。"山侧有洞,或云建炎初,黄湾居民多避虏于此,烛之,深不可测。好事者游焉,则有蛇怪。

审山　在县东北六十五里,高五十三丈,周回七里三百步。汉审食其墓其间,故名。有僧崇慧庵,基土皆五色。有僧智标塔、秦王磨剑石,有灵池,水旱不盈涸。

黄山　在县西南四十里,一名越城山,高五十丈,周回六里二百步,其色黄,故名。

紫微山　在县东北六十里。《旧志》云:"唐紫微舍人[1]刘禹锡作刺史,行县至是山,望峡石湖因名。"今半山有碑,镌"紫微山"三字。按禹锡未尝为杭州刺史,惟白居易、裴夷直自中书舍人出守,《旧志》误也。题咏。唐顾况诗:"家在双峰兰若边,数声清磬发孤烟。山连极浦鸟飞尽,朋上青林人未眠。"○杨璇诗:"野寺孤峰上,危楼耸翠微。卷帘沧海近,洗钵白云飞。竹影临经案,松花点衲衣。日斜登望处,湖畔一僧归。"又:"地势连沧海,山名号紫微。景开僧坐久,路僻客来稀。峡景清相照,河流石自围。尘喧都不到,安得此忘归。"○朱伯虎诗:"凿石开山已几年,半天台殿耸危峦。晓钟声向云边落,夜月光从槛底看。野色难藏行里秀,松风长占一轩寒。老僧此处真佳隐,应笑尘劳郊小官。"○余弼诗:"孤峰牢落几何年,台殿于今插半天。已是精篮夸绝徼,更将宝塔在危巅。烟霞色任阴晴变,钟磬声随上下传。珍重老僧无别境,一生幽趣只山川。"○富临诗:"凿石诛茅四十年,稜层宝构出诸天。更逢地胜惊游客,不负身披坏衲田。别郡坐看云散后,平湖下压鸟飞前。还知老令忘归否,为惜难移近县廛。"

石堆山　在县东南五十里。

尖山　在县东南六十里。

蠏山　在县东南六十二里。

盈山　在县东南六十二里。

花山　在县东南五十里。

菩提山　大县东六十里,山有灵泉。详见井门。

袁花山　上有小山,在县东六十里。

赞山　在县东北七十里。

赭山　在县西南四十五里。

岩门山　在县西南四十里。

蜀山　在县西南二十七里。《隋书·地理志》:"去盐官县有蜀山。"

雷山　在县西南四十里。

————《咸淳临安志》卷二七《山川六》

河泉湖泊

临平湖　在盐官县西北五十里,东西十二里。

————《海录碎事》卷三下《地部》

盐官县

海在县东南一十里。

——《咸淳临安志》卷三一《山川十》

竹浦湖　在县东北六十里,周六里。

高湖　在县东北一十七里,东西二十八里,南北一里三步。

谷湖　在县东北四十六里,周四里。

建宁湖　在县西北二十五里,东西一十里,南北六里。吴建兴中开,因名建兴湖。《旧志》误作建宁。

已上四湖今皆废。

——《咸淳临安志》卷三四《山川十三》

白龙潭　在十一都运河侧,绍兴间建龙王庙。

——《咸淳临安志》卷三六《山川十五》

百尺浦　在县西四十里,《舆地志》云:"越王起百尺楼于浦,止望海,因以为名。"今废。

——《咸淳临安志》卷三六《山川十五》

雪峰泉　在县东南五里,寿圣院记载灵迹。

——《咸淳临安志》卷三七《山川十六》

放生池　在县西北,延恩院东南二百五步。

灵龟池　在县东北六十里,或云旧有尼寺,今废。顾况有诗。

灵池　在长平乡审山,水旱不盈涸。

——《咸淳临安志》卷三八《山川十七》

【注释】

［1］紫薇舍人:唐中书舍人曾改名为紫薇舍人。

水　利

谨按:唐长庆中,刺史白居易浚治西湖,作《石函记》,其略曰:"自钱塘至盐官界应溉夹河田者,皆放湖入河,自河入田,每减一寸,可溉十五顷,每一伏复时,可溉五十顷。若堤防如法,蓄泄及时,则濒河千顷,无凶年矣。"用此计之,西湖之水,尚能自运河入田以溉千顷,则运河足用可知也。

——《苏轼文集》卷三〇《申三省起请开湖六条状》

盐官海水:嘉定十二年,臣僚言:"盐官去海三十余里,旧无海患,县以盐灶颇盛,课利易登。去岁海水泛涨,湍激横冲,沙岸每一溃裂,常数十丈。日复一日,浸入卤地,芦洲港渎,荡为一壑。今闻潮势深入,逼近居民。万一春水骤涨,怒涛奔涌,海风佐之,则呼吸荡出,百里之民,宁不俱葬鱼腹乎?况京畿赤县,密迩都城。内有二十五里塘,直通长安闸,上彻临平,下接崇德,漕运往来,客船络绎,两岸田亩,无非沃壤。若海水径入于塘,不惟民田有咸水湮没之患,而里河堤岸,亦将有溃裂之忧。乞下浙西诸司,条具筑捺之策,务使捍堤坚壮,土脉充实,不为怒潮所冲。"从之。

十五年,都省言盐官县海塘冲决,命浙西提举刘垕专任其事。既而奏言:"县东接海盐,西距仁和,北抵崇德、德清,境连平江、嘉兴、湖州;南濒大海,元与县治相去四十余里。数年以来,水失故道,早晚两潮,奔冲向北,遂致县南四十余里尽沦为海。近县之南,元有捍海古塘亘二十里。今东西两段,并已沦毁,侵入县两旁又各三四里,止存中间古塘十余里。万一水势冲激不已,不惟盐官一县不可复存,而向北地势卑下,所虑咸流入苏、秀、湖三州等处,则田亩不可种植,大为利害。详今日之患,大概有二:一曰陆地沦毁,二曰咸潮泛溢。陆地沦毁者,固无力可施;咸潮泛溢者,乃因捍海古塘冲损,遇大潮必盘越流注北向,宜筑土塘以捍咸潮。所筑塘基址,南北各有两处:在县东近南则为六十里咸塘,近北则为袁花塘;在县西近南亦曰咸塘,近北则为淡塘。亦尝验两处土色虚实,则袁花塘、淡塘差胜咸塘,且各近里,未至与海潮为敌。势当东就袁花塘、西就淡塘修筑,则可以御县东咸潮盘溢之患。其县西一带淡塘,连县治左右,共五十余里,合先修筑。兼县南去海一里余,幸而古塘尚存,县治民居,尽在其中,未可弃之度外。今将见管桩石,就古塘稍加工筑叠一里许,为防护县治之计。其县东民户,日筑六十里咸塘。万一又为海潮冲损,当计用桩木修筑袁花塘以捍之。"上以为然。

——《宋史》卷九七《河渠志七》

灵泉井 在县东七十里,真如禅院菩提山上。昔有道师操夜为鬼神讲佛书,一日井涸,神告之曰:"当有泉发于山。"俄寺前之西有宝迸出,故名。记文。令锡山陈逸记云:"邑之东六十里,山曰菩提,水曰灵泉,庙佛其上曰真如。余以职事出郊,尝往焉。山多乔松修竹,前寺如蔽,后寺如卫。泉在寺旁,饮之与吾家山庶子泉颇相伯仲。山之浮屠曰:'昔有道师操夜为鬼神讲佛书,一日井涸,神告之曰,当有泉发于山。俄窦于寺前之西,故谓之灵泉。事见《图经》。'此邑地半海卤,而有斯泉。惜乎陆羽、张又新辈未尝一顾,不列于《茶经》《水品》,地僻迹远,且不争名瓶鼎之间,有若士之有道,而不自表襮者。庶子泉在二浙之冲,瓶罂之行,不远万里,好事者谓茶得泉如人得仙丹,精神顿异,故自御府至于韵人胜士,不可一日无此,安知灵泉亦能点化瓯中广寒也。今泉虽有灵名,而煮海之民,但以为淡水,当其雨潦浸淫,蜗蜥游焉,可为太息。虽然,物之穷通固自有数,造物者每乘除而机括之,岂独斯泉未遭也哉。寺本晋宝宅之墟,周显德二年建云。政和五年十二月十六日。"

乌龙井,在县东七十里福济庙,广四尺,深七尺,冬夏不竭,旱岁赖以给。相传,昔皋苏将军之乌马跑于地得泉,遂以"乌龙"名之,祷雨应如响。

葛仙翁炼丹井,在硖石紫微山,石井在县北一十二里,今废。

市邑十井,故老相传,本县阮店村章仁蕴开,今仁贤坊双庙巷安国寺三井是也。

仁贤坊井,以白石为栏,色类玉,有刻云:"当邑章仁蕴开此义井第十四口。元丰壬戌岁记。"则仁蕴所开不止十井,余皆湮没不存。

——《咸淳临安志》卷三七《山川十六》

捍海塘　在县南三里,阔二丈,高一丈。唐《地理志》云:"长一百二十四里,开元九年重筑。"

淡塘　在县西嘉定间邑。南海沙坍,增筑堤防,以障潮水。自市境西至秧田庙,约六七里。其河尚存,由秧田庙而南转西,泥沙湮塞,舟楫不通,惟旧桥故道略可识。

洛塘　在县北,长四十里。

袁花塘　在县东,长六十里。

咸塘　在县西南一里,与淡囗通,有清海亭,春秋教阅之所,令杨天麟建。

二十五里塘　在县北,至长安,岁久不筑,久雨则河流决溢,多为民害。绍熙九年,令陈恕募民浚河筑岸,广三丈,视旧广一丈,高三尺,甃以石,其患遂息,人号甘棠堤。

舰澳　在县西十九里,东西一百五十步。

——《咸淳临安志》卷三八《山川十七》

长安堰　在县西北二十五里,即旧义亭埭。

庄婆堰　在县西北三十里。

黄家堰　在县西五十里。

通浦堰　在县北五里。

瓦石县　在县东北一里半。堰东旧有刘郎堰,今废。

李六堰　在县东五里。

凌家堰　在县西北四十五里。

莫家堰　在县西北四十七里。

——《咸淳临安志》卷三九《山川十八》

长安三闸　在县西北二十五里,相传始于唐。绍圣间,鲍提刑垒沙罗木为之重置斗门二,后坏于兵火。绍圣八年,吴运使请易以石埭。绍熙二年,张提举重修,岁久莫详诸使者名。凡自下闸九十余步,至中闸又八十余步,至上闸盖由杭而西,水益走下,故置闸以限之。闸兵旧额百二十人,崇宁二年有旨,易闸旁民田以浚两澳,环以堤。上澳九十八亩,下澳百三十二亩,水多则蓄于两澳,旱则决以注闸。今闸之弊随治,而澳岸颓毁,居民日侵,兵额未复。嘉定初,令潘景夔尝请开两澳之塞,以济饥民,不果行。

黄湾闸,在县东六十里,今废。

渡

城内外

浙江渡　在候潮门外,对西兴。

龙山渡　在六和塔下,对渔浦。

鱼山渡　在大朱桥盐场,两岸相望不远,潮势已杀。浙东士夫惮于渡渔浦者,多由此。

渡船头　在通江桥北。

周家渡　在城内柴木巷。

司马渡、萧家渡　在下中沙巷。

边家渡　在仁和仓之东。

陆家渡　在丰储西仓后。

时家渡　在德胜堰南。

——《咸淳临安志》卷三九《山川十八》

开禧三年,艮山门外潮水冲荡,沿江石塘氏舍。嘉定壬午秋,潮水冲突城之东北,直抵盐官县治界三里而近。当时,已有政邑长河之议,有诏帅漕臣协力修筑,随毁。冬十一月,除大理丞刘垕持浙西稺节,任责措置。堂谓此非人力可胜,申请迎奉城隍、忠清、龙王三祠像于潮决之冲,日夕祷祈,仍并力筑塘岸。越次年,春潮回涨,沙始复旧观。

——《淳祐临安志》一卷〇《山川》

食　货

盐:汤镇、仁和村、盐官、浮山、新兴、下管、上管、蜀山、岩门、南路、茶槽等场常产之地。

汉置盐官,吴王濞煮海为盐之地。

——《梦粱录》卷一八《物产》

元丰初,卢秉提点两浙刑狱,会朝廷议盐法。秉请自钱塘县杨村场上接睦、歙等州,与越州钱清场等水势稍淡,以六分为额;杨村下接仁和县汤村为七分;盐官场为八分;并海而东为越州余姚县石堰场、明州慈溪县鸣鹤场,皆九分;至岱山、昌国,又东南为温州双穟、南天富、北天富场十分;著为定数。盖自岱山及二天富,皆取海水炼盐,所谓熬波者也。自鸣鹤西南及汤村则刮碱以淋卤,以分计之,十得六七而已。盐官、汤村用铁盘,故盐色青白,而盐官盐色或少黑,由晒灰故也。杨村及钱清场织竹为盘,涂以石灰,故色少黄,竹势不及铁,则黄色为嫩,青白为上色,黑即多卤,或有泥石,不宜久停。石堰以东,虽用竹盘,而盐色尤白,以近海水咸故尔。后来法虽少变,公私所便,大抵不易卢法。且水性以润下为咸,其势不少折,则终不可成盐。安邑池盐,以浊河曲折,故因终南山南风以成。若明、越、温、杭、秀、泰、沧等州,为海水隈奥曲折,故可成盐。其数亦不等,唯隈奥多处则盐多,故二浙产盐尤盛他路。自温州界东南止闽、广,盐升五钱,比浙贱数倍。盖以东南最逼海,润下之势既如此,故可以为咸,不必曲折也。

——《泊宅编》卷三

元祐二年八月辛卯,诏蠲免二浙盐亭户课盐旧钱。钱塘、仁和、盐官、昌国亭户计丁纳盐,历岁已久,至是除之。

——《续资治通鉴长编》卷四〇四

(绍兴元年)近点检临安府盐官县等处,承本路转运司牒:亭户二税依条以盐折纳,盖因当司奉行支俵人户丁蚕盐,每岁有取过盐货给散人户,所有将税折盐。今来罢支丁蚕盐,更无取拨盐数,其二税自合依旧本色。本司窃详亭户僻在海隅,止以煎盐为业,不曾耕种田亩,故二税令折纳盐货。昨自罢支丁蚕,已涉年深。递年所纳二税,并是依皇祐专法,以盐折纳入官,候岁终纽计价钱拨还。乞申严行下。

——《宋会要辑稿》食货二六之一

枣:盐官者最佳。

——《梦粱录》卷一八《物产》

雀:《宋书》云:"盐官属有白雀之异。"

——《梦粱录》卷一八《物产》

黄甲、蟛蜞[1]、彭蚏,产盐官。

——《梦粱录》卷一八《物产》

户　口

《乾道志》:主、客户五万八百三十一口五万九千三百四十四。《淳祐志》:主、客户五万七千三百三口一十四万五百二十七,今主、客户五万六千九百四口一十三万九千八百七十。

——《咸淳临安志》卷五八《风土》

盐官县主、客户五万八百三十一口五万九千三百四十四。

——《乾道临安志》卷三《户口》

官　税

夏税管额绢一万三千四百九十九匹三丈五尺三寸二分、紬一千一百七十二匹一丈二尺四寸七分、绵一万一千二百一十五两二钱。畸零夏税紬三百五十六匹三丈八尺三寸二分,并和买紬二百三十七匹一丈五尺,计钱二千四百六十六贯四百八十二文。折退夏税紬一十二匹绢三十六匹二丈六尺七寸九分,折小麦八十六石七斗二升六合。营田夏税绢五十九匹三丈七尺四分,计钱三百一十一贯六百一十六文。亭户折盐、折夏税钱七千四百六十二贯四百二十文省,除一半发赴转运司外,净纳本府四千八十一贯七十九文。

夏税绢七百四十八匹三丈四尺九寸二分,夏税紬二百一十二匹九尺六寸六分,绵一千四百五十六两一钱,七分本色。夏税绢一万六百六十匹二丈一尺,六分本色。和买绢四千八百九十六匹、绵六千六百九十两八钱五分,折帛钱共七万六千七百四十六贯四百文,和买八千八百一十五匹二丈五尺,计钱五万七千三百一贯四百文。

夏税紬五百九十一匹四尺五寸,绢一千九百九十三匹三丈五尺五寸,计钱一万八千九十五贯文。绵三千六十八两一钱八分,计钱一千三百五十贯文。沙田夏税钱一百六十三贯四百二十文,苗米额管三万三千八百九十石四斗三升六合六勺。内拨赐灵隐净慈两寺水田二千二百九十五亩,经界复正米二百二十四石二升四合,外净管三万三千六百六十六石四斗一升二合六勺。苗田米一百六十八石七斗二升八勺,亭户盐折米一千三百六十四石八斗七升九合一勺,计钱六千八百二十贯七百八十二文。省除转运司催一半外,本府净催六百八十二石四斗三升九合,每石折钱五贯,计三千四百一十二贯一百九十八文,役钱夏秋每料九千七百三十四贯六百九十文。

——《咸淳临安志》卷五九《贡赋》

盐官县(商税)：六百五十贯四百四十八文。

——《宋会要辑稿》食货一六之七

绍兴元年四月二十九日,提举两浙路茶盐公事梁汝嘉言："近点检临安府盐官县等处承本路转运司牒：亭户[2]二税,依条以盐拆纳。盖因当司奉行支俵人户丁蚕盐,每岁有取过盐货给散人户。所有将税折盐今来罢支丁蚕盐,更无取拨盐数,其二税自合依旧本色。本司窃详亭户僻在海隅,止以煎盐为业,不曾耕种田亩,故二税令折纳盐货。昨自罢支丁蚕,已涉年深,递年所纳二税,并是依皇祐专法,以盐折纳入官,候岁终,纽计价钱拨还。乞申严行下。"诏遵依皇祐专法施行。

——《宋会要辑稿》食货二六之一

【注释】

[1] 蟛蜞：似蟹而小的红色甲壳动物,乃蟹的一种。居河边洞穴中。
[2] 亭户：古代盐户之一种。唐乾元元年(758)第五琦定盐法,将制盐民户编为特殊户籍,免其杂役,专制官盐。因煮盐地方称亭场,故名。

灾　害

熙宁四年八月戊午,杭州言："盐官县自三月至是月,地产物如珠,可造饭,水产菜如菌,可为菹,饥民赖以充食。"

——《续资治通鉴长编》卷二六三

珠饭,熙宁八年,杭州言盐官县地产物如珠,可造饭。蜀山,《隋志》：盐官县下有蜀山。

——《舆地纪胜》卷二《两浙西路》

(熙宁)八年,杭州盐官县自三月地产物如珠,可食,水产菜如菌,可为菹,饥民赖之。

——《文献通考》卷二九九《物异考五》

政和丙申岁，杭州汤村海溢，坏居民田庐凡数十里，朝廷降铁符十道以镇之。壬寅岁，盐官县亦溢，县南至海四十里，而水之所啮，去邑聚才数里，邑人甚恐。十一月，铁符又至，其数如汤村，每一片重百斤，正面铸神符及御书咒，贮以杀青木匣。遣曹官同道正下县建道场设醮，投之海中。海溢又谓之海啸，吏文只云海毁。

——《泊宅编》卷四

政和六年七月六日，知杭州徐铸言："奉诏赈济钱塘、仁和、盐官、余杭、富阳县去岁水灾贫阙人户，自四月十五日接续赈给，止六月十五日，尚未有米谷相继上市。已一面行下展至六月终。"从之。

——《宋会要辑稿》食货五七之一四

臣窃见八月十日以后，连夕大雨，本府管下天目诸山洪水暴发，余杭、临安、新城被害最酷，富阳、於潜、钱塘次之，余波及于盐官、仁和。小则淹浸田亩，大则漂荡庐舍，甚则丧失躯命。且以六县言之，溺死者千人，被害者五万余家。旬日之后，水势方退，禾稻淹没，根株腐烂。秋成既已失望，饥民无所得食。虽蒙圣慈特遣使者捐金发廪，遍行赈济，恩泽至渥，然但可纾目前之急耳。此去夏熟尚有七月，若人人而给，则廪粟有限，饥民无穷。臣窃计五万余家约三十万人，大人小儿各居其半。大人日给一升，小儿日给半升，日支米二千二百五十石，月支米六万七千五百石。半年为期，约用米四十万五千石。以临安六邑费粟已四十万石，今岁淮浙诸郡悉以旱告，朝廷恐难遍给。臣区区管见，不若行赈粜之法，计口给历，减价与之，庶几所费不多，所利甚博，可以接续，不至中辍，反惎饥民。臣伏见朝廷桩管米见在一百七十万石，每岁收籴，正欲为水旱凶荒之备。其间亦有积年陈粟，自当易之以新。臣妄意拟于桩管米内且借三十万石，减价赈粜。照得元价每石二贯三百文省，量减三百，每升只作二十文省出粜，庶使饥民易于收籴。以三十万石计之，县官所损不过九万贯，而活饥民至三十万，其利岂胜言哉？欲望圣慈特赐详酌，行下省仓下界，或丰储西仓水次近便处支拨。所有水脚糜费，本府自行出备；官吏添给，本府自行措置。赈粜之后，收到钱数，逐旋解还司农寺，一面收籴新米，补足原数，公私实为两便。取进止。

——《定斋集》卷六《乞赈济札子》

（淳熙元年）十二月甲子，诏："临安府盐官县三乡旱伤，可减放苗租等六千三百八十石。"先是，本乡人告旱伤，本府差察推方杰，减放止一千六百一十石。

——《宋史全文》卷二六上《宋孝宗五》

淳熙十四年七月十四日，两浙西路提举罗点言："窃见本路州县阙少雨泽，其间旱伤分数随处不同。内临安府盐官县、秀州海盐县被旱最重，民间目下便已乏绝，渐有流移。所有两县人户合纳夏税、和买役钱及以前年分积欠官物，乞自第三等以下，且令住催，候将来丰熟日送纳。"诏令多出文榜晓谕，仍仰转运司委官取见两县第三等以下住催数目申尚书省。

——《宋会要辑稿》食货五八之一七

淳熙十五年九月二日十四日，宗正寺主簿张澈奏："去秋被旨措置临安府九县赈荒，见得盐官县东乡官塘六十里，与南路市潮浦相通，旧有三闸隳坏，遇涝即醎水冲荡民田，遇旱即易至死涸。又新城县诸乡村旧有陂塘，今皆淤塞。若于农隙之时，兴此水利，即田难遇旱，亦庶几矣。欲望行下提举司、临安府相度措置。诸路州县恐有似此合兴修水利处，亦乞体访措置。"从之。

——《宋会要辑稿》瑞异二之二六

庆元三年秋，浙东萧山、山阴县，婺州，浙西富阳、盐官、淳安、永兴县，嘉兴府皆螟。四年秋，铅山县虫食谷，无遗穗。

——《宋史》卷六七《五行志五》

嘉定二年五月，严、衢、婺、徽州，富阳、余杭、盐官、新城、诸暨、淳安大雨水，溺死者众，圮田庐、市郭，首种皆腐。行都大水，浸庐舍五千三百，禁旅垒舍之在城外者半没，西湖溢。十二年，盐官县海失故道，潮汐冲平野三十余里，至是侵县治，庐州、港渎及上下管、黄湾冈等场皆圮；蜀山沦入海中，聚落、田畴失其半，坏四郡田，后六年始平。

——《宋史》卷六一《五行志一上》

（嘉定）十二年，畿县盐官海失故道，潮汐冲平野三十余里，至是侵县治，盐场多圮。

——《文献通考》卷二九七《物异考三》

嘉定十二年十二月二日，臣僚言："临安府盐官县日来为海潮冲突，沙岸倾坍，其事颇异。盖盐官为邑，虽是濒海，相去尚有三十余里，从来初无海患，所以盐灶颇盛，课利易登。去岁海水泛涨，海潮湍激，横冲沙岸，每一溃裂，常数十丈，日复一日，侵入卤地，芦洲港渎荡为一壑。京畿赤县密近都城，内有二十五里之塘，直通长安之闸，上彻临平，下接崇德，漕运往来，客舟络绎。两岸田亩，无非沃壤。若海水透彻，径入于塘，不惟民田有咸水渰没之患,而里河堤岸亦将有溃决之忧。乞下浙西诸司公共相度,条具筑捺之策,截拨合解上供钱米,以为工物之费,务使捍堤坚壮,土脉充实。"从之。

——《宋会要辑稿》食货六一之一四八、一四九

嘉定十七年,海坏畿县盐官地数十里。先是,有巨鱼横海岸,民脔食之,海患共六年而平。

——《宋史》卷六二《五行志一下》

古迹寺观

安国寺,在盐官县西北,寺有古桧。东坡诗云:"当年双桧是双童,相对无言老更恭。庭雪到腰埋不死,如今化作两苍龙。"

葆真庵,在盐官县东南一里,乃神仙马自然得道之所。

——《舆地纪胜》卷第二《两浙西路》

[王注]《盐官图经》:安国寺在县西北,寺中有悟空塔,塔前有古桧存焉。《武林梵志》:安国寺在盐官,唐建,名镇国海昌院。《高僧传》:盐官海昌院释齐安,姓李氏,实唐帝系,出家,从南京大寂禅师。王象之[1]《碑目》:唐宣宗《悼安国寺悟空禅师碑》,在盐官县。

——《苏轼诗集》卷八《盐官绝句四首》

淳熙十五年十一月二十九日,杭之盐官开福寺圆满阁成。横陈半空,俯瞰百尺,庄严像设如紫金山,广博宏丽如白银阙,檐楹飞动,阑楯衡直,意匠出巧,如经所说。嘉定庚午冬,予再至是,楼阁门开,入已还闭,见所未见。恍如梦居内宫,聆四辩之音;又若池涌浮图,瞻满月之好。莫不心死意消,平生狭陋之地,荡然无复畦畛。更上一层,洞开八窗,霜天澄明,一目千里。平芜尽处,海门驾潮,沙鸥风帆,灭没浩荡。方是时也,将凭虚而遐征,浩乎其忘归也。民于农隙,爰来止兹,祷禳屡丰,求福不回。心与境冥,善念油然而作,潜耻隐慝,不评而露,各于众前密求自新,盟于生生,不蹈往辙。更相警饬,举为善人。金曰:"净慧阿阇黎修己,是阁之作也,阴赞潜翊,不既多乎?"或曰:"翼翼飞甍,厦屋渠渠,费以万计,尽自我出。蠹我孰甚,夫何益哉?"已闻而喟然曰:"是不足以语此也。吾谋之于喜舍,度其有余而取之,否则去而之他,不较疾迟,志其成而已。以吾善幻之巧,起其本心之所固有,与人为善,何蠹乎!不闻苛政之诛求乎?锱铢不充,棰楚立至。民赋有常,其窦无底。娱耳目,豢口体,苞苴利,子孙没没弗顾,使人徇蛇虎,侥斯须之生以苟释重敛,与夫乐施孰

愈?"岂不足追议哉,置而勿论也,而说偈言:报化非真佛,依真立报化。法身亦非真,真佛安在哉。一月在空虚,皎皎千江同。溟渤[2]与蹄涔[3],圆缺随所印。影与光为二,二俱从月生。若谓一即二,未免堕诸数。重门开楼阁,所见与心会。如一蹄涔中,具此圆满轮。作如是观已,反观即忘我。我以忘我故,不坏世间相。世间成坏相,亦与报化等。离相而求真,与真长相违。

——《北磵文集》卷二《杭州盐官县开福寺圆满阁记》

杭之属邑曰盐官,民淳号易治,风俗简朴,尊儒而崇释。邑东南濒海,斥卤渔盐之乡皆逐末业牢盆之利,岁成视西三乡为丰歉。农夫深耕,利于早熟,蚕妇织纴,以勤女红。乐岁家给人足,斥其赢奉佛惟谨,故民居与僧坊栉比,钟呗之声相闻,隆楼杰阁,错立鼎峙,饱食丰衣,缁褐塞路,不耕蚕而仰给于民者,不知其几千指也。尼居有三,曰福严禅院,直邑南隅。绍兴乙亥岁冬,予讥征是邑,暇日过其门,败屋数楹,像古器刓,门堵颓阙,蓬艾萧然,如蹈无人之境。今十稔矣,而住持净欢以修院记属予。窃甚异之,乃夷考其因革之繇。先是院圮坏不治,绍兴甲寅岁,其徒希照募众重修佛殿,塓饰瑞相,始作钟楼。隆兴改元,惠勤载捐衣钵,重新之,乃立三门两庑,甃甓阶级,周以垣墙。今齿逾八秩,薰修不倦。净欢继踵院席,岁将终星。祖孙三叶,协力蒇事,凡钟磬铙鼓、炉香龛灯、华幡道具,皆革故而鼎新之。邑人父老,咸加信向,其事可书。按是院立于南齐高帝建元四年,尼曰僧猛,舍宅为寺,号曰齐明。猛姓岑氏,南阳人,徙盐官五世矣。曾祖率,晋余杭令,事载《高尼传》。而《元和姓纂》云岑本南阳汉舞阳侯彭之后,轲为吴鄱阳太守,徙盐官,亦与此合。至五代汉乾祐中,改护国报恩院,今曰福严者,本朝大中祥符元年敕所赐也。荐罹兵革,前志不存,姑载其大略。噫!是邑僻在海隅,象教之盛,僧有禅门,尼有猛师,今其学者代不乏人。方朝廷既辟度,异时必有若总持发明心要,接物利人,于此伽蓝阐扬宗旨,岂但营造土木之功可纪哉?予知欢之志实在于此,故并书之,以励来者。乾道三年岁在丙戌十月十日,右宣义郎[4]、监管行在左藏[5]西库李洪记。

——《芸庵类稿》卷六《盐官县南福严禅院记》

城隍庙　在县东。

许国公庙　在县西半里,梁大同二年建。《县志》云:"雍熙四年建。"后增祀张中丞,亦号双庙。大观二年,赐睢阳庙额"协忠",封许远忠义侯、张巡忠烈侯、南霁云忠壮侯、贾贲忠济侯、雷万春忠勇侯。绍兴八年,盐官令胡梵与邑人礼部侍郎张九成,援以请于朝,并增祀南霁云、雷万春、姚言绍,许之。皆赐上公爵,今谓之五国公庙,前后邑令修崇惟谨。咸淳三年,令吴由邕以十月十六日率邑官寓士,祭于庙,识公尽节之日也。邑人杨均作侑祭乐,歌迎神辞。

东岳行祠　在县东南二里。

朝宗王庙　在县西南七十里。

白马王土地庙　在县北二里。《旧》云："金人犯境,见田野闲,白马甚众,竟不敢入。"

皋苏将军庙　在县东八十二里,金牛山下。相传皋、苏二将逐黄巢,死之,因祠焉。绍兴十年,岁旱祷雨应,敕赐"福济庙"额。

乌龙大王庙　在县东八十二里金牛山下。绍兴十一年,祷雨应,敕以"崇祐"为额。

徐偃王庙　在县西十七里。

西楚霸王庙　在县西三十二里。

秦王庙　在县东一十八里。

骠骑苏将军庙　在县东南四十五里。

翁使君庙　在县南二里。

阎少卿庙　在县西南六十里。

——《咸淳临安志》卷七四《祠祀四》

葆真庵　旧在县西南三里,乃马自然得道之所。邑人乞立宫观,宣和二年赐"葆真庵"额。绍兴二十三年,令刘伟移于县东二里,与岳庙并。

——《咸淳临安志》卷七五《寺观一》

【注释】

[1] 王象之：南宋婺州金华(今属浙江)人,字仪父,一作肖父。庆元进士。历长宁军文学、知分宁县。博学多识,尤精史地之学,约于宝庆间,著成宋地理学名著《舆地纪胜》。

[2] 溟渤：溟海和渤海。多泛指大海。南朝宋鲍照《代君子有所思》诗："筑山拟蓬壶,穿池类溟渤。"

[3] 蹄涔：指容量、体积等微小。

[4] 宣义郎：散官名。隋朝始置,原称游骑尉,唐朝改称宣义郎,从七品。

[5] 左藏：左藏库省称。宋前期分为左藏南库、左藏北库；至政和六年(1116),易为左藏东库、左藏西库。

安国禅寺　在县西北二百五十步,唐开元元年建,名"镇国海昌"。会昌五年废,大中四年复置,名"齐丰"。祥符元年,改今额。熙宁七年,僧居,则建大悲阁。苏文忠公题梁,明年为之记,藏殿后有唐会昌石经幢。二寺门东有咸通石幢,一在殿下者。二无岁月,字画类唐人。

悟空禅师塔　前有古桧，宣和间，朱勔移以去，记文。

庆善寺　在县西南二百步。天监七年，士人弘灵度因井中有光，三日不止，舍宅为寺，地滨海，遂以"观海"为名。会昌五年，废。大中祥符元年，改今额。有千佛阁，门外有唐大中间石经幢，有窦思永撰《铜僧伽像记》、葛繁撰《天台教院记》，不载。题咏。土竞题《圆照堂诗》："佛心开晦暝，觉性极融明。实相自然见，客尘何处生。铜瓶秋水净，草坐月华清。不必曹溪去，穿云振锡行。"

延恩院　在县西北，旧系安国寺藏院。建炎四年，移额重建。题咏。苏才翁留题云："画堂三月初三日，絮扑纱窗燕拂檐。莲子数杯尝冷酒，柘枝一曲试春衫。皆临池面胜看镜，屋映花丛当下帘。谁倚南楼指新月，玉钩素手两纤纤。"

普信院　在县北二里。建炎三年，移额建，常接待游僧。故邑人止以接待名之。常乐寺在县南一里，大同二年建，旧名"永兴"。治平二年，改今额。

惠明院　在县西，隆兴元年移额建。

荐福寺　在县西三十六里，永明二年建，旧名"安善"。会昌五年废，大中十三年重建，祥符元年改今额。寺有第一代尚禅师塔记文。张无垢九成[1]作《尚禅师塔记》：圣王之道，有非文字所能书，言语所能传者。是故未有六经，而尧、舜为圣帝，禹、稷、皋、夔为贤臣。学不到文字言语外，而守章句，泥训诂，欲以用天下国家，犹趋燕南征，适越北乡，虽膏车秣马、风餐雨宿，徒自苦耳，于圣王之道漠如也。孔子指二三子以"无行而不与"之说，孟子指齐宣以"是心足以王"之说，此岂可文字语言中求哉？岂唯吾儒？释氏与其徒说法凡四十九年，其为书五千四十八卷，不为不多矣，而临绝之际，乃拈华注目，传正法眼藏于迦叶，彼前日科分派别，皆为无用。然文字语言不可欺世，而迦叶之传易以罔人，惟天资高明不肯自昧者，乃可以自得末后之学。惟尚禅师姓曹氏，临安盐官人也。其上世有仕宦者，而世绪不详。少苦腹疾，百药不治，父母怜之，乃祈佛出家。七岁礼庆善寺元辩为师，又十年披剃，即遍历丛林，求文字言语外法。首参净慈本，本可之，不留；再参明祖圆，圆如本也，又不留；三参佛光正，正如圆，又不留；四参梁山会，会如正也，又不留。四参识超绝，门庭穿穴，纵横微眇，老禅宿德，有不能屈者，印证许可，前后相继。而师心不自欺，故未几而舍去，谒尊宿凡五六十人。最后参普照英，得法于法云秀，而见保宁勇。秀得法于天衣怀，而见浮山远。秀虽与本、会同云门，派同天衣，而机锋颖脱，独出乎诸人之上。英似其师秀，故用处迥与诸方异。师操平昔所得，入英之室，如圆枘方凿，一皆不契。然师意慊焉，谓当如是。一日，举南泉斩猫语问英，师胸中话端凡数条，以谓不出是矣。英乃曰："须是南泉。"超然出师意外。师进止所获，退失故步，茫昧倪恍，不知所向，心愤口悱，虑衡色作，神情逼迫。未及云堂，豁然冰断，尽见古今机用，乃知异时所有，皆在私心浮虑中，因喟然叹曰："今日方平生事毕，不负初心矣。"再入见英，方举手，师用见大愚机以筑之。自比高视四海，藐焉无人。闻黄龙新坐断江西，无敢撄其锋者，师乃自荆南杖锡而往，又用子胡斫碑之机以见之。既乃退归故乡，宴坐墓庐，炉香瓶水，与世相绝。然师名横厉天渊，韫晦莫遂，邑大夫、郡太守迎请住寿圣院。院本雪峰结庵故地，灌莽榛棘之所都，狐狸蛇虺之所宅。师住八年，勇者出力，富者出财，殿宇巍峨，堂庑明洁，一变为化人之居，厥功大矣！师眠如涕唾，推而不有，遂就归旧隐。未几，更荐福为禅居，郡县凡三请，乃出就。未半岁而病，病复，归旧隐。未数日趺坐而逝，享年六十有七，实绍兴庚申七月三日也。寿圣不忘师德，迎葬于院之西偏。师机锋峻密，作用孤高，如云峰悦，如法昌遇，学者莫测其端。虽度弟子十有六人，四方来者，前后凡数百辈，然其道无传焉。至于戒行精洁，节概刚严，使人见之，凛然如入宗庙中，自幼至老，如一日也。门弟子了观以师与余善，状行业来谒铭，余不得辞也，乃为之铭。铭曰：

道在方寸，交字莫宣。可以神会，难用语传。伟哉禅师，识超几先。挽而莫留，献然逝川。横翔意外，高视大千。节如霜筠,机如电鞭。呜呼往矣,其谁继焉。

普安寺　在县西四十里,大同元年建,治平二年改今额。

吉祥寺　在县西北四十八里,旧名"齐明"。建隆二年重修,改名"迎祥"。治平二年改今额。

觉王寺　在县西北二十五里,长兴四年建,旧名"正觉",六年重修。即吴越王私号,宝正六年。治平二年改今额,寺后有三女堆。

净信院　在县西南六十里,天福二年置。

开福寺　在县西三十五里,咸通元年建,旧名"文殊"。大中祥符元年,改今额。

圆明院　在县西南五十里,元和七年建,旧名"永城"。大中祥符元年,改今额。

永隆广福禅院　在县西一十里,绍兴十八年建。

定香院　在县西北二十五里,开宝元年建,名"茶昆庵"。治平二年,改今额。

东堽广福禅院　在县西南五十里,乾德元年建。绍兴三十二年,改今额。

资圣院　在县西北四十里,天福七年建,旧名"资寿"。治平二年,改今额。

净居院　在县西三里,隆兴二年移额,建有童儿塔。记文。张无垢九成《重建童儿塔记》:寿圣禅师惟尚道眼明彻,戒体洁清,传法于普照英公,得证于黄龙新公。既谢事,乃归老童儿塔之西。环堵萧然,而声震四海,其叩门求法者,盖肩相摩而袂相属也。予寓居盐官,遇风日清美,芒鞋竹杖,径寻师于茂林修竹之间。一日,予指塔而问其故,师出邑人章玮石刻,且曰:"旧塔废为道士居者,几二十年矣。绍兴丁巳,主塔僧仲渊之孙德谌痛数百年胜概一旦为强有力所夺,影灭迹绝,了不可寻问。乃草衣木食,锱储黍积,卜地其东,累甓架屋于莽苍榛棘中。今兰若窣堵,峥嵘突兀,鼎鼎一新。其勤劳嗣续之功,似可记也,公其有意乎?"予笑而不答。既而予被召贰玉牒,继擢亚春官,侍讲金华,未暇如师请。后予以病乞归,圣天子闵其勤,以奉祠宠之。居闲日读方书,理药物,亦未暇中师请也。予病今少间,师来请益勤,予乃呼谌而告之曰:"尧、舜、禹、汤、文、武、周、孔之道具在人心,觉则为圣贤,惑则为愚不肖。圣人惧其惑也,乃著之六经,使以义理求;乃铭之九鼎,使以法象求。簠簋[2]俎豆、火龙黼黻[3]以发之,钟鼓管磬、琴瑟竽笙以警之,清庙明堂、灵台避雍以形之,使人目受耳应,心辣意萌,恍然雾披,豁然冰泮。乃知千圣虽往,此心原不去;万变虽经,此心自有余。不然,吾圣人岂虚为此纷纷哉?子之辛苦经营,傥有在于斯乎?否则吾不知也。"谌谢而退,乃书以遗之,使刻诸石。

金佛院　在县西一十二里,旧名"上乘"。乾道二年,改今额。

报国寺　在县西北四十八里,嘉泰元年建。

云龙寺　在县西北一十五里,庆元二年建。

旌忠禅院　在县西北二十五里,嘉泰二年建。

定善院　在县西南三十里,绍兴十二年建。

戒坛院　在县西南三里,淳熙九年建。

崇福寺　在县六十里,乾元元年建,旧名"灵池",会昌五年废,大中元年重建,祥符元年改今额。

惠力寺　在县东北六十里,紫微山下,晋朝建,旧名"志愿",大中祥符二年改今额。

东山广福院　在县东北六十里,熙宁元年赐今额,有葛仙翁井。题咏。杨子平题诗:"云舣棹青山,下来寻蓟子。家人鱼皆静,乐水木亦清。华松老欲成,盖菊寒殊未。花何须觅句,漏此自有丹砂。"

西山广福院　在县东北六十里峡石,熙宁元年赐今额。题咏。杨子平诗云:"野寺孤峰上,危楼耸翠征。卷帘沧海近,洗钵白云飞。竹影临经案,松花点衲衣。日斜登望处,湖畔一僧归。"又:"地势连沧海,山名号紫微。景间僧坐久,路僻客来稀。峡影青相照,河流石自围。尘喧都不到,安得上忘归。"○朱伯虎题:"凿石开山已几年,半天台殿耸危峦。晓钟声向云边落,夜月光从槛底看。野色难藏千里秀,松风长占一轩。寒老僧此处真栖隐,应笑尘劳效小官。"

崇教寺　在县东六十里,旧名"妙果",长兴二年建。

四果禅院　在县东北七十里,咸通元年置,旧名"罗汉",大中祥符元年,改今额。

真如禅院　在县东七十里黄湾,本晋干宝宅,周显德二年置,旧名"菩提院",治平二年赐今额,有般若台。张无垢九成同宰刁文叔来游,遂以名台。上有郭熙画山水,又有灵泉井。详见本山。题咏。张无垢九成诗:"高僧超物外,有户昼常扃。海阔知天大,泉基识地灵。一帘春月静,半点越山青。便作归欤计,移文休勒铭。"○黄伯剂和:"寺古僧应少。地偏心自扃,凭高通楚望,怀远眇胥灵,深蛰虬藏翠,斜飞鹭界青,休文今已去,佛像寄谁铭。"○张谔题:"般若台旗鼓,初从海上回。天风吹我上,雄台甲披双。木关西将台,前木藤蔓蟠。结如披甲然,马骤群峰骥。北材尘世俯,窥飞鸟去军。声俄逐晚潮,来谁能为我。书岩石他日,重游扫绿苔。"○董将题《怪石》:"兹山翠成堆,峭骨乃如许。化工妙融结,石罅走青乳。当年女娲氏,炼此不及补。岩岩至于今,丈室枕其股。我来手摩挲,松阴日亭午。初疑道士羊,亦类将军虎。坐久饥肠鸣,试作先生煮。"

兴福寺　在县东北三十里,开宝二年重建,熙宁元年赐今额。

太平广禅院　在县东五十里,乾德二年建,名"太平庵",熙宁元年改今额。

东庵广福禅院　在县东南五里,雪峰禅师结庐于此。人见夜光互天,因名"光明庵",后稍增屋,号"光明禅院"。熙宁元年赐名"寿圣",绍兴三十二年改今额。雪峰手凿一井,茂甘冽,大旱不竭,井中时闻风涛声。题咏。施彦执诗:"何处登临眼最明,雪峰佳处一川平。潮随海月生时上,峰在云天静处横。幢盖神扶乔木影,风雷井闭古泉声。灵踪凿尽翻惆怅,何日游山报道成。"○许寺丞应龙诗:"十年不到雪峰山,寂寂春风书掩关。千载祖师无尽意,门前流水绿回环。"

宝严院　在县东六十里,绍兴元年建。

延圣院　在县东北六十里,绍兴元年建。

胜果院　在县东北六十里,绍兴三十二年建。

正法院　在县东北一十五里,乾道二年移额建。

净信寺　在县东北一十八里,乾道二年建。

灵龟寺　在县东北六十里峡石,今废,仅存一池,犹名"灵龟"。题咏。顾况诗:"家在双峰兰若边,数声清磬发孤烟。山连极浦鸟飞尽,月上青林人未眠。"

灵寺　在硖石市,开宝六年重建。

净明院　在县东北二十步，绍泰二年建，旧名"法明"，后改为"净信尼院"，治平二年改今名，庆元四年移额，复为僧院。

南禅福严尼院　以下尼院。在县东南，建元四年，尼僧猛舍宅为寺，旧名"齐明"，乾祐中改为护国报恩禅院，大中祥符元年改今额。

葆真庵　旧左县西南三里，乃马自然得道之所。邑人乞立宫观，宣和二年赐葆真庵额，绍兴二十三年，令刘伟移于县东二里，与岳庙并。

——《咸淳临安志》卷八五《寺观十一》

【注释】

[1] 张九成：(1092—1159)字子韶，号无垢居士，又号横浦居士，祖籍开封(今属河南)，后徙钱塘(今浙江杭州)。游学京师，从杨时学。绍兴二年为进士第一，授镇东军签判。与提刑强宗臣意见不合，投檄归居，从其学者甚众。赵鼎荐于朝，召为著作佐郎、迁著作郎。除宗正少卿，权礼部侍郎兼侍讲，兼权刑部侍郎。因论和议忤秦桧，谪知邵州。御史复言其矫伪欺俗，谤讪朝政，落职，谪居南安军。秦桧死，起知温州。绍兴二十九年卒，年六十八。

[2] 簠簋：簠与簋。盛放黍稷稻粱的两种礼器。方形曰簠，圆形曰簋。

[3] 黼黻：古代礼服上所绣的黑、青两色花纹。亦比喻华丽的词藻。

盐官县

秦王磨剑石　在县东六十里审山之巅。於潜县围。

——《咸淳临安志》卷三〇《山川九》

唐褚无量故居　在盐官县。

秦王磨剑石　在盐官县东六十里审山之巅。

范蠡塘　在盐官县西三十五里。

——《咸淳临安志》卷八六《古迹》

唐马自然墓　在盐官县。

太师张文忠公横浦先生墓　在盐官县。

汉审食其[1]墓　在盐官县东六十里审山。《旧志》疑食其不应葬此，特此山之审氏墓耳。

——《咸淳临安志》卷八七《冢墓》

城隍庙在县东　邑人称其神,为永固王,绍兴十年岁旱祷雨应。《成化志》载高宗祝文。

惠山庙　《淳祐志》:惠山潘庙。

——《淳祐临安志》卷一《祠庙》

余杭郡盐官邑安国寺,有唐开元首岁创建,元和末,历齐安禅师阐化于此,一时盛集备见。前纪属会昌梗塞,例为焚除。大中四年,祠宇还立,号"齐丰寺"。皇宋祥符初,复易今额,律师踵武,历年滋多,独结界之法,未闻于前代。天圣中,慧云法师讳子伦者,以德业内充,力扶遗教,首谋缔构,未遂而终。于今禅和之众,犹居自然,宿德高流,常所叹息。是以相与筹议,并力经营,命毗尼师主法行事,凡百轨度,率循旧章,实元丰三年十二月二十四夜,秉烛告就,即勒界相,垂诸不朽。天宫沙门释元照记。

有邑令元积中,后持刑狱使者节,留题石刻:"绕县江山翠蕞裁,舣舟亭下重徘徊。昔承官乏因曾到,今按刑章得再来。井邑半迷新巷陌,园林犹认旧亭台。静思三十年前事,恍若邯郸一梦回。"

又悟空禅师塔刻,云高三丈八尺,有三十二层,石晋开运三年重修,名公多有题字。苏文忠公轼有诗:"已将世界等微尘,人裹浮华梦裹身。岂为龙颜更分别,只应天眼识天人。"

又题《塔前双桧》:"当年双桧是双童,相对无言老更恭。庭雪到腰埋不死,如今化作两苍龙。"又题《曾爽白鸡》:"断尾雄鸡本畏烹,年来听法伴修行。还应却置莲花漏,老怯风霜恐不鸣。"

李洪[2]题塔:"扇上犀牛谁捉得,人中龙种偶相逢。寂寥千载传心印,雁塔光明闭旧踪。"

藏殿后有唐会昌石经幢:一三门东咸通石幢;一殿下石幢。二无岁月,字画类唐人。

庆善寺

王兢[3]题诗:"佛心开晦暝,觉性极融明。宝相自然见,客尘何处生。铜瓶秋水净,草坐月华清。不必曹溪去,穿云振锡行。"

寺有《铜僧伽像记》,云:释氏流入中国千有余岁,始于永平,废于会昌,仅存于盐官安禅师。初,宣宗逃难出奔,落发为比丘,遍参诸方,独器许于盐官和尚。大中之初,立浮图,兴兰若,且命为窣堵波于齐丰寺以奉师真身舍利,佛中偾而振,盐官有力焉。惟盐官得无胜幢于江西,授虚空鼓于关南,越三百年而后有庆善惟尚,得法于英普照,勘辩于新黄龙,证明于张无垢。尚之死,不得其传焉。窃尝疑之。盐官新法之妙,传之齐丰,又传之庆善,尚复舍庆善,而居雪峰光明庵。庆善仅能为粥饭道场,其徒未闻于丛林崭然见头角者,岂禅律互分,根器亦异,如圆枘于凿邪?抑机缘在人,去留无心,如浮云太虚邪?抑其间有大奇特事,埋光铲彩,后世不能发明,时节因缘,若有所待邪?隆兴改元之明年夏五月,庆善住持僧慧月奉贤大夫之命来请曰："庆善旧名观海,梁天监中,邑人弘灵度之故居也。先是,井中有光烨然,三日不息,获铜僧伽,遂为浮屠氏之宫,距今八百年。僧伽之像,模制奇古,雨旸请祈,昭昕响答,邑人事之惟谨。建中靖国初,吾徒传失真,增饰为普照张僧伽,讹谬特甚,我将刮垢磨光,以求黄面老子本来面目,以为何如?"思永曰:"唯此所谓大奇特事,后世不能发明,时节因缘,有待于予也。"于是剔抉磨治,现紫金容,获五色舍利,四众骇瞩,瞻仰尊颜,叹未曾有。慧月请记其事,客有谓思永者曰:"色相音声而见如来,是邪道也,子谓今果是而昨非邪?"思永曰:"不然,客不闻盐官犀牛扇子之说乎?侍者不对,具一只眼,盐官拈出,落第二义。犀牛如虚空,未尝有无,扇子如天地山河,未尝成坏。木人花鸟,初无定体,黄金瓦砾,亦无定色,如来应以比丘即现,比丘僧伽何心哉。虽然,僧伽放大光明,于斯示现,亦以一大事因缘,故而辱在泥涂,垂百年矣。笑使一僧伽无知则已,僧伽而有知,而今而后,以当时之愿力续无尽灯,以当时之信心受无尽施,使其徒建大法轮如息华,成大法会如德邻,戒体如则圆,行业如了宣,又有如惟尚者承嗣盐官于数百载之上,以无忘僧伽嘱付之本心,今是昨非,且置是事。"客曰:"然。"隆兴二年九月甲午日,左迪功郎[4]、新差充衢州州学教授窦思永记。

又有《天台教院记》,云:天台教法,起于北齐慧文禅师,而祖述于印度龙胜尊者。龙胜造《中论》,而北齐因《中论》悟一心三观之旨,传之于南岳思大禅师,南岳传天台智者,而智者由《法华三昧》悟内观玄要之旨,开拓义门,融通观法,以五时八教判一代佛法,以五重玄解解释经题,以四悉檀意破邪显正,消释义路,而随机应物,无滞不融。以五科为方便,以十乘为轨行,而调伏众生,控制烦恼。古如来世出,大意晓然,如慧日登空而无物不照,分位显然,而修行顿渐,毫发不可差忒。教成于智者而事始于北齐,故世以其大成之所集者,目其教以为天台焉。由天台五传而后至荆溪,由荆溪以降,枝派分流,而传袭者甚众,世次相承。至天竺慈云法师,而大教复兴,所修内观融通圆合,而九祖之意泠然可见,门人高第入其室者不啻数十人,而显然有闻于当时者,明智大师而已。明智之高弟有曰宣教大师立言者,抠衣于明智十有余年,而悉传明智之要义,居盐官庆善寺之教院。先时,寺之东南隅有旷隙之地,天圣中慈云之门人曰禹昌者,与寺之首座僧居湛相地形,募众缘,创立佛室、僧坊、法堂、门宇二十余厦,讲唱教义凡三十余年,而宣教大师实绍其事。宣教师行与缘合,而精修三昧,为人祈福忏罪,则殊感昭著,闻于里闾;其放释生命则异类驯服,而事载别记,故僧俗檀那靡不归向,而唱道讲解日无虚席。由是里人信士委施营葺,建立忏室,为方丈及讲堂、厨库、净舍、廊庑、寮宇,更易屏门,不啻三十余厦,而院以之完葺。讲诵之声夜以继日,而天台教观之旨化导于幽显,不动本际而周遍尘刹,使盐邑之人闻所未闻而相胥以为善。俾天台之教盛行于此邑者,昌公为之唱道,而言公为之张大也。呜呼!二公之所以区区于建立者。岂特私于一己而适于当年而已哉。将欲会十方学者,传天台教义,以绍隆于百世之后。后之人继二公而兴者,其能忘二公创始之意,而得不以天台教义为之依归乎！元丰元年十月一日,镇江军节度推官、承奉郎、试大理评事丹徒葛蘩记。

——《淳祐临安志》卷四《寺三》

慧明院　旧在冲晦处士徐君故庐之侧,周广顺三年建。其地高深幽僻,林希云争,觅山林去城市,不知城市有山林,寺废移额于盐官。

——《淳祐临安志》卷五《院一》

妙果院　在赤岸。淳熙间,移请盐官县,废额。

——《淳祐临安志》卷六《院二》

《重修童儿塔记》云：盐官县,海昌之旧府也。古谓县南隅有四佛祠：曰罗汉、曰文殊、曰光明、曰灵塔。今所存者,独光明一刹,世说相传以唐季扰攘,悉为黄贼焚去,独光明在东南隅,为雪峰结茅之地,荒寂无所有,故获保全,以至今日。余即无复寻证也。是岁,西南郊林墅间,夜有光亘天,邑人沈辉访而视之,披榛觅路,得一坏浮图,而焚弃于五季之兵火,故所余者,如此而已。其下有黑蛇长数寻,蟠护不去,而消夜昏黑则间放大,光辉属天,明彻幽隐,然不知其所为始也。然则此非所谓灵塔之遗迹欤？前此数年,邑有人召日者治葬域,且用是塔以为应案,而语人曰："此去岁余,塔复兴矣。"始闻其言,以为诞妄不足信也。后逾岁,果有净信愿加修治。玮闻其作兴,乃与同志人章日华、尹琼贵共率有缘,竭力以相其事。而瓦木工役、丹腹绘饰之费,凡二十万。始事于元祐戊辰二月二十八日,落成于四月二十八日也。然则是塔之来信久矣。噫！数百年荒圮之地,一旦营缮,乃与日者之识若合符节,果术数之精如此者邪？塔之有废兴偶相合者如此邪？是皆不可得而知也。虽然阴阳风水之说其来尚矣。先王之盛时,所以建邦设都,则必昼参诸日景,夜考诸极星,以辨方隅,以正其位,非独此也。以至定中则作宫,揆日以作室,升堂以望,降桑以观察其形势,审其所宜而又决于卜吉,然后允臧。则风水之验,今于此塔不足疑也。

比有过客,善风水,尝过余而言："直县之西有水曰淡塘者,其派自钱源来,而于卦得辛兑之龙,于经得秀文之气。惜乎！地势虽远而源流不深,故未能有嘉验也。苟浚之使深,则斯邑也,文富贵达,当世世不绝。"余得其言,因窃自思：邑之人贵登龙楼、勋勒砥石者,往古有之矣。如戚衮、褚无量、褚廷诲,载在史册,皎如日星,非独此也。至于佛氏之有齐安禅师,道家之有马自然,皆以其学雄耀当时,而过此已数百年,而继其显者寂寥无闻。岂非直西之水,当时源深而流长者,其应如彼;而后来湮没而芜废者,其应亦如此邪？是或可信也。后之君子锐于作为,以速久远之效者,皆浚其源而疏其流,则余未老,尚及见其瑞应也。元祐三年望日,武都章玮记。

——《淳祐临安志》卷六《院二》

  金佛院 在县西一十二里,旧名"上乘",乾道二年改今额。
  定善院 在县西南三十里,本朝绍兴十二年建。
  戒坛院 在县西南三里,本朝淳熙九年建。
  惠明院 在县西,本朝隆兴元年移府城,废寺额建。
  东庵广福禅院 在县东南五里,雪峰禅师结庐于此,人见夜光亘天,因名"光明庵",后稍增屋,号"光明禅院"。本朝熙宁元年赐名"寿圣",绍兴三十二年改今额。雪峰手凿一井,甚甘洌,大旱不竭,井中时闻风涛声。施彦执题云:"何处登临眼界明,雪峰佳处一川平。潮随海月生时上,峰在云天静处横。幢盖神扶乔木影,风雷井闭古泉声。灵踪凿尽翻惆怅,何日游山报道成。"旧有《寿圣院记》云:"寿圣禅院,西距县郭五里,俗谓之'东庵'。盖雪峰禅师尝隐此,身光发见,远近望之,以为回禄,驰往救扑,至则无有,故因号为'光明庵'。后稍益屋居僧,亦谓之'光明禅院'。熙宁元年,始赐今额。庵后大树径数十围,柯枝蚴蟉,皆南引以覆庵,云雪峰手植。树傍古井甘洌,大旱犹供百人,亦传雪峰所凿。然院屋才数椽,庳陋隘迫,莫能居众。本朝天圣已来,长老山主居无常人。元符间,僧俗以近县无禅刹,四方云游蒇解袍之所,乃启官请仲渊长老主之。渊乃为之负米乞食,以供其徒。禅侣云集,而无精舍止宿。十余年始能造像构殿,立三门,建方丈,敞大法堂,增广庭庑、厨库、寮舍,造供具,创几榻,器用无一不备者。华屋巨栋、修廊奥室,皆突起焕列,照耀于泥途草莽中,巍然如化城,非复前昔东庵也。寺僧云渊师募檀施,鸠材植,积久告办,乃始经营,故能成以不日。予惊叹赏览久之,因谓浮图之祠遍天下,虽三里之城,十室之邑,罔不有窣堵兰若者。然要之,必其山水雄深,林木秀茂,形势地理既胜,则能华侈广大,缁徒众多,不尔亦荒凉敝陋,名存而实亡。今寿圣院成卤田瘠土中,四望曾无堆阜沼沚,惟白茅黄筦、榛棘梗莽,岂有山川形胜、地势风水使然?而渊师持以道力,强为兴起之,彼所在荒刹弊寺亦岂无僧,而榛棘颓圮者,人之不能胜天,大致然也。今不待山川形胜,而独能宏丽壮大者,天于人欲,亦必从之谓欤?余既嘉渊师之能,复念雪峰圣迹,初无记载传于此寺者,欲为之纪其本始废兴于其方丈之北壁。时大观己丑仲秋初浣,将仕郎、前监本县盐场张彌秉道撰并书。"
  延圣院 在县东北六十里,绍兴元年建。
  正法院 在县东北十五里,乾道二年移府废寺额建。
  净明院 在县东北二十里,萧梁绍泰二年置,旧名"法明",后改为"净信尼院",治平二年改今名。后无尼僧,庆元四年移额于县西南仁贤坊邬庵,今为"甲乙僧院"。

南禅福严尼院　在县东南。萧齐建元四年,尼僧猛舍宅为寺,旧名"齐明"。五代汉乾祐中,改为"护国报恩禅院",大中祥符元年,改今额,有记。

宝严院　在县东六十里,绍兴元年建。

以上盐官县。

——《淳祐临安志》卷六《院二》

乌龙井神祠　在临安府盐官县黄湾今三山。光尧皇帝绍兴十一年正月赐庙额"福济"。

——《宋会要辑稿》礼二〇之一二七

苏将军祠　在临安府盐官县。光尧皇帝绍兴十一年正月赐庙额"崇佑"。

——《宋会要辑稿》礼二〇之一六二

顺济庙

灵佑公第二子冯松年封助宁侯,旧系盐官县广福庙,赐今额。浙江善利侯,绍熙四年二月加封善利忠侯。一在兴化府莆田县白湖。灵惠昭应崇福善利夫人,绍兴四年十二月封灵惠妃。宁海镇神女灵惠昭应崇福夫人,淳熙十二年二月加封灵惠昭应崇福善利夫人灵惠助顺妃,嘉定元年八月加封灵惠助顺显惠卫妃。一在难江县。西游龙神,淳熙十年闰十一月赐额。

——《宋会要辑稿》礼二一之三二

广福庙

庙在盐官县海中。龙神,嘉定十七年四月封静应侯。一在青神县。灵惠侯,淳熙十六年五月加封灵惠善应侯。又昭应公,嘉定十四年十月加封昭应灵济公。

——《宋会要辑稿》礼二一之四五

【注释】

[1] 审食其:西汉沛县人(今属江苏)。初任刘邦舍人,与吕后、太公同时被项羽所俘,渐为吕后所亲信。后封辟阳侯。吕氏执政时,任左丞相,公卿皆因而决事,很有权势。文帝即位,被免去相职,为淮南王刘长所杀。

[2] 李洪:(1129—?)字子大,号芸庵,扬州(今属江苏)人,正民子,寓居海盐,又寓湖州,卜居归安飞英坊,有诗云"羁游二十春,寓农安一廛""何当毕婚嫁,四十在明年"。绍兴二十五年,监盐官县税。隆兴元年,为永嘉监仓。乾道初,入朝为官。淳熙初入莆阳幕府。终知藤州。

[3] 王觌：(1032—1095)字彦履，邓州穰县（今河南邓州）人。嘉祐中进士及第，调峡州司户参军、肤施县令。迁签书节度判官厅公事，知宿州。入为仓部郎中。元祐初，出为提点荆湖南路刑狱，改京西南路。召为祠部郎中，徙金部，迁将作监。以左朝请大夫致仕。绍圣二年卒，年六十四。

[4] 迪功郎：选人阶官名。北宋徽宗政和六年十一月，由将仕郎阶改名，为选人新阶第七阶。从九品。

人　物

历任县令

国朝刘宗吉、鱼承宪、成常吉、王世昌、裴□、郑璨、柴枢、张昱、马绍儒、李梦孚、单招祐、边秀、周简、张维舟、许咸得、李成象、张廷骥、刘舜卿、张觊、王可回、朱允升、邵祥、朱公绰、黄晋、綦愿、吴縠、江栩、郑民表、潘隆礼、刘拱、王觌、富临、朱伯虎、陈齐、陈瓛、何梦锡、戴士先、张彦辅、陆伸、陈并、陈嘉言、韩绶、郑父、王襄、丁□、俞授能、朱容、欧阳珣、关睿、王晒、柳懋、吴棫、金誉、鲍谨好、郑朴、吕庭问、施壎、吴傚、白彦奎、刁麀、胡烑、田钦亮、李份、赵伯尧、吕擢、刘伟、唐德裕、刘开士、胡坚常、边维熊、黄杨、朱宋卿、卢屿、林祖洽、李宗大、魏伯恂、赵彦骏、求承祖、陈申、叶之望、陈恕、鲁宜、施柏、黄阊、赵彦适、翁谦、秦镐、沈纺、潘景夔、赵伯澐、鲁兴文、蒋惟晓、吕祖志、赵汝禓、林申、江泰之、赵汝艉、杨天麟、张琥、毛谔、董子焱、沈昌大、范庆家、余愚、王梦得、周献可、施溃、胡宽、惠昌、李嗣祖、李彭老、章谟伯、邓得遇、刘绎、吴由、留绍远、赵崇催、尤涛。

——《咸淳临安志》卷五一《官秩九》

谢绛字希深，其先阳夏人。祖懿文，为杭州盐官县令，葬富阳，遂为富阳人。

——《宋史》卷二九五《谢绛传》

公讳世昌，字次仲。少属文，举进士，端拱元年登科第，补凤翔郿县主簿。再调开封士曹参军[1]，知杭州盐官县。

——《欧阳文忠公集》卷五九《都官郎中王公墓志铭》

欧阳珣字全美，吉之永和人。中崇宁五年进士乙科，授忠州教，知杭州盐官。罢，起授南安录。靖康初如京师，遇国难议割地，力争忤时相，命出使河朔。

——《杨万里集笺校》卷一三〇《端溪主簿曾东老墓志铭》

绍兴五年,令刁雠撤故老氏宫材,即旧址建学。

——《咸淳临安志》卷五六《文事》

孙祖洽,字符礼,以任补官,由盐官县入为干办诸军审计司,每言理财在节用,正其图籍,窒其渗漏,不必趣迫其民,财用自足。

——《杨万里集笺校》卷一〇六《答林提点》

(绍兴二十八年七月)右通直郎知临安府盐官县刘士开干办行在诸司粮料院[2]。

——《建炎以来系年要录》卷一八〇

(绍兴三十年夏四月)浙西诸司言:"右通直郎[3]、知盐官县胡坚常治状为一路之最。"诏特转一官。

——《建炎以来系年要录》卷一八五

淳熙四年,县令魏伯恂祠九成于学,以德操、子平佐,号三先生。

——《咸淳临安志》卷六七《人物》

陈申,字景伯,福州罗源(今福建罗源)人。隆兴元年登进士第。淳熙十一年为盐官县令。

——《淳熙三山志》卷二九《人物类四》

太君,建阳人,吴氏之幼女,陆氏之长妇。……孙:俨,宿州符离县主簿。佖,右朝奉郎[4]、通判楚州。佃,左朝奉大夫[5]、龙图阁待制、知江宁府。传,左奉议郎[6]、金书镇东军节度判官厅公事。倚,杭州余杭县尉。伸,盐官县令。

——《陶山集》卷一五《仁寿县太君吴氏墓志铭》

江左名家,王为著姓,其后散居会稽,谱牒不绍。……京尹赵公与穗兼漕,以和籴赏奏移乃僚,故公(王梦得)自关升四转承直郎[7],以考举改合入官,转奉议郎,差知临安府盐官县。

——《鲁斋集》卷二〇《宋故太府寺丞知建昌军王公墓志铭》

(詹抃)权盐官令,县濒海,狱多盐盗,公稍宽其禁,囹圄遂虚,而课亦办,邑人德之。既至定陶,以三山之役,归意决矣。

——《毗陵集》卷一二《詹抃墓志铭》

【注释】

[1] 士曹参军：唐置于三京府,援三京府所置的凤翔等六府、大都督府(中下都督府不设),职掌同州司士参军事。宋沿唐京府之制,置士曹参军事于开封府。

[2] 粮料院：发放文官、武官(诸司、马步诸军)每月俸禄的券历,并由所属指定仓库经审验核实后支付俸钱、衣料等。

[3] 通直郎：文散官名。隋置散官,采晋宋以来诸官员须通同宿直官署之意。唐贞观中列入文散官。宋因之,北宋前期为文散官二十九阶之第十七阶。从六品下。

[4] 朝奉郎：文散官名。原为隋置散官朝议郎。唐贞观中列入文散官。宋因之,开宝九年十月改朝议郎为朝奉郎,属宋前期文散官二十九阶之第十四阶。正六品上。

[5] 朝奉大夫：文散官名。原为朝议大夫,始置于隋,为散官。唐贞观中列入文散官。宋初因之。太宗即位,于开宝九年十月改名为朝奉大夫,属宋前期二十九阶之第十一阶。正五品上。

[6] 奉议郎：寄禄官名。北宋元丰三年九月,由太常、秘书、殿中丞、著作郎阶改。为文臣寄禄官三十阶之第二十四阶。正八品。

[7] 承直郎：选人阶名。北宋徽宗崇宁二年九月二十五日,由选人七阶之第一阶三京府、留守、节度、观察判官(属两使职官)改名。

进 士

史徽,字洵美,一字东美,盐官人。勤苦力学,登崇宁五年进士第,累迁太常博士[1]。时飨太庙以宦者押祭,徽建议罢之,进户部郎官,出为京西运判。徽宗下诏罪已,罢西城所,徽悉焚其租籍,进右司郎中,以疾致仕。高宗即位,复起为司农少卿[2]。建炎三年,与黄锷扈驾至江口,俱遇害,后特赠左太中大夫[3]、右文殿修撰。子龟年、均年、岑年,龟年、岑年皆至员郎,均年与龟年之子骈,亦皆入仕。以实录附传及《海昌图经》修。

——《咸淳临安志》卷六六《人物七》

郭知运,字次张,盐官人。幼刻志问学,弱冠登绍兴进士甲科。时相强与为姻,知运弗乐,讫停昏焉。仕至刑门守,倦求禄仕,自号息庵老人。卜居双庙之西,尝题诗于庙云："唐祚中不振,孽胡恣奸骄。君德弗克终,治乱在一朝。渠魁睥神器,四海俱动摇。向来为厉阶,其迹已冰消。中兴功孰盛?张许冠百僚。堂堂二公烈,千古名不凋。义胆极华岳,忠肝齐斗杓。平生慕节义,卜居祠匪遥。丹青就湮郁,古屋风萧萧。英爽如可问,激懦讨慆妖。"知之有文集四十卷,名《猥槀》云。以《中兴登科小录》《海昌图经》修。

——《咸淳临安志》卷六七《人物八》

于有成,字君锡,临安府盐官县人,嘉定元年郑自诚榜进士出身,治《礼记》。元年十二月除,二年正月为将作少监。

——《南宋馆阁续录》卷七《官联一》

嘉熙二年戊戌周坦榜,赵彦楒,盐官人。

——《刘克庄集笺校》卷七九《广盐江臬二司申奏状》

【注释】

[1] 太常博士:官名。秦汉为太常属官,掌以五经教授诸生,制定礼仪,议定王公以下应追谥者。魏晋沿置,专掌议礼。唐朝太常博士四人,从七品上。专掌议定谥法,论辨五礼,行大礼时导引乘舆,赞相祭祀。

[2] 司农少卿:官名。北魏始置,为司农卿副贰。唐司农寺置二人,佐卿掌邦国仓储之政令。龙朔二年(662)改称司稼少卿,咸亨元年(670)复故。

[3] 太中大夫:文散官名。秦官名。北周为散官。唐贞观后列入文散官。宋因之,北宋前期为文散官二十九阶之第八阶。从四品上。

释 老

齐安,盐官禅师,杭人。本姓李,生时神光照室,后有异僧谓之曰:"建无胜幢,使佛日回照者,岂非汝乎?"遂无疾宴坐而逝,敕谥悟空禅师。

——《咸淳临安志》卷七〇《人物十一》

惟尚,本姓曹,盐官人。少苦腹疾,百药不治,父母怜之,祈佛出家。七岁礼庆善寺元辨为师,逼参丛林,得法于英普,照勘辩于新黄龙,退归墓庐,尝住寿圣禅院,本雪峰结庵故地,荆榛蛇虺莫敢居。师住八年,创立殿庑,为之一新,遂谢归旧隐,寻住荐福,以病复,还旧庐而卒。僧念其德,葬于院之西南,张九成为之作记。

——《咸淳临安志》卷七〇《人物十一》

守璋,本姓王,盐官人。天姿介特,凛不可犯。年七岁,以试经度为僧,戒行精洁,尤工于诗,号文慧禅师。有《柿园集》行于世。绍兴二年,高宗皇帝幸圆觉寺,因睹其集,亲洒宸翰,书其《晚春》一绝,云:"草深烟景重,林茂夕阳微。不雨花犹落,无风絮自飞。"

——《咸淳临安志》卷七〇《人物十一》

德朋,本姓顾,盐官人,守璋弟子也。绍兴十八年,入径山礼真歇了禅师,夜宿山下。真歇梦双月入寺,诘朝举以白众,顷之朋至,心窃异之,相与问答,机锋峻密,朝夕讲论禅教者,凡四年。后因观为溜以杵通竹节有声,豁然开悟其徒,因号为"竹筒和尚"。二十三年,有旨住崇先显孝寺。二十五年,两宣入慈宁殿,升坐举说般若,高庙奇之,赐法衣,给牒度。其徒一人,朋念璋年高力丐,退休两载,复得旨住崇先。又二年,力辞而归。乾道三年,无疾卒。有《澹堂竹筒和尚语录》。

——《咸淳临安志》卷七〇《人物十一》

马自然,盐官人也。至湖州,饮酒醉坠雪溪,经日而出,衣不沾湿,指溪水能令逆流。祥符九年卒,葬于其家之东园。明年,东川奏剑州梓潼县道士马自然白日上升。帝命杭州发冢,止存竹杖。

泛海观音,盐官人。沈保见海上有红光,又闻音乐,乃随潮迎之,有观音像泝流而上,乃寘之弥勒舍。

——《舆地纪胜》卷二《两浙西路》

福州长庆慧棱禅师,杭州盐官人也,姓孙氏。幼岁禀性淳澹,年十三,于苏州通玄寺出家登戒,历参禅肆。

——《景德传灯录译注》卷一八《青原行思禅师法嗣》

盐官会下有一主事僧将死,鬼使来取,僧告曰:"某甲身为主事,未暇修行,乞容七日得否?"使曰:"待为白王,若许,即七日后来。不然,须臾便至。"言讫去,至七日后方来,觅其僧不见。后有人举问一僧:"若来时,如何抵拟他?"

——《景德传灯录译注》卷二七《禅门达者别录及诸方杂语》

马湘字自然,杭州盐官人也,世为县小吏,而湘独好经史,攻文学,治道术,遍游天下。

——《太平广记》卷三三《神仙》

参考文献

《北窗炙輠录》,[宋]施德操撰,虞云国、孙旭整理,郑州：大象出版社,2019年。
《北磵文集》,[宋]释居简撰,明谢氏小草斋钞本。
《北山小集》,[宋]程俱撰,《四部丛刊续编》景宋写本。
《蔡忠惠集》,[宋]蔡襄撰,雍正十二年刻本。
《镡津文集校注》,[宋]释契嵩著,林仲湘、邱小毛校注,成都：巴蜀书社,2014年。
《诚斋集》,[宋]杨万里撰,汲古阁抄本。
《定斋集》,[宋]蔡戡撰,常州先哲遗书本。
《东涧集》,[宋]许应龙撰,清乾隆翰林院抄本。
《都官集》,[宋]陈舜俞撰,清乾隆翰林院抄本。
《独醒杂志》,[宋]曾敏行传,朱杰人整理,郑州：大象出版社,2019年。
《鄂国金佗稡编续编校注》,[宋]岳珂编,王曾瑜校注,北京：中华书局,2018年。
《方舆胜览》,[宋]祝穆、祝洙编,施和金点校,北京：中华书局。2003年。
《浮溪集》,[宋]汪藻撰,《四部丛刊》本。
《澉水志》,[宋]常棠撰,明嘉靖三十六年刻本。
《高峰文集》,[宋]廖刚撰,《文渊阁四库全书》本,台北：台湾商务印书馆,1986年影印版。
《攻媿集》,[宋]楼钥撰,《四部丛刊》本。
《海录碎事》,[宋]叶廷珪辑,明万历二十六年刻本。
《重校鹤山先生大全文集》,[宋]魏了翁撰,《四部丛刊》影印宋开庆本。
《横浦集》,[宋]张九成撰,明万历四十三年刻本。
《鸿庆居士文集》,[宋]孙觌撰,常州先哲遗书本。
《后村先生大全集》,[宋]刘克庄撰,《四部丛刊》本。
《华阳集》,[宋]顾况撰,上海：上海古籍出版社,1994年。
《皇朝文鉴》,[宋]吕祖谦辑,北京：北京图书馆出版社,2006年。
《皇宋十朝纲要校证》,燕永成点校,北京：中华书局,2013年。
《黄氏日抄》,[宋]黄震撰,王廷洽整理,郑州：大象出版社,2019年。
《挥麈三录》,[宋]王明清撰,上海：中华书局上海编辑所,1961年。
《晦庵先生朱文公文集》,[宋]朱熹撰,北京：国家图书馆出版社,2006年。
《建炎以来系年要录》,[宋]李心传编,胡坤点校,北京：中华书局,2013年。

《京口耆旧传》,佚名,守山阁丛书本。

《经外杂钞》,[宋]魏了翁撰,姜汉桩整理,郑州:大象出版社,2019年。

《景德传灯录译注》,[宋]道原著,顾宏义译注,上海:上海书店出版社,2009年。

《景定严州续志》,[宋]钱可则纂,《文渊阁四库全书》本,台北:台湾商务印书馆,1986年影印版。

《克斋集》,[宋]陈文蔚撰,正谊堂全书本。

《括苍金石志》,佚名撰,清光绪处州府署刻本。

《老学庵笔记》,[宋]陆游撰,李剑雄、刘德全校注,北京:中华书局,1979年。

《乐全先生文集》,[宋]张方平撰,北京:北京图书馆出版社,2003年。

《历代名臣奏议》,[明]黄淮、杨士奇编,上海:上海古籍出版社,2012年。

《临川先生文集》,[宋]王安石撰,北京:中华书局,1959年。

《刘克庄集笺校》,[宋]刘克庄撰,辛更儒点校,北京:中华书局,2011年。

《娄水文征》,[清]王宝仁辑,清道光十二年闲有余斋刻本。

《鲁斋集》,[元]许衡撰,嘉靖九年康海刻本。

《栾城集》,[宋]苏辙撰,《四部丛刊》本。

《栾城后集》,[宋]苏辙撰,《四部丛刊》本。

《罗湖野录》,[宋]释晓莹撰,明刻本。

《履斋先生遗稿》,[宋]吴潜撰,明刻本。

《漫塘文集》,[宋]刘宰撰,明万历范仑刻本。

《毛滂集》,[宋]毛滂撰,周少雄点校,杭州:浙江古籍出版社,2012年。

《梅溪王先生后集》,[宋]王十朋撰,明正统刊本。

《蒙斋集》,[宋]袁甫撰,武英殿聚珍本。

《梦粱录》,[宋]吴自牧撰,张社国、符均点校,西安:三秦出版社,2004年。

《梦谈笔录》,[宋]沈括撰,诸雨辰点校,北京:中华书局,2022年。

《勉斋先生黄文肃公文集》,[宋]黄榦撰,清抄本。

《墨庄漫录》,[宋]张邦基撰,孔凡礼点校,北京:中华书局,2002年。

《南涧甲乙稿》,[宋]韩元吉撰,刘云军点校,北京:中国社会科学出版社,2022年。

《南宋馆阁录续录》,[宋]陈骙编,张富祥点校,北京:中华书局,1998年。

《欧阳文忠公集》,[宋]欧阳修撰,北京:国家图书馆出版社,2019年。

《彭城集》,[宋]刘攽撰,逯铭昕点校,济南:齐鲁书社,2018年。

《毗陵集》,[宋]张守撰,刘云军点校,上海:上海古籍出版社,2017年。

《平斋集》,[宋]洪咨夔撰,中华再造善本。

《泊宅编》,[宋] 方勺撰;许沛藻、杨立扬点校,北京:中华书局,1983 年。

《乾道庚寅奏事录》,[宋] 周必大撰,李昌宪点校,郑州:大象出版社,2019 年。

《泉南杂志》,[明] 陈懋仁撰,宝颜堂秘笈本。

《人天宝鉴》,[宋] 释昙秀撰,明刻本。

《入蜀记》,[宋] 陆游撰,台北:广文书局,2012 年。

《石湖志》,[明] 莫震撰,明刻本。

《蜀阜存稿》,[宋] 钱时撰,北京:中国社会科学出版社,2021 年。

《水心文集》,[宋] 叶适撰,明刻本。

《司马公文集》,[宋] 司马光撰,中华再造善本。

《宋高僧传》,[宋] 赞宁撰,范祥雍点校,北京:中华书局,1987 年。

《宋会要辑稿》,[清] 徐松辑,刘琳等点校,上海:上海古籍出版社,2014 年。

《宋诗记事》,[清] 厉鹗撰,上海:上海古籍出版社,2008 年。

《宋史》,[元] 脱脱等撰,北京:中华书局,1985 年。

《宋史全文》,佚名撰,汪圣铎点校,北京:中华书局,2016 年。

《宋元学案》,[清] 黄宗羲原著,[清] 全祖望补修,陈金生、梁运华点校,北京:中华书局,1986 年。

《宋文鉴》,[宋] 吕祖谦编,齐治平点校,北京:中华书局,2018 年。

《苏轼文集》,[宋] 苏轼撰,孔凡礼注解,北京:中华书局,2004 年。

《苏澈集》,[宋] 苏辙撰,北京:中华书局,1990 年。

《太平广记》,[宋] 李昉等编,北京:中华书局,2020 年。

《太平寰宇记》,[宋] 乐史等编,王文楚等点校,北京:中华书局,2007 年。

《陶山集》,[宋] 陆佃撰,武英殿聚珍本。

《王魏公集》,[宋] 王安礼撰,豫章丛书本。

《渭南文集》,[宋] 陆游撰,明正德刻本。

《文献通考》,[元] 马端临撰,上海师范大学古籍所、华东师范大学古籍所点校,北京:中华书局,2011 年。

《无为集》,[宋] 杨杰撰,南宋绍兴十三年刻本。

《吴中水利全书》,[明] 张国维编著,蔡一平点校,杭州:浙江古籍出版社,2014 年。

《五灯会元》,[宋] 普济撰,苏渊雷点校,北京:中华书局,1984 年。

《武林灵隐寺志》,[清] 孙治、徐增编,刘成国、李梅整理,杭州:浙江大学出版社,2021 年。

《西山先生真文忠公文集》,[宋] 真德秀撰,明嘉靖刻本。

《新安文献志》,[明] 程敏政撰,明弘治十年刻本。

《续资治通鉴长编》,[宋]李焘撰,北京:中华书局,2004年。

《杨万里集笺校》,[宋]杨万里撰,辛更儒笺校,北京:中华书局,2007年。

《夷坚志》,[宋]洪迈撰,北京:中华书局,2006年。

《彝斋文编》,[宋]赵孟坚撰,《永乐大典》本。

《周益国文忠公集》,[宋]周必大撰,道光二十八年瀛堂别墅藏板。

《于湖居士文集》,[宋]张孝祥撰,《四部丛刊》本。

《舆地纪胜》,[宋]王象之编,赵一生点校,杭州:浙江古籍出版社,2013年。

《元丰九域志》,[宋]王存编,王文楚、魏嵩山点校,北京:中华书局,1984年。

《云麓漫钞》,[宋]赵彦卫撰,傅根清点校,北京:中华书局,1996年。

《芸庵类稿》,[宋]李洪撰,《文渊阁四库全书》本,台北:台湾商务印书馆,1986年影印版。

《长兴集》,[宋]沈括撰,《四部丛刊》三编本。

《至元嘉禾志》,[元]单庆修,徐硕纂,嘉兴市地方志办公室编校,上海:上海古籍出版社,2010年。

《中吴纪闻》,[宋]龚明之撰,孙菊园点校,上海:上海古籍出版社,2012年。

《烛湖集》,[宋]孙应时撰,清嘉庆八年静远轩本。

《庄简集》,[宋]李光撰,清抄本。

《自警编》,[宋]赵善璙撰,明嘉靖七年刻本。

《宝庆四明志》,[宋]罗浚纂、胡矩修,清咸丰四年刻宋元四明六志本。

《淳熙三山志》,[宋]梁克家修纂,明崇祯十一年刻本。

《淳祐临安志》,[宋]施谔撰,宛委别藏本。

《光绪海盐县志》,[清]王彬撰,清光绪三年刻本。

《光绪上虞县志》,[清]唐煦春修,上虞县志编纂委员会编,杭州:浙江人民出版社,1990年。

《弘治嘉兴府志》,[明]柳琬撰,《文渊阁四库全书》本,台北:台湾商务印书馆,1986年影印版。

《嘉禾金石志》,[元]徐硕撰,台北:新文丰出版公司,1979年。

《嘉泰会稽志》,[宋]沈作宾修、施宿等撰,明刻本。

《康熙苏州府志》,[清]宁云鹏等修、沈世奕、缪彤纂,张学锋总校,苏州市地方志办公室编,扬州:广陵书社,2024年。

《康熙松江府志》,[清]宋如林修纂,嘉庆二十二年府学明伦堂藏板。

《民国海宁州志稿》,[民国]李圭修,民国铅印本。

《乾道临安志》,[宋]周淙修纂,光绪四年会稽章氏刊本。

《雍正浙江通志》,[清]嵇曾筠修、陆奎勋纂,光绪二十五年重刻本。

《绍熙云间志》,[宋]杨潜纂,清嘉庆十九年刻本。

《万历温州府志》,[明]王光蕴撰,《文渊阁四库全书》本,台北:台湾商务印书馆,1986年影印版。

《咸淳临安志》,[宋]潜说友纂,清道光十年刻递修本。

《正德姑苏志》,[明]林世远修,王鏊纂,明正德刻嘉靖续修本。

后　记

  编修地方志是我国独有的、优秀的文化传统。嘉兴有志,始于两宋,据载有《祥符秀州图经》《宣和嘉禾郡志》《淳熙嘉禾志》《嘉定嘉禾志》等,可惜至今皆无留存。

  2014年,嘉兴市地方志办公室汇总三百六十余位宋代作者的七百余篇文章,编成《嘉禾宋文钞》,但仅限于单篇文章的汇编,未摘录史书典籍中关于嘉兴的记载。

  2019年,上海师范大学古籍所退休教授顾吉辰来信,表示他感念恩师谭其骧教授的帮助,在宋史研究过程中留意对宋代秀州(即嘉兴)史料的收集摘录,提供宋代史籍、笔记小说中对秀州记载的条目摘录七百余条,建议我办可将此类史料汇集成书,以补嘉兴宋代方志散佚之不足,彰显嘉兴宋韵文化之璀璨。

  2022年,嘉兴市地方志编纂室在浙江大学祖慧教授的帮助下,与浙江大学历史学院博士后晁芊桦合作,参考顾教授提供的资料目录,借助各种数据库和整理文献补充、完善,按传统方志形式分类汇集相关文献,对错误、疏漏之处加以考证、纠谬,对内容中涉及人名、地名、职官名称等加以注释。

  2023年10月,《秀州宋史录》形成初稿。12月,嘉兴市地方志编纂室完成审稿。2024年4月,书稿进入出版程序。《秀州宋史录》得以出版,离不开顾吉辰教授和祖慧教授的大力支持,上海古籍出版社在内容方面也提供了详尽、专业的指导,在此表示衷心感谢。我们尽力确保文献的真实性和完整性,以期为广大研究者提供一部可靠的参考资料。然而,点校工作难免存在疏漏,我们诚挚地希望广大读者能够提出宝贵意见,共同推动宋代秀州乃至江南地区历史研究的发展。

嘉兴市地方志编纂室
二〇二四年八月

图书在版编目(CIP)数据

秀州宋史录 / 晁芊桦主编；嘉兴市地方志编纂室编. -- 上海：上海古籍出版社, 2024.9. -- ISBN 978-7-5732-1313-6

Ⅰ. K295.53

中国国家版本馆 CIP 数据核字第 20242N3J11 号

秀州宋史录

晁芊桦　主编

嘉兴市地方志编纂室　编

上海古籍出版社出版发行

（上海市闵行区号景路 159 弄 1 - 5 号 A 座 5F　邮政编码 201101）

(1) 网址：www.guji.com.cn
(2) E-mail：guji1@guji.com.cn
(3) 易文网网址：www.ewen.co

上海展强印刷有限公司印刷

开本 787×1092　1/16　印张 13.25　插页 5　字数 258,000

2024 年 9 月第 1 版　2024 年 9 月第 1 次印刷

ISBN 978 - 7 - 5732 - 1313 - 6

K·3686　定价：98.00 元

如有质量问题，请与承印公司联系

电话：021-66366565